WILLIAM D.GANN

何造中解读江恩理论系列丛书

江恩

24条颠扑不破的规则（下）

何造中 ◎ 著

SPM
南方出版传媒
广东经济出版社
·广 州·

图书在版编目（CIP）数据

江恩24条颠扑不破的规则. 下 / 何造中著. —广州：广东经济出版社，2015. 9
（何造中解读江恩理论系列丛书）
ISBN 978 - 7 - 5454 - 4157 - 4

Ⅰ. ①江… Ⅱ. ①何… Ⅲ. ①股票投资 - 基本知识 Ⅳ. ①F830. 91

中国版本图书馆CIP数据核字（2015）第188876号

出版发行	广东经济出版社（广州市环市东路水荫路11号11～12楼）
经销	全国新华书店
印刷	广东新华印刷有限公司 （广东省佛山市南海区盐步河东中心路23号）
开本	787毫米×1092毫米 1/16
印张	14. 75 1插页
字数	227 000字
版次	2015年9月第1版
印次	2015年9月第1次
印数	1～5 000
书号	ISBN 978 - 7 - 5454 - 4157 - 4
定价	35. 00元

如发现印装质量问题，影响阅读，请与承印厂联系调换。
发行部地址：广州市环市东路水荫路11号11楼
电话：（020）38306055 37601950 邮政编码：510075
邮购地址：广州市环市东路水荫路11号11楼
电话：（020）37601980 营销网址：http://www.gebook.com
广东经济出版社新浪官方微博：http://e.weibo.com/gebook
广东经济出版社常年法律顾问：何剑桥律师

总 序

真正的理论在世界上只有一种，就是从客观实际中抽出来又在客观实际中得到了证明的理论。

——毛泽东

从我 1997 年在香港《每周财经动向》（全球出版发行）开辟专栏，发表了一系列江恩理论与内地股市案例分析的文章，到 1998 年应邀开始在国内专业性杂志《股市动态分析》撰写解读江恩理论的系列连载，至今已十年有余。可谓“十年磨一剑，霜刃未曾试。今日把示君，只为股民事！”

在我十多年的投资生涯中，时常想到江恩的一句忠告：“要想在股票交易中获利，就必须先获取知识，必须在损失之前就开始学习。许多投资者在进入股市时对股市毫无认识，而且在他们意识到开始交易前有必要进行一段时期的准备工作之前，就损失了大部分本钱。”这是江恩身处股市 45 年以上的经验之谈和总结，也是我解读江恩理论的目的。

江恩理论之于证券技术分析，就如同《易经》、宗教、玄学等之于世俗文化。它们不是大众性的，总是不能被多数人所接受，然而却从没有人能完全否认它们。江恩理论的最大贡献，也许并不在于其神奇的技术，而在于这门技术是一个指引，它树起一根标杆，让别人去努力探索、追寻，在研究自然规律的道路上越走越远。江恩理论告诉我们，世上万物都遵循着自然的波动规律，都遵循着因果关系与协调关系的普遍法则。另外，市场中不能仅存在一种理论，市场是一种动态博弈，每个人都要按照自己的

理解，在波动中寻找适合自己的投资方式、投资理念，判断江恩发现的这些规则和方法有哪些东西是适合自己的。

证券市场的历史主要包括两个方面：一是市场交易数据的历史，二是市场参与者的历史。前者可以让我们找出证券价格的运行规律，如江恩发现的，股票和商品期货的价格走势往往会在它们的历史天价上遇到强大的阻力，并且“做头”；后者可以让我们总结前人的成败得失，也如江恩发现的，大多数人亏损的原因是对市场知之甚少。我们希望通过对历史的研究解决三个问题：一是在什么位置出入市，二是在什么时候出入市，三是如何出入市。江恩在这三个问题上建立了自己的一套规则。

每一位研究证券市场的人，实际上都在研究历史。这种研究的一个重要前提就是，证券市场的运行是有章可循的，而这种规律是可以通过适当的方法加以认识的。如果证券市场真是像有些人说的那样是无序的、随机的、毫无规律可循的，那我们还有什么必要研究证券市场呢？

要研究证券市场的正确趋势，就必须学习相关的知识。江恩认为，只有那些为知识花费时间和金钱，并不断学习，永不以为自己无所不知，而是意识到学无止境的人才能在证券市场中获得成功。在生活中，每个人投入多少就能收获多少，“种瓜得瓜，种豆得豆。”江恩本人也是这么做的。江恩曾在《如何在商品期货市场中获利》一书中写道：“在过去40年里，我年年研究和改进我的理论。我还在不断学习，希望自己在未来能有更大的发现。”江恩视投机为一种有利可图的职业，他严谨的工作作风值得每一个人学习。

许多人怀疑，江恩在半个世纪以前使用的市场分析方法和交易规则是否还能运用到今天这个愈加复杂的市场中。这个问题从表面上看似乎有些道理，但是我们不要忘记了，江恩对市场的观察是基于人们对事物以往的认知，而这种认知是对未来的指引。

不知道你想过这些没有，世界上的万物都有自己特定的运行法则，例如物体松手以后会回落到地上、男女自然地会对对方产生兴趣、万物相互依存……究竟是谁规定了上述法则，让它们各自按照自己的运行轨迹有序地、相互制约相互促进地、十分完美地运行？这个答案我们暂不去管它，但仅是“游戏法则”一词就已贵如钻石！它精确地告诉我们：世界的存在不是杂乱的，它是在深刻的自然属性中必然地运作，每一件事的结果都是唯一的、特定的、必然的，它们像一串串刻度被永远地刻在了历史（时间）的坐标上。请永远记住上面这一段文字，否则你将不能解读下面的内容。

在其投资生涯中，江恩的平均成功率高达88%。人们惊叹江恩几乎每次都能判断正确。当然江恩自己也会有些错误，但都不是因为其理论方法本身的缺陷。除此之外，江恩还预测了从他那个时代起人类未来会发生的事，会出现的物体、发明等等，现在看来几乎全部按时间坐标实现了。江恩的思维模式建立在他本人坚信宇宙万物中无不存在着自然规则这一信念之上。江恩有一个虔诚的宗教家庭，来自《圣经》的教诲不仅仅只影响了他的生活。

江恩相信任何事物都遵循着宇宙中的自然规则，而规则的本身是由复杂的物质属性集合而成的，任何物体的运行都是在两者作用下的必然结果。

江恩思想的两个基本要素是：动质和时间。动质是江恩理论的专有名词，其他任何书籍上都没有动质一词。动质极其复杂，我不在此描述。

任何准确的分析都离不开时间，江恩把时间作为进行交易的重要因子，当特定的动质驱动运行时，时间因子会精确地显示事物属性的一一对应特性。

研究江恩理论不是一件容易的事情，正如江恩本人所说的一样，研究他的理论，需要意志和毅力。

天地间有“有其理无其事”的说法，那是因为我们的经验还不够，科学的实验还没有出现的缘故；而“有其事不知其理”的，那是因为我们的智慧还不够。换句话说，宇宙间的任何事物，有其事必有其理，有现象，就一定有它的原理，只是我们的智慧不够、经验不足，找不出它的原理而已。

本套系列丛书沿着两个中心思想创作，一是以江恩出生时候的时代背景为前提，以江恩的成长为主线；二是以证券市场的内在机理为出发点，遵循先定性后定量、基本面解决根本问题、技术面解决具体问题的原理。为了尽量保持江恩原著的真实性，我们以江恩的原著为蓝本，充分尊重原著的思想。为了全面地诠释江恩理论，我们也吸收了其他江恩理论研究者的发现和思想，同时还吸收了其他理论的精髓来诠释江恩理论，以填补江

恩理论由于所处时代而导致的不足，尽量展现适合当今市场，尤其是中国证券市场的技术分析方法。

股票投资/投机是一门艺术科学，既有其科学规范的一面，又有其只可意会不可言传的一面。无论你是师从技术分析方法，还是紧跟价值投资思路，抑或两者兼备，投资这项游戏的规则都已经规定，除了在某些特殊阶段以外，总体来说只有少数人能成为大赢家。健将是可以培养和锻炼出来的，而冠军，除此以外还需要天赋和一点运气。学习，可以帮助我们挖掘自己的潜能，并至少能够向一名健将去发展。

我们继承的是江恩的思想，狭义的江恩理论是江恩建立的理论框架和交易规则、技巧。广义的江恩理论是继江恩之后，所有研究江恩理论人士多年来从江恩理论体系衍生发展出来的一系列著作。提到江恩理论，人们还定义在狭义层面，而事实上，在美国，研究江恩理论的专业人士已经涌现出一大批了，还成立了一个江恩理论研讨会的组织机构，每年定期召开会议，以交流学习对江恩理论新的发现，还有公司专门研制出江恩理论的证券分析软件。

我这次收集整理出版的这套系列丛书就是建立在江恩和一大批江恩理论研究人士大部分研究成果的基础上的，所以说，现在的江恩理论不单单是江恩所著的原著，还包括其他研究者所发现的，在江恩原著的基础之上发展的所有著作。打一个很不恰当的比喻，就好像毛泽东思想是老一辈无产阶级的结晶的道理一样，江恩理论也是所有为理论的发展而努力的人的结晶。

今天我们研究江恩理论所要走的路线因为大部分人以前还没有接触过，所以我们在这里先要使大家知道怎样去读江恩理论，先从怎样去认识它、怎样去了解它开始。至于深入的研究，有人研究了一辈子，也没有搞清楚，包括我在内，研究了十多年，还跟一个初学的人差不多。实际上，要解读好江恩理论这套经典技术分析理论，我自己都是战战兢兢的，觉得自己非常肤浅，没有办法向大家交代，可以提供给大家的，只是一块敲门砖而已。

何造中

前　言

本书是系列丛书的第七本书，也是《江恩 24 条颠扑不破的规则》的下册，在本书中我们把书分成了三个部分：买入规则部分、卖出规则部分和心态部分。

买入规则部分。第一章介绍了我们投资股票不能因为分红而买进，我们要根据股票自身的基本面情况来决定是否买进股票；第二章则谈到被套时我们应该如何更好地应对；而第三章主要讲述的是我们购买股票一定要买那些已经非常活跃并且突破阻力位的股票，充分享受股票质变的过程，而不要在股票量变期过早地介入；第四章则讨论我们在投资股票时究竟应该投资何种流通盘的股票，是大盘股还是小盘股更加有优势。

卖出规则部分。在第五章我们着重和大家探讨了各种止损位置的设置和不同的离市方法；第六章主要讲述当我们在股市中获利时，应该逐步累积盈余，不能让利润又变成亏损。

心态部分。我们在第七章着重介绍了投资股票所需要的耐心，不仅在选择投资标的上要有耐心，在选择介入时机和卖出时机时同样需要耐心；第八章主要探讨的是我们平时操作中最容易犯下的过度自信的错误，通过各种方式帮助大家克服过度自信的不好习惯。

投资者要想做好股票投资，就要在学习那些交易规则的同时自己开动脑筋，努力思考，争取悟出适合自己的投资逻辑和交易规则，本书旨在抛砖引玉，切记不可生搬硬套。

由于本书的创作时间有限，对于一些问题的讲述可能存在欠妥之处，希望广大读者、朋友们批评指正。

目　录 CONTENTS

第一部分　买入技巧篇 \ 1

第一章　规则 14 \ 2

第一节　分红的简述 \ 2

第二节　分红对股票的影响 \ 6

第三节　应对分红股 \ 10

第二章　规则 15 \ 30

第一节　被套的分类 \ 30

第二节　股票被套的原因分析 \ 32

第三节　解套的技巧 \ 36

第三章　规则 16 \ 57

第一节　突破股的简述 \ 57

第二节　买入突破股的原因 \ 68

第三节　投资突破股 \ 69

第四章　规则 17 \ 86

第一节　小盘股和大盘股概述 \ 86

第二节　探析小盘股的机会\ 88

第三节　小盘股投资技巧\ 90

第二部分　卖出技巧篇\ 115

第五章　规则 18、19、20、21\ 116

第一节　止损位的设置\ 117

第二节　止损离市方式\ 133

第六章　规则 22\ 145

第三部分　心态篇\ 173

第七章　规则 23\ 174

第一节　耐心的重要性\ 174

第二节　耐心做好股票投资\ 179

第八章　规则 24\ 198

第一节　过度自信简述\ 198

第二节　过度自信的危害\ 202

第三节　股票投资中过度自信的规避\ 205

参考文献\ 227

第一部分

买入技巧篇

第一章　规则 14

规则 14：不要因为分红而买进股票。

——江恩

第一节　分红的简述

分红的定义

分红是股份公司在盈利中每年按股票份额的一定比例支付给投资者的红利。它是上市公司对股东的投资回报。分红是将当年的收益，在按规定提取法定公积金、公益金等项目后向股东发放，是股东收益的一种方式。普通股可以享受分红，而优先股一般不享受分红。股份公司只有在获得利润时才能分配红利。

分红，亦称利润分享，即分配红利的简称。1899 年在巴黎举行的国际分红会议中指出："分红是指企业单位提拔一定比例的盈利，分配给该企业单位一般被雇员工的报酬，此种报酬按自由协约的计划，事先订定提拔的比率；比例一经决定，即不得由雇主变更。"美国芝加哥大学罗勃・桑纳德教授对分红定义为："所谓分红，简言之，是指受雇员工在其正常薪资之外，分配一部分雇主所得的利润而言。”

分红的形式

一般地说，股东可以以三种形式实现分红权：

（1）以上市公司当年利润派发现金。

（2）以公司当年利润派发新股。

（3）以公司盈余公积金转增股本。

分红的条件

从法律层次上说，股东的分红权是一种自益权，是基于投资者作为股东个体身份所具有的不可剥夺的权利，一旦受到公司、公司董事或第三人的侵害，股东就可以以自己的名义寻求自力救助，如要求召开股东会或修改分配预案或司法救济以维护自身的利益。理论上股东的分红权是股东的一种固有权利，不容公司章程或公司机关予以剥夺或限制，但实际上，由于股东权是体现为一种请求权，它的实现是有条件的：

（1）以当年利润派发现金须满足：①公司当年有利润；②已弥补和结转递延亏损；③已提取 10% 的法定公积金和 5% ～ 10% 的法定公益金。

（2）以当年利润派发新股除满足第 1 项条件外，还要满足如下条件：①公司前次发行股份已募足并间隔一年；②公司在最近 3 年财务会计文件无虚假记录；③公司预期利润率可达到同期银行存款利润。

（3）以盈余公积金转增股本除满足第 2 项 1 ～ 3 条件外，还要满足：①公司在最近三年联结盈利，并可向股东支付股利；②分配后的法定公积金留存额不得少于注册资本的 50% 。除此之外，根据我国《公司法》和《上市公司章程指引》的有关规定，上市公司股利的分配必须由董事会提出分配预案，按法定程序召开股东大会进行审议和表决并由出席股东大会的股东所代表的 1/2 现金分配方案或 2/3 红股分配方案以上表决权通过时方能实现。

分红与股息的联系与区别

股息与分红，虽然都是股票投资所取得的收益，但两者之间有明显的区别：

（1）在数量上，股息的比率一般是相对固定的，而分红却随公司的盈利状况可多可少。

（2）在时间上，股息发放时间可以是年底或第二年年初，也可分期多次发放，而分红一般在第二年年初发放。

（3）在对象上，普通股的股东在公司经营状况欠佳的情况下，可以减少，甚至不分派股息，而优先股的股东一般有股息收入的保障，但一般不参与公司的分红，普通股的分红随公司盈利的增减而增减。

通过上面的讲述，我们知道，分红其实就是企业分配利润的一种方式，可以是现金，也可以是股票，也可以是根据盈余公积金转增的资本。

分红的基本原则

一般来讲，上市公司在财会年度结算以后，会根据股东的持股数将一部分利润作为股息分配给股东。根据上市公司的信息披露管理条例，我国的上市公司必须在财会年度结束的120天内公布年度财务报告，且在年度报告中要公布利润分配预案，所以上市公司的分红派息工作一般都集中在次年的第二和第三季度进行。

在分配股息红利时，首先是优先股股东按规定的股息率行使收益分配，其次普通股股东根据余下的利润分取股息，其股息率则不一定是固定的。在分取了股息以后，如果上市公司还有利润可供分配，就可根据情况给普通股股东发放红利。

股息是股东定期按一定的比率从上市公司分取的盈利，红利则是在上市公司分派股息之后按持股比例向股东分配的剩余利润。获取股息和红利，是股民投资于上市公司的基本目的，也是股民的基本经济权利。

上市公司在实施分红派息时，它必须符合法律规定且不得违反公司的章程，这些规定在一定程度上也影响着股息和红利的发放数量。这些原则如下：

必须依法进行必要的扣除后才能将税后利润用于分配股息和红利。其具体的扣除项目和数额比例要视法律和公司章程的规定。上市公司的股东大会和董事会通过的分红决议是不能与法律和公司章程的规定相抵触的。

在上市公司的税后利润中，其分配顺序如下：

（1）弥补以前年度的亏损。

（2）提取法定盈余公积金。

（3）提取公益金。

（4）提取任意公积金。

（5）支付优先股股息。

（6）支付普通股股息。

股东一年的股息和红利有多少要看上市公司的经营业绩，因为股息和红利是从税后利润中提取的，所以税后利润既是股息和红利的唯一来源，又是上市公司分红派息的最高限额。在上市公司分红派息时，其总额一般都不会高于每股税后利润，除非有前一年度节转下来的利润。由于各国的公司法对公司的分红派息都有限制性规定，如我国就规定上市公司必须按规定的比例从税后利润中提取资本公积金来弥补公司亏损或转化为公司资本，所以上市公司分配股息和红利的总额总是要少于公司的税后利润。

由于上市公司的税后利润既是股息和红利的来源，又是它的最高限额，上市公司的经营状况直接关系这股息和红利的发放。在一个经营财会年度结束以后，当上市公司有所盈利时，才能进行分红与派息。且盈利愈多，用于分配股息和红利的税后利润就愈多，股息和红利的数额也就愈大。

除了经营业绩以外，上市公司的股息政策也影响股息与红利的派法。在上市公司盈利以后，其税后利润有两大用途，除了派息与分红以外，还要补充资本金以扩大再生产。如果公司的股息政策倾向于公司的长远发展，则就有可能少分红派息或不分红而将利润转为资本公积金。反之，派

息分红的量就会大一些。

股息和红利的分配受国家税收政策的影响。上市公司的股东不论是自然人还是法人都要依法承担纳税义务。如我国就有明确规定，持股人必须交纳股票收益（股息红利）所得税，其比例是根据股票的面额，超过一年期定期储蓄存款利率的部分要交纳20%的所得税。

一般来说，只有公司收益为正值，同时业绩不错的时候才会分红，而那些业绩一般的股票分红的机会则非常少，对于那些业绩不错的股票虽然派发的红利诱人，但是相对于其本身高昂的股价来说，分红的收益就显得有些微不足道了。

下面我们接着来看分红的影响。

第二节　分红对股票的影响

分红对于公司的影响

（一）现金分红对于公司的影响

判断一家公司进行现金分派是否有利于股东，主要的原则就是从长期来看，现金在这家上市公司手中所能带来的现金流收益是否大于分派给股东所能带来的现金流收益。如果现金在上市公司手中所产生的现金流折线大于分派给股东所产生的收益，那么就不应该分红，否则就应该进行分派。比如，如果这家公司运用1元现金所产生的现金收益为两角，而股东平均（就是所有股东平均，因为每个股东投资方向不同，收益就不同，所以不能用个别来考虑）产生的现金收益是1角，则应该放在公司中，不应该进行分红。

如何判断未来的收益是比股东产生的收益是高还是低呢？一般来说，

方法比较复杂，并且准确性不高，尤其对于普通股民更加难以判断。从投资的角度来说，我们可以这么认为，只要是对企业的长期发展是有利的，就认为是对股东有利，如果对企业长期发展不利，则是对股东不利。

我们从企业所处的生命周期来考虑。

企业按照业务发展的情况可以分为导入期、成长期、成熟期以及衰退期四种。当然很多公司可能很长时间难以进入衰退期，但对于大多数公司来说应该存在着这么一个标准的生命周期。在这四种不同的阶段，公司对现金的需求是不同的，所以不能笼统地说现金分红就是有利或者有害。在导入期和成长期，一般需要大量的投资，比如建厂房、购买设备、扩大市场等活动，这时候，一般不应该进行大比例的现金分派，而在成熟期现金流比较稳定，可以根据企业的发展方向，选择是否进行现金分派，当到了衰退期以后，企业如果没有更好的项目投入，则应该把现金分给股东，由股东自己进行选择。

所以，大比例的现金分派对于那些刚处于导入期和成长期的企业来说是不利的，对于成熟期的企业得综合考虑，而对于衰退期的企业则是明智的。

而有一些上市公司的做法却恰恰相反，在导入期和成长期经常进行大比例分红，因为好多公司账面上的利润是正的，而在企业处于衰退期却拼命地进行再融资，因为企业不融资是很难维持下去的。

因此，对于现金分红，并不是派发得越多就越好，要按照企业的成长阶段来综合分析。

（二）股票股息分红对于公司的影响

股票股息的分派也分为两种：一种叫转增股，另一种叫送股。这两种方式一个是从公积金项上进行处理，另一个是从未分配利润上进行处理，严格地说，只有会计处理方法的不同，没有本质的区别。

如果说现金股息对公司以及股东还有一些正面或负面的影响的话，那么股票股息对公司的影响则非常小。如果一家公司目前共有 1 亿股本，净资产是 4 亿元，净利润为 8000 万元，则每股净资产是 4 元，每股收益为 0.8 元，净资产收益率是 20%。假设公司进行 10 转 5 送 5 的分红，则目前

的状况是：总股本2亿股，净资产4亿元，净利润年8000万元，每股净资产是2元，每股收益为0.4元，净资产收益率是20%。

从这里我们可以看出，改变的是总股本、每股净资产和每股收益，而与运营相关的财务指标没有任何影响。股票除权就相当于您本来有一张100元的钞票，现在成了两张50元的钞票，本质上没有区别。

分红对于股票的影响

（一）现金分红对于股票的影响

由于大家更加认可按照市盈率对股票进行定价的方式，而现金分红尽管降低了公司的净资产，但对于每股收益则没有任何影响。所以，一般进行现金分红的股票走势都是填权走势。但由于分红比例都不会很大，所以除权的缺口一般也不大，所以基本上也不存在套利的空间。

从长期来看，现金分红更多的是由于对公司的影响，从而间接地影响了股票的波动。

所以，对于公司的现金分红，并不是越多越好，应该针对企业的具体情况分析。

（二）股票股息分红对于股票的影响

股票股息对股价的影响在二级市场还是非常大的，尤其是在不成熟的股市中。

既然股票股息对公司没有任何实质的影响，为什么会影响二级市场的交易呢?

根据北京赛思东方管理咨询有限公司顾问冯涛先生的分析，他认为产生这种现象有以下原因：

（1）心理因素。由于股票进行除权以后，股价会成比例的下降，股价看起来更加便宜，本来50元的股票现在成了25元，所以有一些人会考虑购买。就像目前许多基金净值在两元以上，大家嫌贵，当基金经过拆分以后，净值在一元附近，大家心理上感觉便宜了，便疯狂认购一个道理。

（2）购买力。购买力也是一个原因。由于股民构成不同，中国股市规定每次交易的最小单位是 1 手，即 100 股，如果想购买茅台，就必须至少有 1 万元以上，所以许多投资几千元的小股民是绝对不可能买的。再如伯克希尔·哈撒韦（股神巴菲特的公司）的股票，目前每股股价在 10 万美元左右，如果没有一定的经济实力是买不起的。

除权对于股票短期和长期的走势是不同的。从短线来说，一般除权的股票上涨的概率大一些（全凭经验，没有仔细论证），尤其是在牛市中，当然也有一些庄家利用除权进行出货的行为，但在基金主打的现在已经基本不存在了。而从长线来说除不除权对股价的影响应该不是很大，比如上述的伯克希尔，公司的股票增长一直与公司业绩增长比较吻合，这就是价值投资的力量。

股票分红应该与业绩增长成正相关，没有业绩增长支撑的股票不应该进行大比例的分红。如果按照公司业绩增长与股票分红二者关系来分析，无非有三种情况：

（1）分红比例超过业绩增长，这样股票的每股收益将逐渐下降。

（2）分红比例与业绩增长相同，这样股票的每股收益长期维持不变。

（3）分红比例低于业绩增长，结果是每股收益持续增长。如果采取第一种方式，公司的每股收益会下降，长期下来，而采取第三种方式却恰恰相反。从长期趋势来看，第三种方式更加优异，即分红比例低于业绩增长的方式。

分红对于投资者的影响

从股票投资者的角度来说，其作用在于：

（1）可以为投资者开拓投资渠道，扩大投资的选择范围，适应了投资者多样性的投资动机，交易动机和利益的需求，一般来说能为投资者提供获得较高收益的可能性。

（2）可以增强投资的流动性和灵活性，有利于投资者股本的转让出售

交易活动，使投资者随时可以将股票出售变现，收回投资资金。股票市场的形成，完善和发展为股票投资的流动性和灵活性提供了有利的条件。

通过上面两节的简单介绍，我想大家对于分红是什么，分红与上市公司的关系以及分红与我们投资者之间的关系都有了初步的了解，下面的第三节，我们就进入本章的核心部分，我们投资者在买股票时应该对于分红股票持有何种态度才更利于我们的投资。

第三节　应对分红股

对于我们普通投资者来说，对于那些分红的股票，我们应该根据分红的具体情况进行具体分析，弄清其分红对于公司发展规划的作用、意义之后，再根据我们自身对于公司基本面和技术面的理解，来决定是否需要购买分红的股票，而不是仅仅因为某公司推出的分红比例高，或者高送转的送转数量大就买进该股。

下面我们就通过多个实实在在的案例来看我们应该如何应对分红股票。

我们先来看几个在分红之后较长一段时间内股价依然表现优异的股票。

我们来看案例一。

洋河股份（002304）是一家从事白酒生产和销售的公司。公司系经江苏省人民政府批准，由洋河集团作为主要发起人，联合上海海烟、综艺投资、上海捷强、江苏高投、中食发酵、南通盛福等 6 家法人和杨廷栋、张雨柏、陈宗敬、王述荣、高学飞、冯攀台、朱广生、钟玉叶、薛建华、沈加东、周新虎、吴家杰、丛学年、范文来等 14 位自然人，以发起设立方式，于 2002 年 12 月 27 日设立的股份有限公司。公司设立时在江苏省工商行政管理局领取了企业法人营业执照。公司设立时的注册资本为 6800 万元，全体股东共出资 10372. 02 万元，按 1 : 0. 65561 的相同比例折股，股份总数为 6800 万股。2009 年 11 月，公司股票登陆深圳交易所，发行 4500 万股，募集资金 26. 0032 亿元。

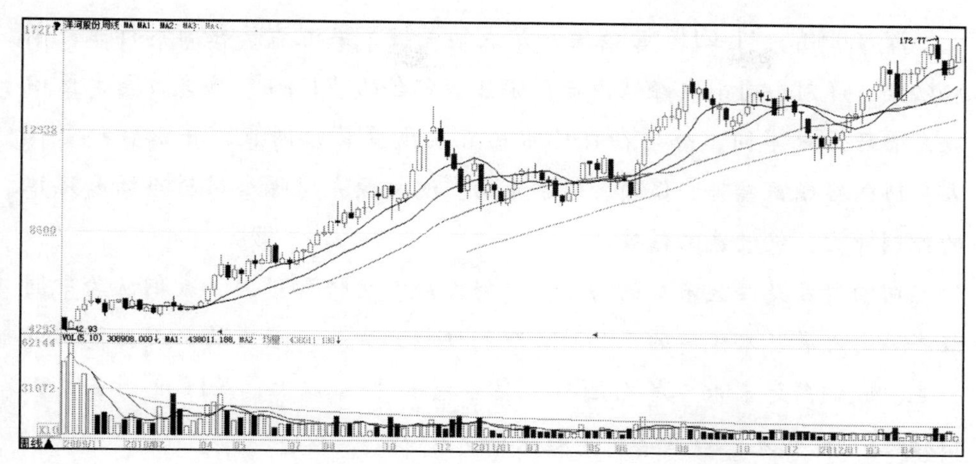

图 1-1

图 1-1 所示的是洋河股份自上市以来的周 K 线全景图。我们看到，洋河股份自上市以来，共进行了两次分红，2010 年 4 月 20 日，洋河股份每 10 股派发红利 8 元，2011 年 5 月 30 日，洋河股份每 10 股送 10 股，派发红利 10 元。

虽然自洋河股份上市以来，大盘环境不佳，但是洋河股份的股票却缓慢上涨，至 2012 年 5 月底，洋河股份的股价上涨了两倍多。

接下来我们来看看洋河股份的基本面情况。

2009 年上市前不久，中信建投证券公司研究报告指出其是白酒行业的一匹黑马。

该研究报告如是说：

历史悠久的洋河大曲可以考证的历史有 600 年，1915 年参加过巴拿马国际博览会，1979 年跻身八大名酒之列。白酒深厚的文化底蕴是企业核心的竞争力之一，洋河的发展拥有坚实的酒文化基础。

迅速崛起的蓝色经典，开创白酒行业先河但显然洋河的经营者没有过多倚重洋河的传统与文化，而是在创新上下足了功夫。公司推出另一高端品牌——蓝色经典，无论是从品质定位上、文化蕴意上还是包装形状和使用蓝色上，都开创了白酒行业先河，给人以耳目一新的感觉，产品本身设计已经使蓝色经典快速崛起成功了一半。

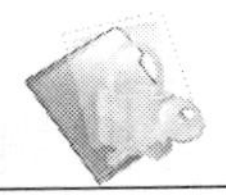

深度营销，“1+1”营销模式是成功关键，渠道为王在酒水行业是制胜法宝。洋河公司采取经销商与厂家紧密配合的“1+1”模式，与大区粗放式管理方式不同，公司在目标市场直接设置营销网点，并派驻厂家代表，协同经销商铺货、促销、维护市场。这种模式增强公司对市场和终端的控制能力，促进产品销售。

白酒行业是经久不衰的行业，洋河发展潜力依然很大，我们认为中国经济越是发展，本民族的产品越会得到发扬光大，王老吉的兴起就证明这一点。我们预计未来三年白酒行业复合增长15%以上，2011年行业总产值接近2000亿元，白酒总产量超过600万吨。

公司高速增长期尚在延续。2008年，公司白酒年销售量7.8万吨，营业收入26.8亿元。尽管销售量和收入水平占行业比重还较低，但公司已跻身到行业前6名，未来还会保持快于行业的发展水平。利润增长点在省外市场拓展与高终端产品比重增加，本次募集资金项目支持公司发展目标。合理估值为70元左右，公司预计2009—2011年摊薄每股收益将达到2.43元、2.97元和3.6元。

相对估值给予2010年动态PE为25倍，上市后合理价位在70元左右。

2009年11月6日，洋河股份正式登陆深圳交易所，当天收盘价为87.91元，已经超过了中信建投证券公司研究报告的评估价70元，可见洋河股份果然深受投资者们的喜爱，尤其是那些机构投资者们，随后洋河股份缓慢上涨，至2009年年末已经上涨了16%。

2009年年报显示，洋河股份每股收益为2.786元，已经超出了之前中信建投证券公司的预测收益。

进入了2010年，洋河股份业绩更加蒸蒸日上，仅半年报业绩就已经达到每股收益2.372元，远远超过了在其上市前分析师们对它的预期。

2010年8月20日，申银万国证券发布分析报告指出：

洋河股份业绩符合预期：上半年洋河股份营业收入34.9亿元，同比增长93.2%，其中洋河蓝色经典收入预计同比增长60%～70%（梦之蓝预计增长200%以上，天之蓝预计增长80%以上），4月份开始双沟并表也有助于收入的增长。上半年归属于母公司的净利润10.7亿元，同比增长

81.4%，EPS为2.372元，符合预期。

投资评级与估值：上调2010—2012年EPS至4.96元、7.51元和10.28元，分别增长78.0%、51.4%和36.9%。公司优异的股权结构、超强的管理和营销能力使我们预期2011—2013年洋河的净利润复合增长率仍有望达到35%～40%，因而上调12个月目标价至263～300元，对应2011年PE为35～40倍。

有别于大众的认识：

（1）自上市当日起，我们持续推荐并战略性看好洋河的理由：①治理结构好，管理团队在业内最有动力；②管理和营销能力突出并且业界公认；③定位中高档酒为主（2004—2007年是超高端白酒的消费升级，2009—2012年是次高端和中高端白酒的消费升级），海之蓝和天之蓝有望成为相应价位的全国性第一品牌，当然，超高端梦之蓝的增长势头也超出预期；④正逐渐成为全国性品牌，品牌力正处于快速上升期，上半年省外市场收入增长138%；⑤将成为行业整合的领跑者（帝亚吉欧就是靠不断收购兼并才使得市值接近3000亿元）。

（2）管理和营销能力超强表现为：①真正将白酒作为消费品来营销，以消费者需求为导向来设计和营销产品；②把握了中国白酒未来的发展趋势——低度化、绵柔清爽化、时尚化；③深度营销业内领先。

（3）上半年梦之蓝及省外市场收入增长超预期，未来两者将成为重要的盈利增长点。上半年梦之蓝收入增长200%以上，今年预计能到6亿～8亿元，明年预计再增长60%～100%，上半年蓝色经典省外收入预计增长100%以上，上海、广东等地均翻番。

（4）上半年盈利快速增长的原因：①销售结构的不断优化使得吨酒价格不断提升；②全国化布局已进入第二步，省外市场拓展迅速，拐点放量，多数省市呈现翻番增长。今年预计有10个省市收入过亿，2012年目标是所有省市均过亿。

（5）产品将跟随提价。茅台、五粮液、1573等终端价格不断上涨后最大的受益者其实是中档酒。

（6）洋河股份的投资机会来自多数投资者从不熟悉公司变为得到越来

越多的投资者认可。

股价表现的催化剂：与双沟的整合效应不断体现；年报高比例送转股的预期；业绩不断超市场预期；行业内并购；市场不断认可后相对估值不断提升。

随着洋河股份业绩不断增加，同时产业整合预期的不断推进，分析师们也逐渐调高了对其的估值水平，从之前上市前的25倍PE已经调高至2010年8月的35倍左右了。

二级市场上，洋河股份股价更是突飞猛进，在2010年11月26日创出284.6元的新高，稳健的业绩增长，洋河股份作为高价股仍然得到了中国机构投资者们的认可。

2010年，洋河股份每股收益达到4.899元，再次符合了券商的预期。

进入2011年，洋河股份进入了阶段调整行情中，但是我们观察洋河股份的业绩情况，虽然增长速度并没有2010年那么迅猛，但是2011年3季度每股收益还是达到了3.24元，这个业绩也是支撑其高价的原因。

进入到2011年6月以后，随着上涨指数的展开短暂反弹，洋河股份走入上升通道，1个多月上涨了近50%，并且创出之前的历史新高，成为此阶段涨幅领先的股票。

下面我们再来看看洋河股份上市以来的每股收益情况。

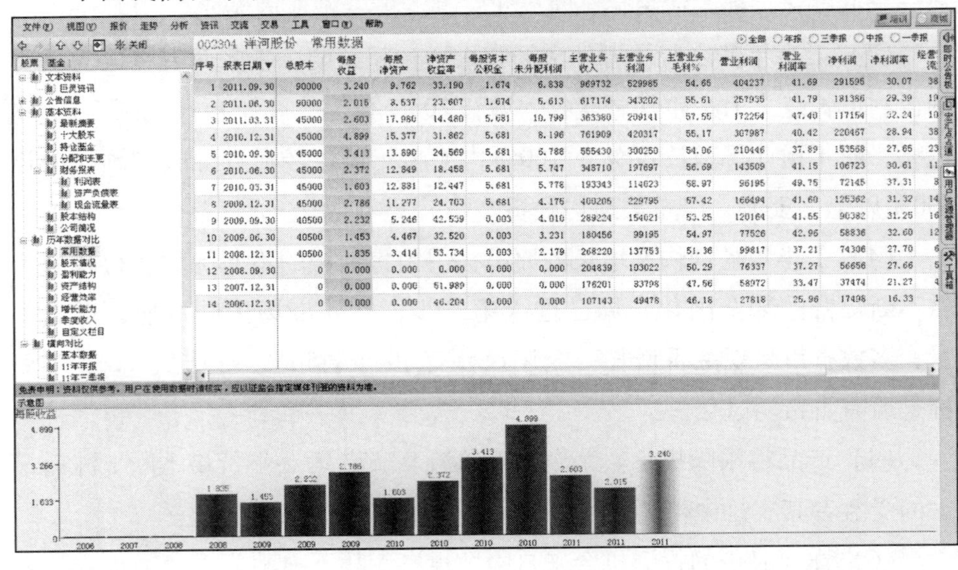

002304 洋河股份 常用数据

序号	报表日期	总股本	每股收益	每股净资产	净资产收益率	每股资本公积金	每股未分配利润	主营业务收入	主营业务利润	主营业务毛利%	营业利润	营业利润率	净利润	净利润率	经营…
1	2011.09.30	90000	3.240	9.762	33.190	1.674	6.838	969732	529985	54.66	404237	41.69	291596	30.07	38
2	2011.06.30	90000	2.015	8.537	23.607	1.674	6.613	617174	343202	55.61	257935	41.79	181386	29.39	19
3	2011.03.31	45000	2.603	17.980	14.480	5.681	10.799	363380	209141	57.55	172254	47.40	117154	32.24	10
4	2010.12.31	45000	4.899	15.377	31.862	5.681	8.196	761909	420317	55.17	307987	40.42	220467	28.94	38
5	2010.09.30	45000	3.413	13.890	24.569	5.681	6.788	555430	300250	54.06	210446	37.89	153568	27.65	23
6	2010.06.30	45000	2.372	12.849	18.458	5.681	5.747	348710	197697	56.69	143509	41.15	106723	30.61	11
7	2010.03.31	45000	1.603	12.881	12.447	5.681	5.778	193343	114023	58.97	96195	49.75	72145	37.31	8
8	2009.12.31	45000	2.786	11.277	24.703	5.681	4.176	400205	229795	57.42	166494	41.60	125362	31.32	14
9	2009.09.30	40500	2.232	5.246	42.539	0.003	4.010	289224	154021	53.25	120164	41.55	90382	31.25	16
10	2009.06.30	40500	1.453	4.467	32.520	0.003	3.231	180456	99195	54.97	77526	42.96	58836	32.60	12
11	2008.12.31	40500	1.835	3.414	53.734	0.003	2.179	268220	137753	51.36	99817	37.21	74306	27.70	6
12	2008.09.30	0	0.000	0.000	0.000	0.000	0.000	204839	103022	50.29	76337	37.27	56656	27.66	5
13	2007.12.31	0	0.000	0.000	51.989	0.000	0.000	176201	83798	47.56	58972	33.47	37474	21.27	4
14	2006.12.31	0	0.000	0.000	46.204	0.000	0.000	107143	49478	46.18	27818	25.96	17498	16.33	1

图1－2

通过图1-2我们发现，洋河股份自上市以来，每年的每股收益都在2.5元以上，这也正是其股价在分红之后继续上涨，在震荡市场走出大行情的根本原因。

对于洋河股份的分析，我们知道，公司的分红并不是促使洋河股份逆势上涨，走出大行情的根本原因，洋河股份即使不实行分红方案，随着公司业绩的逐年增长和业务的稳步拓展，相信洋河股份的股价也一定会表现得和现在一样出色。

反过来说，如果我们非要购买那些分红的股票，我们就一定要购买类似洋河股份这样业绩具有绝对的安全边际，同时业务稳步发展，而且稳定性数十年如一日的公司，这样的公司极有可能在分红之后取得不错的上涨，而且股价往往能够维持在高位。

我们继续来看案例二。

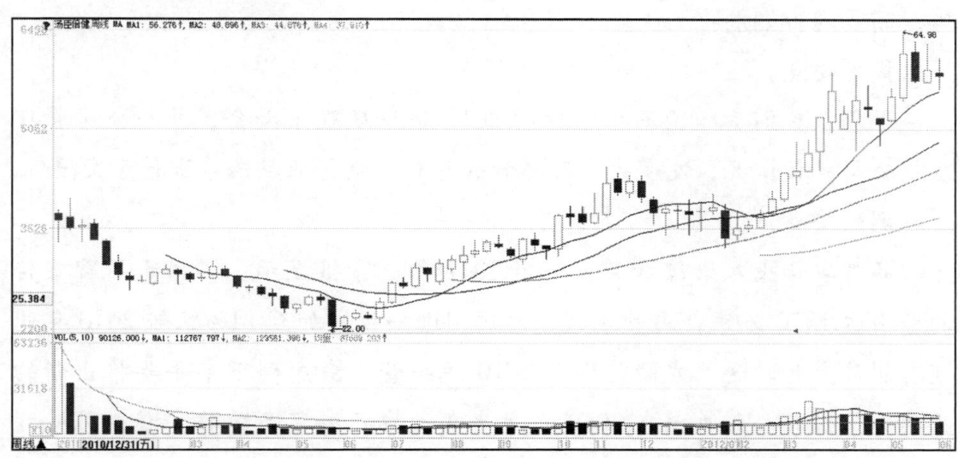

图1-3

汤臣倍健（300146）是一家从事膳食营养补充剂的研发、生产和销售的公司。2008年8月1日，经股东会决议，珠海海狮龙保健食品有限公司截至2008年6月30日经正中珠江审计的账面净资产值32873399.44元，按1.0958∶1的比例折为3000万股，整体变更为股份有限公司。2008年8月27日，正中珠江对申请设立股份公司的注册资本实收情况进行了审验，并出具了广会所验字〔2008〕第0702810040号验资报告。2008年10月15

日，公司在珠海市工商行政管理局完成变更登记，注册资本为3000万元，公司名称变更为“广东汤臣倍健生物科技股份有限公司”。2010年12月，公司股票登陆创业板，发行1368万股，募集资金14.2525亿元。

图1－3所示的是汤臣倍健上市以来的周K线全景图。2010年上市以来，公司股价随大盘逐步调整，2011年5月底，公司股价逆市走强，此后走出了一波较大的上涨趋势。

通过上图我们发现，汤臣倍健自上市以来共有两次分红，2011年5月24日，汤臣倍健推出每10股送10股，派红利10元的分红方案，2012年3月5日，汤臣倍健再次推出每10股送10股，派红利10元的分红方案，两次分红都对股价上涨起到了明显的提振作用。

下面我们来看看汤臣倍健的基本面情况。

我们先来看看2011年5月13日兴业证券发布的对汤臣倍健的调研报告，简要内容如下：

投资要点：

近期，我们参加了汤臣倍健的2010年年度股东大会，并与公司管理层就公司经营情况，发展战略及膳食营养补充剂行业动态等进行了交流。

调研要点：

品牌宣传投入继续加大：公司2011年一季报显示，其用于品牌宣传的费用达1870万元，占营业收入的比例进一步增加至14%，较2010年同期有明显上升。这一方面是由于2010年经营中考虑到下半年要推出新的品牌形象代言人，所以在2010年上半年大幅压缩了品牌推广费；另一方面则是公司希望在资金充裕的情况下适度加大品牌推广力度，为品牌的长远发展奠定基础。我们预计公司2011年后三季度宣传费用仍将与Q1持平，虽然这在短期内将在一定程度上压缩利润空间，但长期来看却有助于企业打造其核心品牌竞争力。

终端扩张速度快于预期：公司上市时曾提出计划在2012年年底其销售终端数量要增至20000家。截至2010年年底，公司销售终端数量已达13000多家，较2009年年底增加5700多个，公司计划2011年将这一数目增至18000家，进一步巩固其强势渠道品牌地位。考虑到部分连锁商超由于政策因素限制了产品入店的进度（新的保健食品管理条例预计年内公布，目前有关部门收紧了保健食品销售资格的认证），公司在销售终端扩张方面的潜力仍然较大。

非直销市场大有可为，专卖店模式凿空开路：目前中国膳食营养补充剂的销售途径仍以直销为主（以安利中国区为代表，去年销售额超过200亿元人民币），占比超过80%，而美国及日本市场对应比例仅为20%和36%，我们预计，随着公众对膳食营养补充剂认知的深入和市场规模的扩大，公司所处的非直销领域将逐步成为与直销领域并驾齐驱的业务模式。目前公司除了通过连锁商超（约占近20%销售额）和传统经销商（约占80%销售额）模式继续巩固其在非直销领域的市场强势地位，还积极拓展以连锁营养中心为代表的专卖店销售模式，截至2010年年底专卖店数目已达223家。我们认为，作为公司的新型业态，连锁营养中心占公司销售额比例虽然较低，但却有可能成为公司面向未来的销售模式（美国专卖店销售占膳食营养补充剂销售总额的38%），而连锁营养中心也将为公司品牌形象的提升、支持网络的健全以及商超布局的完善发挥重要作用，“阻击”NBTY、GNC等国际巨头在非直销领域的扩张。

募投项目进展顺利：公司募投项目进展顺利，新的生产基地即将封顶，预计2011年年底有望投产，届时产能将提高4倍左右，满足公司未来几年的发展需求，公司IPO超募资金高达12亿元，未来无论将超募资金投入品牌宣传和渠道扩张，或通过收购方式进一步实现纵向一体化，都将加速公司发展，帮助“汤臣倍健”品牌从渠道性强势品牌向大众知名品牌过渡。

盈利预测：我们维持此前做出的盈利预测，预计公司2011—2013年EPS分别为2.75元、3.90元和5.05元。作为国内行业龙头，公司将继续受益于行业的高增长和业内集中度的提高，其“品牌+渠道”的战略有望使其成为民族品牌中为数不多的可与外资保健品抗衡的企业，继续维持其“推荐”评级。

透过上面的报告，我们看到随着“汤臣倍健”的品牌建设提出和终端的快速发展，汤臣倍健的业绩将进入快速稳步发展期。

时间将近过去一年，我们再来看看“汤臣倍健”基本面亮点：

（1）品牌渠道建设效果显现，业绩超预期。

公司业绩快速增长的主要原因有：①品牌及渠道建设带来的销售收入增长。主要是以姚明为核心品牌推广效应在终端逐步显现；以百强医药连锁为重点的渠道深度经营取得明显进展；前期新开网点销售逐步提升；新网点的拓展按销售增长计划推进等。②2012 年第一季度的销售费用率相对较低，但预计 2012 年全年的销售费用率将与过去三年的销售费用率保持基本稳定。③2011 年第四季度部分销售收入未确认。

公司品牌是公司的核心竞争力，公司持续增加品牌建设投入，2011 年公司品牌建设投入 8432 万元，品牌建设费用率由 2007 年的 2.82% 提升至 2011 年的 12.82%，显示公司正在不断地构筑品牌壁垒。公司 2010 年 12 月上市后成为保健品行业第一家上市公司，渠道品牌力快速上升，吸引优质代理商，致终端扩张速度迅速提升。截至 2011 年 12 月共有 330 多家经销商，终端数量 21000 多家，主要形式是药店及商超。公司计划 2012 年年终端扩展至 30000 家，维持扩张态势。我们分析认为，考虑到约 36 万家药店终端数量，公司尚有巨大的终端扩张潜力，预计 2012 年终端数量可达到 30000 家，同比增长 43%，渠道扩张的驱动因素仍在，但增速将有所下降。

（2）加速连锁营养中心建设，提升品牌力、渠道力与服务力。

连锁营养中心是公司营销网络建设的重大创新，目前国内膳食营养补充剂领域尚无品牌连锁中心。连锁经营模式是国际膳食营养补充剂领先企业采取的主流经营模式之一。截至目前，GNC 在整个美国和 50 个国际市场的特许经营业务拥有超过 7000 家零售店（其中包括超过 1000 家特许经营的商店和 1200 家零售店中店）。根据 GNC2008 年年报显示，2008 年 GNC 公司全年收益合计 16.56 亿美元，其中专卖店收益为 14.77 亿美元，占 89.19%。从未来的发展来看，连锁经营模式也将是中国膳食营养补充剂未来发展的主流渠道模式之一。我们认为公司大力布局连锁营销中心有助于公司威慑渠道、提升品牌力与服务力，使公司自主营销与渠道销售相得益彰。

2011年公司已有438家连锁店，公司计划至2013年扩张至1163家。通过几种方式：

①建设连锁运营管理中心，构建现代连锁经营管理体系；

②投资商业店铺开设旗舰店，以示范效应规范带动联营、加盟连锁营养中心发展；

③省会城市和重点市场建立直营店；

④利用现有渠道资源，重点发展联营店；

⑤尝试建立加盟体系，加快连锁营养中心拓展速度。

（3）持续的研发投入，加强公司产品力。

2011年公司研发投入2317万元，销售收入占比3.52%。截至2011年12月31日，公司已拥有、在审批及拟申请项国家食品药品监督管理局批准的营养素补充剂和保健食品批准证书的数量分别是41、17及30个，证书数量在同业中处于领先地位。考虑到国内批准证书需要两年时间，公司已建立一定的产品证书壁垒。另外，公司始终坚持“取自全球，健康全家”的品牌理念，2011年度公司从国外采购主要原料的比例达到73.35%，我们认为优质原料使公司产品力得到持续提升，利好公司长远发展。

根据华创证券的预测，公司2012—2013年EPS分别为1.28元、1.90元及2.81元（送转前原为2.4元、3.2元及4.2元），对应PE分别为37X、25X、17X。维持推荐评级，目标价51.2～57.6元。

接下来我们再来看看公司上市以来的每股收益情况。

透过图1-4我们发现，即使分红之后，“汤臣倍健”自上市以来的年度每股收益都大于1元以上，其稳定的业绩和公司良好的发展势头是其分红之后股票依然逆势快速上涨的根本原因。

对于“汤臣倍健”分红之后的良好表现，笔者认为更多是由于其基本面的原因。因此，即使“汤臣倍健”不实施分红方案，其股价也同样能有过人的表现。

我们投资股票，不仅仅只凭借分红去买入，我们要抓住刺激股价上涨的根本因素，那就是基本面。

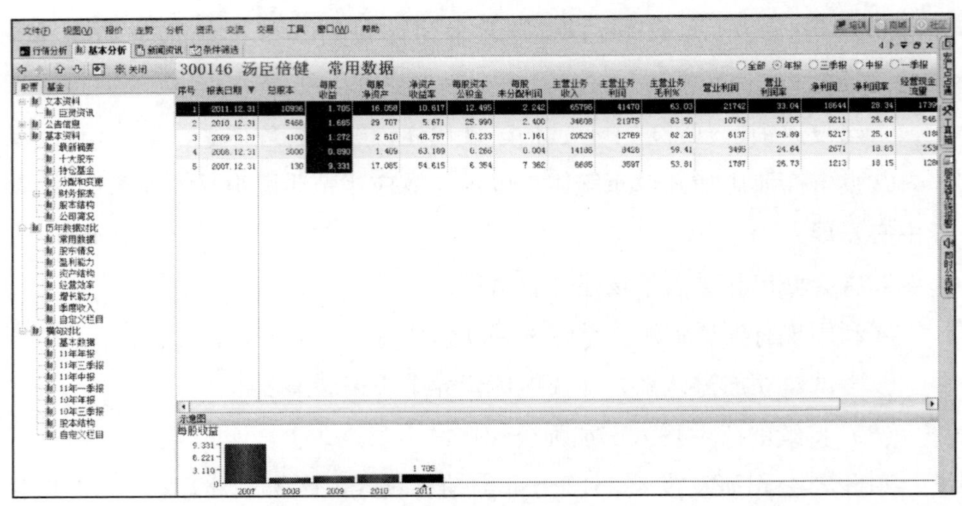

300146 汤臣倍健 常用数据

序号	报表日期	总股本	每股收益	每股净资产	净资产收益率	每股资本公积金	每股未分配利润	主营业务收入	主营业务利润	主营业务毛利%	营业利润	营业利润率	净利润	净利润率	经营现金流量
1	2011.12.31	10936	1.705	16.058	10.617	12.495	2.242	65796	41470	63.03	21742	33.04	18644	28.34	1739
2	2010.12.31	5468	1.665	29.707	5.671	25.990	2.400	34608	21375	63.50	10745	31.05	9211	26.62	546
3	2009.12.31	4100	1.272	2.610	48.757	0.233	1.161	20529	12769	62.20	6137	29.89	5217	25.41	418
4	2008.12.31	3000	0.890	1.409	63.189	0.266	0.004	14186	8428	59.41	3495	24.64	2671	18.83	253
5	2007.12.31	130	9.331	17.085	54.615	6.354	7.362	6685	3597	53.81	1787	26.73	1213	18.15	128

图 1-4

我们来看案例三。

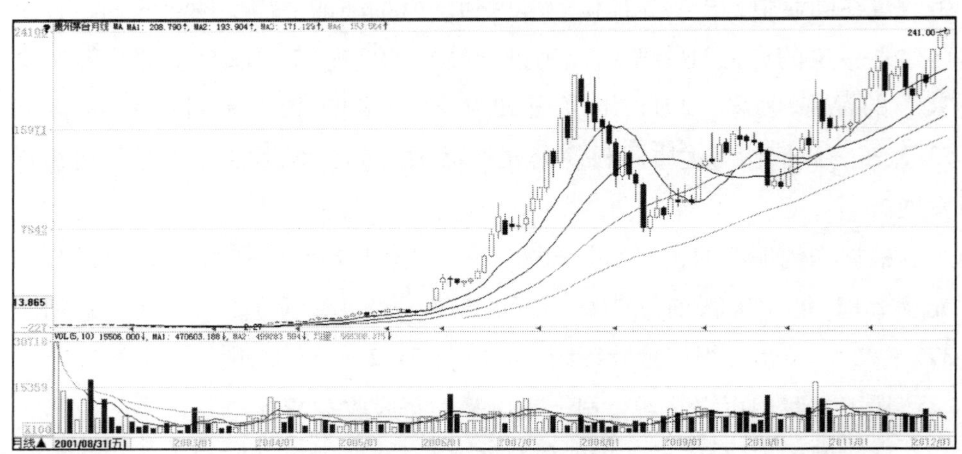

图 1-5

贵州茅台是一家从事贵州茅台酒系列产品的生产和销售的公司。该公司经贵州省人民政府批准，于 1999 年 11 月 20 日由中国贵州茅台酒厂（集团）有限责任公司（现更名为中国贵州茅台酒厂有限责任公司）作为主发起人，联合中国贵州茅台酒厂（集团）技术开发公司（现更名为贵州茅台酒厂技术开发公司）、贵州省轻纺集体工业联社、深圳清华大学研究院、中国食品发酵工业研究所、北京市糖业烟酒公司、江苏省糖烟酒总公司、上海捷强烟草糖酒（集团）有限公司共同发起设立。2001 年 8 月，公司股票登录上海交易所，发行 7150 万股，募集资金 19.9814 亿元。

图 1－5 所示是贵州茅台上市以来的月 K 线全景图。我们看到自上市以来贵州茅台经历了多次分红，仍然保持着中国第一高价股的头衔。

我们来看看贵州茅台自上市以来的业绩表现情况。

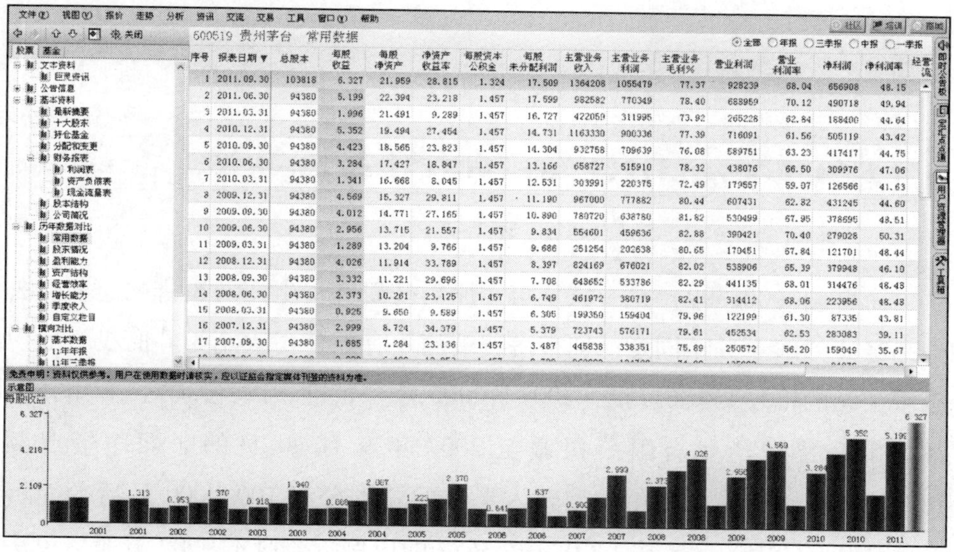

600519 贵州茅台　常用数据

序号	报表日期	总股本	每股收益	每股净资产	净资产收益率	每股资本公积金	每股未分配利润	主营业务收入	主营业务利润	主营业务毛利%	营业利润	营业利润率	净利润	净利润率
1	2011.09.30	103818	6.327	21.959	28.815	1.324	17.509	1364208	1055479	77.37	928239	68.04	656908	48.15
2	2011.06.30	94380	5.199	22.394	23.218	1.457	17.599	982582	770349	78.40	688959	70.12	490718	49.94
3	2011.03.31	94380	1.996	21.491	9.289	1.457	16.727	422059	311995	73.92	265228	62.84	168400	44.64
4	2010.12.31	94380	5.352	19.494	27.454	1.457	14.731	1163330	900336	77.39	716091	61.56	505119	43.42
5	2010.09.30	94380	4.423	18.565	23.823	1.457	14.304	932758	709639	76.08	589751	63.23	417417	44.75
6	2010.06.30	94380	3.284	17.427	18.847	1.457	13.166	658727	515910	78.32	438076	66.50	309976	47.06
7	2010.03.31	94380	1.341	16.668	8.045	1.457	12.531	303991	220376	72.49	179557	59.07	126566	41.63
8	2009.12.31	94380	4.569	15.327	29.811	1.457	11.190	967000	777882	80.44	607431	62.82	431245	44.60
9	2009.09.30	94380	4.012	14.771	27.165	1.457	10.890	780720	638780	81.82	530499	67.95	378695	48.51
10	2009.06.30	94380	2.956	13.715	21.557	1.457	9.834	554601	459636	82.88	390421	70.40	279028	50.31
11	2009.03.31	94380	1.289	13.204	9.766	1.457	9.686	251254	202638	80.65	170451	67.84	121701	48.44
12	2008.12.31	94380	4.026	11.914	33.789	1.457	8.397	824169	676021	82.02	538906	65.39	379948	46.10
13	2008.09.30	94380	3.332	11.221	29.696	1.457	7.708	643652	533786	82.29	441135	68.01	314476	48.43
14	2008.06.30	94380	2.373	10.261	23.125	1.457	6.749	461972	380719	82.41	314412	68.06	223956	48.48
15	2008.03.31	94380	0.925	9.650	9.589	1.457	6.305	199350	159404	79.96	122199	61.30	87335	43.81
16	2007.12.31	94380	2.999	8.724	34.379	1.457	5.379	723743	576171	79.61	452534	62.53	283083	39.11
17	2007.09.30	94380	1.685	7.284	23.136	1.457	3.487	445838	338351	75.89	250572	56.20	159049	35.67

图 1－6

从图 1－6 我们可以看到，自贵州茅台 2001 年上市以来，分红除权后年度每股收益最少都在 1 元以上，2006 年之后，贵州茅台每股收益开始加速增加，2007—2010 年这几年分别为 2.99 元、4.02 元、4.56 元、5.35 元，每年都在逐渐增加，进入了 2011 年，贵州茅台前三季度每股收益已经突破了 6.33 元。

透过上面的分析，我们看到，支撑贵州茅台股价一直表现坚挺的根本原因是其持续稳定增长的业绩，而不是因为其分红。

综上所述，我们买入股票的最根本的原因还是其持续稳定增长的业绩，并不是仅仅为了分红而买入股票。

我们再来看几个在分红之后股价表现不佳的股票。

我们来看案例一。

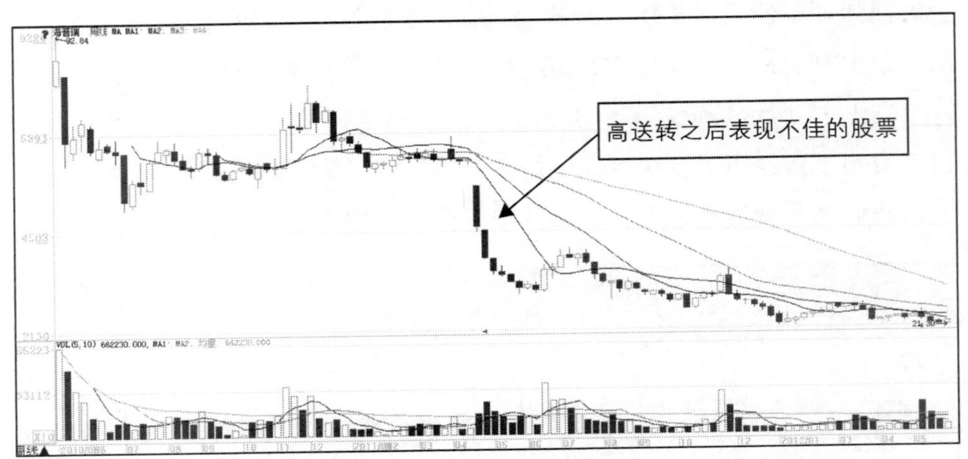

图 1－7

海普瑞（002399）是一家从事于原料药研究、生产及销售的企业。公司是经商务部《关于同意深圳市海普瑞药业有限公司改制为外商投资股份有限公司的批复》（商资批〔2007〕2025 号）批准，以经南方民和审计的深圳市海普瑞药业有限公司截至 2007 年 9 月 30 日的账面净资产额 107020738.88 元，扣除由拨款转入形成的资本公积 10000000 元后的净资产值 97020738.88 元，按 1∶0.92763672 的比例折合股本 9000 万股，由深圳市海普瑞药业有限公司整体变更设立的股份有限公司。2010 年 5 月公司股票在深圳交易所上市，发行 4010 万股，募集资金 57.168 亿元。

图 1－7 所示的是海普瑞自上市以来的周 K 线全景图。海普瑞自上市以来一直表现平平，一直处于横盘整理走势，进入 2011 年 4 月下旬，海普瑞加速下跌，跌破前期的震荡行情的底部。

2011 年 4 月 15 日，海普瑞发布公告称：海普瑞 2011 年 1 ～ 3 月每股收益 0.38 元，1 ～ 6 月净利润预减 30% ～ 50% 。

此消息一出，海普瑞连续两个跌停。

2011 年 4 月 21 日，可能是为了对冲之前业绩下滑的利空，海普瑞发布了分配方案：每 10 股转增 10 股派 20 元，除权除息日定为 2011 年 4 月 29 日。

市场好像并不买账，此后海普瑞逐步下跌，几乎没有出现像样的反弹，这也正说明，没有业绩的持续发展，仅仅靠推出高送转方案可能是徒劳的。

伴随着海普瑞业绩的逐步下滑，其股价也是屡跌不止，至2012年5月，海普瑞股价下跌达到45%以上。

对于那些业绩逐步下滑的高价股，仅仅想通过高送转就逆转股价走势是不现实的，我们普通投资者对于这样的股票应该敬而远之。

再来看案例二。

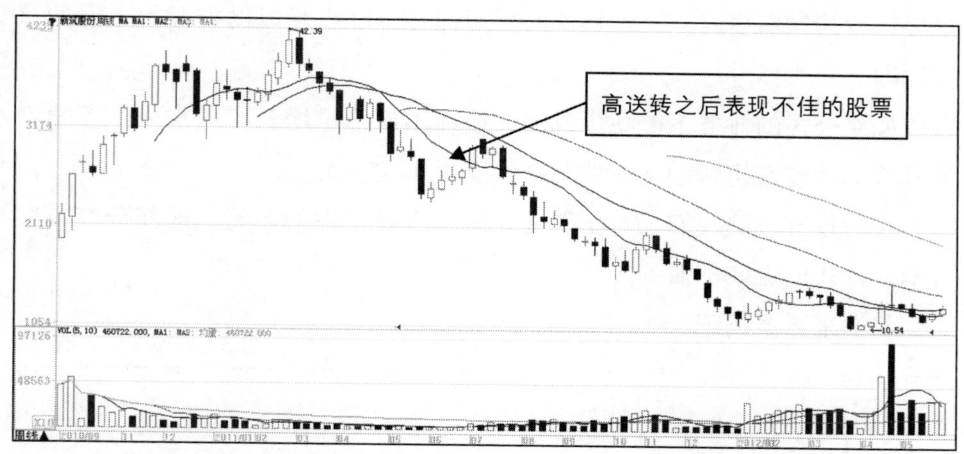

图1-8

新筑股份（002480）是一家从事桥梁支座、桥梁伸缩装置、预应力锚具等公路、铁路桥梁功能部件的研发、设计、生产、销售和服务的公司。公司是经四川省人民政府川府函〔2001〕26号文批准，由成都新筑投资有限公司、成都市新津县国有资产投资经营有限责任公司、西安康柏自动化工程有限责任公司、都江堰交大青城磁浮列车工程发展有限责任公司、新津朗明电力有限责任公司、西南交通大学及自然人赵衡平等7位股东以发起方式设立的股份有限公司。2001年3月28日，公司经四川省工商行政管理局核准登记注册成立，注册资本为3000万元。2010年9月公司股票在深圳交易所上市，发行3500万股，募集资金12.7796亿元。

图1-8所示的是新筑股份上市以来的周K线全景图。上市后不久，新筑股份曾走出不错的一波行情，不幸的是，在2011年2月上证指数仍处

于震荡行情上涨段的时候，新筑股份就已经早早地进入下跌通道。

2011年4月7日，新筑股份发布公告，2010年拟每10股转增10股派3元，但是这一送转方案并没有改变新筑股份的走势，随后新筑股份仍然一路走低，至2012年5月已经下跌60%以上。

根据2012年的一季报告，新筑股份2012年1～3月每股收益-0.21元，中期预亏6400万～7400万元。

虽然上市之初企业能够保持不错的业绩，但是过了不到两年时间，新筑股份业绩骤然变脸，这也是这些公司即使分红也难以助推股价上涨的重要原因。

如果公司的业务不能稳步发展，业绩不能稳定增长，光靠分红就想助推股价上涨或者扭转颓势的情况已经变得不太现实了。

作为投资者的我们，对于那些业绩没有稳定性的公司，即使分红方案再诱人，我们也要敬而远之。

我们来看案例三。

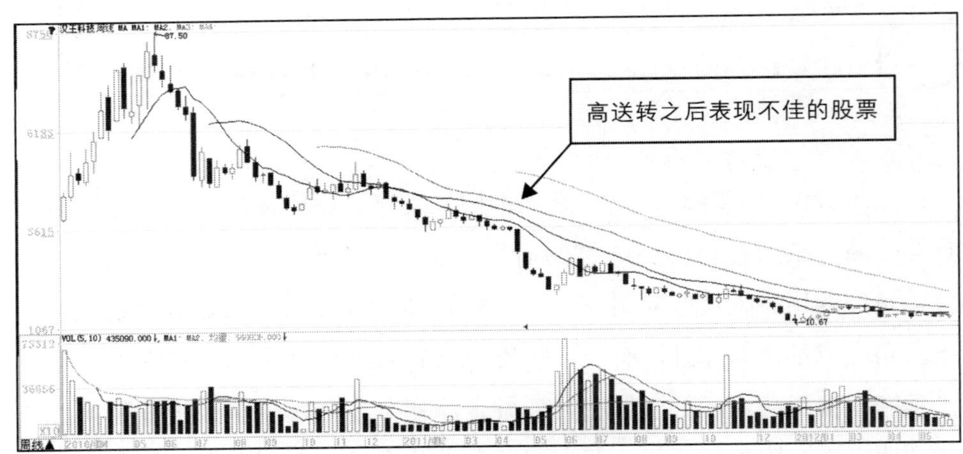

图1-9

汉王科技（002362）是一家以智能人机交互领域的手写输入和识别为起点，依托自主研发的手写识别技术（识别手写文字的软件技术）、笔迹输入技术（输入手写信息的硬件技术）、OCR技术和嵌入式软硬件技术等四大核心技术，逐步开发出一系列适合自身技术特点和市场需求的产品和服务的公司。该公司是经北京市发改委京发改〔2005〕2609号《关于同意汉王科技有限公司变更为汉王科技股份有限公司的函》批准，由原汉王科技有限公司整体变更设立的股份有限公司，公司以2005年8月31日经审计的账面净资产80051396.29元按1：1的比例折为80051396股，余额0.29元计入资本公积。2010年3月公司股票登陆深圳交易所，发行2700万股，募集资金10.76亿元。

图1－9所示的是汉王科技上市以来的周K线全景图。2010年3月上市后，汉王科技曾有过不错的表现，但是自2010年5月开始，汉王科技便走入下降通道中，下跌期间几乎没有像样的反弹。

2011年2月1日，汉王科技发布公告称，预计2010年度净利润同比增长－20%～10%，拟10转增8～10股。

虽然业绩已经逐步下滑，但是汉王科技还不忘通过高送转方案企图对冲其下跌风险，但是事与愿违，消息推出之后，汉王科技不但没有止跌，反而加速下跌，自2011年2月初至2012年5月，汉王科技累计下跌了67%，跌幅之大，让人汗颜。

下面我们来看看汉王科技的业绩变化。

2011年4月29日，汉王科技发布公告称2011年1～3月每股收益－0.43元，中期预亏9000万～9800万元。

2011年8月1日，汉王科技发布公告称2011年中期每股收益－0.81元，三季度业绩预亏。

2011年10月28日，汉王科技发布公告称2011年1～9月每股收益－1.30元，全年净利润预亏3.5亿～3.6亿元。

2012年2月29日，汉王科技发布公告显示披露修正后的2011年度业绩快报，每股收益为－2.32元。

2012年4月27日，汉王科技公告称2012年1～3月每股收益－0.09元，1～6月预亏1400万～2400万元。

看了这一年多时间汉王科技的业绩公告，我们发现，汉王科技业绩逐步转差，没有一丝的好转迹象，对于这样基本面糟糕的公司，即使其分配方案再好，我们也坚决不能买入其股票，因为其下跌的风险远远大于我们

分红的收益。

最后我们来看几个高送转之后股价波动剧烈，暴涨暴跌的股票。

我们来看案例一。

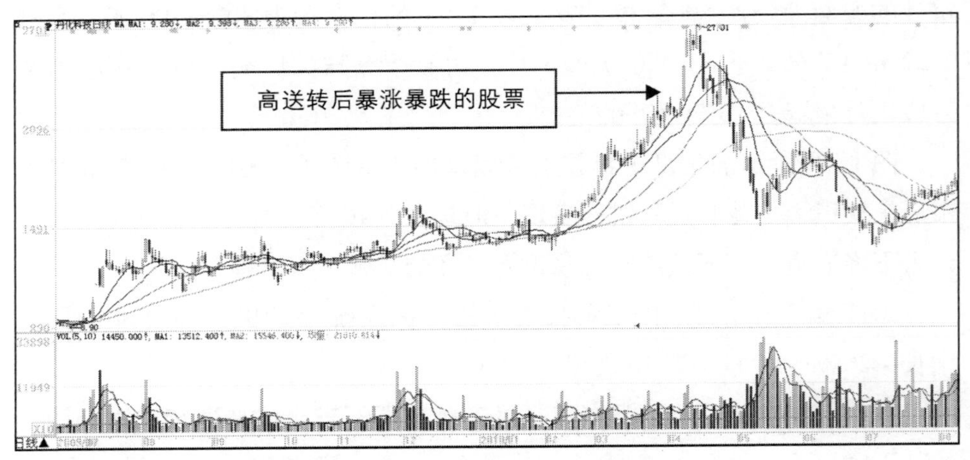

图 1-10

丹化科技（600844）是一家从事单一的醋酐产品的公司。上图所示的是丹化科技自 2009 年 7 月至 2010 年 8 月的日 K 线图。

2012 年 2 月 12 日，丹化科技发布公告称，2009 年度每股收益 -0.1268 元，每股净资产 3.236 元，净资产收益率 -5.03%；实现营业总收入 26275.12 万元，同比减少 46.39%，归属于上市公司股东净利润亏损 4487.62 万元，同比大幅亏损；10 转增 10 股。

虽然 2009 年年度丹化科技业绩大幅亏损，但是公司还是提出每 10 股转增 10 股的分配方案，随后，丹化科技股价表现强势，两个月内上涨了近 70%，但是这种没有业绩支撑的分红方案，往往只是炒家们抛出的一个炒作诱饵，很难长期维持股价处于高位，2010 年 4 月之后，仅用了 20 个交易日，丹化科技股价下跌了 40%，比分红前的起涨位置的价格还要低。

对于那些没有业绩支撑，借助高分红方案借机炒作的股票，我们一定要瞪大眼睛，看清这些股票的本质，最好少参与这种类型的股票，如果一定要参与，不但要设置好止损点和止盈点，同时也要密切关注这些股票的走势，一旦股价走入下降趋势，则坚决卖出。

再来看案例二。

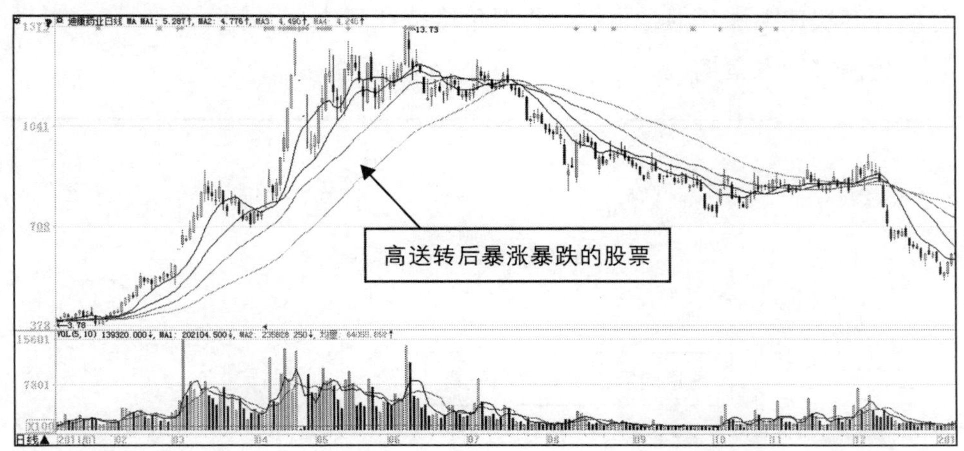

图 1－11

迪康药业（600466）是一家从事外用药，软膏剂，滴鼻剂，栓剂，口服液体制剂，化学原药，中成药研制，技术咨询和转让，销售保健用品，保健食品，饮料及制药原料的公司。公司前身为成都迪康制药公司，成立于 1993 年 5 月，后经 1997 年和 1999 年两次股权转让、1998 年 9 月增资扩股及更名演变为成都迪康制药有限公司；于 1999 年 12 月 17 日整体变更设立为股份制公司，公司注册资本为 7740 万元。2001 年 2 月，迪康药业在上海交易所上市，发行 5000 万股，募集资金 4. 9712 亿元。

图 1－11 所示的是迪康药业自 2011 年 1 月至 2011 年 12 月的日 K 线图。2011 年 3 月 3 日，前期已经走入上涨通道的迪康药业公布了年度报告，报告称迪康药业 2010 年度每股收益 0. 1763 元，拟每 10 转增 15 股。

业绩并不是十分优秀的迪康药业推出如此高的分配方案，其用意其实已十分明显，公司想借力高送转方案，助推股价的上涨。

随后，市场快速做出了反应，消息公布当谈股价一字涨停，在随后的 1 个多月内迪康药业累计上涨了 130% 。

但是这种业绩一般的高分红方案只能短期刺激股价的上涨，并不能使股价长期处于高位，2011 年 6 月至 2012 年 1 月，迪康药业累计下跌了 60% ，股价已经下跌至之前高送转前的位置。

可见，对于那些业绩支撑并不明显的高分红股票，股价即使可能借助分红方案快速上涨，但是也难以将股价维持在高位。

我们继续看案例三。

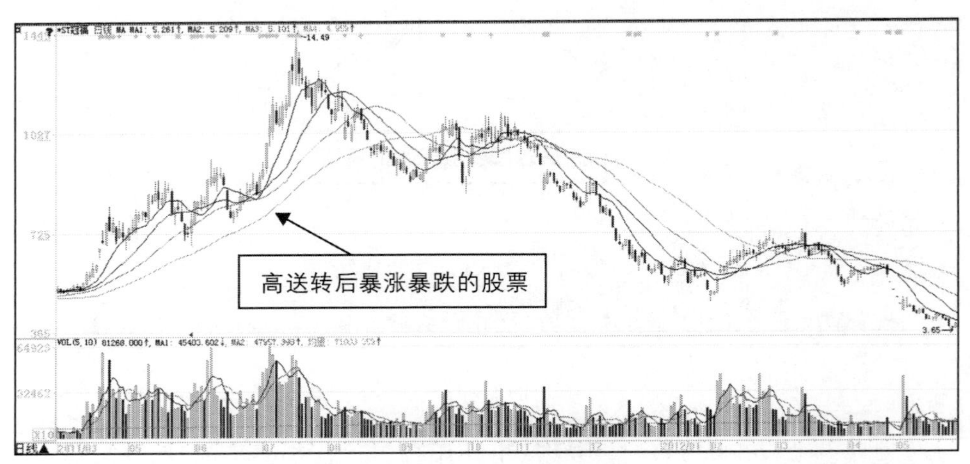

图 1－12

*ST 冠福（002102）是一家从事日用陶瓷产品的开发、生产和销售，并利用自身销售渠道经销玻璃制品等其他家用品的公司。公司旧名为冠福家用。公司前身是成立于 1999 年 6 月 22 日的福建省德化冠福陶瓷有限公司，2000 年 6 月 2 日，经泉州市工商行政管理局批准更名为福建省泉州冠福集团有限公司。经福建省人民政府闽政体股〔2002〕19 号文批准，2002 年 9 月 28 日，福建省泉州冠福集团有限公司以其 2001 年 12 月 31 日经审计的净资产值为基准，按照 1∶1 的比例折股，整体变更为福建冠福现代家用股份有限公司，股本总额 83673158 元，公司于 2002 年 9 月 28 日在福建工商行政管理局领取了《企业法人营业执照》。2006 年 12 月，公司股票登陆深圳交易所，发行 3000 万股，募集资金 1.6332 亿元。

图 1－12 所示的是＊ST 冠福于 2011 年 3 月至 2012 年 5 月的日 K 线图。2011 年 4 月 19 日，冠福家用发布公告称，冠福家用 2010 年每股收益－0.49 元，每股净资产 2.7 元，净资产收益率－22.32%；实现营业总收入 6.77 亿元，同比减少 15.63%，实现净利润－8652.73 万元，同比亏损。拟每 10 股转增 10 股。

2010年，公司经营面临巨大困境。全球经济没有出现全面复苏，全国经济增长速度放缓，社会消费仍然疲软。公司经营步履维艰，企业面临不少困境，同时，2010年是公司第二个五年计划最后一年，5年来公司围绕经营战略转型和业务延伸，在分销模式方面进行了大量的尝试，获得了经验，部分模式取得了成功，为公司下一步发展提供了决策依据。但尝试总得付出代价，大量的模式尝试导致公司投资面广、投资额分散，经营费用大，特别是一些被确定前景不容乐观的模式的投入使得公司整体投入产出不成正比，整体经济效益差。因此，在2010年公司经营首次出现了大额亏损。

虽然公司在2010年年度出现大幅亏损，但是公司仍然推出了高送转方案，受此刺激，公司股价快速上涨，3个月内公司股价上涨了128%，但是，没有业绩作为支撑的冠福家用股价没能维持在高位，从2011年7月至2012年5月，冠福家用下跌了73%，下跌幅度赶上大熊市的状况，由于业绩大幅亏损，公司股票于2012年4月26日实施退市风险警示，股票简称变为“*ST冠福”。

由此，我们可以看到，对于那些没有实质性业绩支撑的企业，即使推出高分红方案，也不能使其股价长期维持在高位。对于这样的股票，如果不是提前设置好止盈止损，建议不要轻易介入，以免造成较大的亏损。

综上所述，股价的长期表现不因股票是否分红而发生改变，那些分红后长期表现优异的股票，即使没有分红，它们一样能够表现优异。而对于那些业绩一般，不能持续增长的股票，虽然在分红之后可能迎来短暂的上涨，但是估计很难长期维持。对于这样的股票，如果我们要进行操作，一定要设置好止损和止盈，千万不能对这样的股票抱有幻想，趋势一旦变坏，我们就要坚决卖出。

第二章　规则 15

规则 15：不要平摊亏损。这是交易者可能会犯的最大错误。

——江恩

本规则的含义是我们在投资出现亏损时，常常会为了平摊亏损而不断地补仓来试图弥补亏损，但是这样的做法很有可能成为我们投资中犯的最大的错误。

补仓是被套牢后的一种被动应变策略，它本身不是一个解套的好办法，要想通过补仓减少亏损，只有在特定的行情和特定的时期这种策略才可能会奏效，但是在大部分的情况下，这种策略最有可能给我们带来深度亏损。因此，本章我们将讲述有关被套和解套的相关问题，通过一个比较全面的讲解，让大家知道如何去处理这种被套的情况，知道在何种情况下被套应该采取何种对策，而不是盲目地去补仓。

第一节　被套的分类

股票套牢的分类

（一）价格套牢和价值套牢

股票套牢可分为价格套牢和价值套牢两种情形。价格套牢是指投资者买入股票后出现价格下跌，使其不能无亏损地将股票抛出，也就是股票的市价总是低于买入价。价值套牢则是指买入股票后，股票的投资价值要低于同期的银行存款利率。两者大不相同。价值套牢中，股民买入的股票具有投资价值，且购买时成交价格与其内在价值相符或低于其内在价值，只是因为一些突发因素、外在因素的影响，使其目前的市价低于购入价格，只是一种暂时的账面亏损状况。以后随着突发因素、外在因素对股市影响的消除，股票价格会逐步回升并最终超过购买价格。所以，价格套牢损失的仅仅是一点时间，最终会得到相应的回报。价值套牢与目前的市价就无关了，投资者买入的股票本身就具备投资价值，购买时的成交价远高于其内在价值，而且随着股市的涨跌起伏，目前的市价已低于购买价，是真实的价值亏损状态，它损失的不仅是时间，而且面临损失本金的可能性，因为在相当时间内股价很难高于购买价。

（二）多头套牢和空头套牢

从股票被套的方式来说，套牢又可分为多头套牢和空头套牢两种情形。所谓多头套牢是指投资者原来预期股票价格上扬，但买进该股后股价却下跌，若脱手卖出则必然赔本，而投资者又不甘心，指望股价回升，因此就只好持着股票等待。而空头套牢在形式上恰好是相反的，投资者原来预期股票价格下跌，于是急着卖掉股票，但卖出股票后，股价非但没有下跌，反而大幅度上扬，结果该赚的钱没有赚到手，形成相对亏本的局面，这也形成一种套牢现象。

股市中常见的套牢现象

（1）价值套牢时价格不套牢。在这种情况下，虽然购入的股票没有投资价值，但由于市场上资金充裕、投机气氛较浓厚，因此股价居高不下，其价格就不被套牢，随时卖出都能收回本金，甚至还能获得可观的价差收益。

（2）价值套牢时价格也套牢。发生这种情况时，股民一般都处于两难

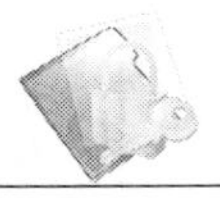

境地，做长线投资不合算，但抛出又会遭受损失。

这种情况一般发生在股票的高价区。在这个区域买入股票就只能做短线，稍有不慎即会发生价格、价值双重套牢。股民既不能无损失地抛出股票，做长线投资的回报也就相当于活期储蓄利率。

（3）价值不套牢时价格套牢。当投资者在投资价值区内购入股票后，其股价持续下跌，就出现此种套牢现象。但由于股民的股价虽被套牢，但其投资收益将不低于银行存款利率，所以对于长线投资者而言，这种套牢并不可怕，而对于短线投资者价格的解套也只是时间问题而已。

（4）价值不套牢时价格也不套牢。这种情况是当股市的底部出现在投资价值区时，购入的股票不但有投资价值，而且价格一般也不会被套牢，股价收入率高且获取高价差的机会大。

第二节　股票被套的原因分析

那么，为什么会出现套牢现象？从总体上看，由于套牢是股市风险的综合反映，套牢表现了股市上的各种风险。更重要的是投资者个人失误所造成的，套牢从根本上说是投资者亏本，但同在一个股市，有的人被套牢，有的却未被套牢，可见套牢更主要的是投资者个人主观因素所致。

套牢风险的来源

股票市场错综复杂，涉及社会经济生活的方方面面，并与社会的政治文化紧密相关。这样，产生股票套牢风险的原因也就是多种多样了。具体而言，有以下几方面：

（1）市场风险：即市场上股票价格的波动给投资者带来损失的可能性。影响股票价格波动的原因是多方面的，既有政治因素，如国家政局、国家领导人更替、战争或动乱等；也有经济因素，如整个国家经济的景气状况、发展速度、国民收入水平等，同时还有投资者心理因素等。

（2）经营风险：即股份公司经营状况对股票投资者的盈利甚至本金造成损失的可能性。基本表现为公司获利增长速度变缓，甚至出现亏损，从而引起股票价格下跌及收益率下降。经营性风险分为外部经营性风险（如地震、水灾等人力不可抗拒的自然原因造成的亏损）和内部经营性风险（即由于公司经营管理不善造成的效益下降乃至亏损）两类。

（3）企业破产倒闭风险：是经营性风险的延伸，当股份公司因内外部原因出现资不抵债而不得不解散或破产时，股票不能再交易转让，只能在等公司清偿完债务后享有剩余资产求偿权。如果没有剩余财产，那就得不到任何补偿，股票也就没有任何价值了，这是股民的灾难性损失。

（4）购买力风险或通货膨胀风险：指由于物品价格持续上涨而导致货币购买力下降，货币贬值而使投资者遭受损失的可能性。

（5）利率风险：指银行利率的变动对股票投资者收益造成的影响，当银行利率上升时，公司借款成本增加，发给股东的股利减少，或导致资金撤出股市，股市疲软，最终导致股价下跌，并持续低迷，从而给股民带来损失。

（6）政府干预风险：指政府的经济政策和有关管理措施对股份公司的经营活动产生某种影响，从而影响股东收益的可能性。此时，股票投资者的股份公司往往处于被动的位置，一般很难主动防范。唯一可行的就是调整投资结构，进行分散投资，以便尽可能分散风险，减少损失。

个人主观因素

造成股票套牢现象，投资者主要存在以下五大误区：

（1）认知误区：股份、股票、股市在我国起步很晚，股票投资者中的绝大多数人不具备理论知识，只是随大流。在股市上，有亏损者就必然有盈利者。股票被套牢表面上是被价格套住了，而价格是投资者的一种竞争工具，它的本质还是被操纵价格的人套住了，因此有被套牢而亏损的投资者，同时就有因别人套牢而得利的投资者。

（2）心理误区：股民的心理状况会对投资行为和整个股价产生相当大的影响，尤其是在股市动向不明朗、投资者看法最多、最杂、最散的时候，心理作用对投资决策的影响最为直接和明显。造成套牢的心理误区主要有：①举棋不定，缺乏主见，这种心理状态最容易贻误时机，在某一价位该进的不进，该出的不出，造成多头或空头套牢；②盲目跟风。别人买什么就买什么，抛什么就跟着抛，这样极易被大户操纵而套牢；③贪得无厌；④固执偏见；⑤赌气赌博。有些投资者产生一种赌徒心理，买进股票后股价下跌，仍赌气继续吃进，结果损失惨重。

（3）决策误区：一是盲目决策。没有进行调查分析和评估预测，即草率决定买卖股票。二是片面决策。对股市和企业情况未作全面了解，或仅凭表面的、不真实的信息做出投资决策。三是情感决策。仅凭个人对某种股票或某个股份公司的感性认识而不根据实际情况适时调整，从而导致投资决策的失误。

（4）价格误区：单纯看股价高低而不注重内在价值是一大误区。其实单看股价高低是不科学的，一种股票价格虽比另一种高点，但是它的收益率更高，则这种股票的实际价格是不高的，是合算的。因此，应以市盈率作为投资者衡量股价合理决策的重要依据（市盈率是用每股市价除以每股平均税后年纯收益）。

（5）技术误区：在现实生活中，许多投资者有股票投资的热情，却缺乏股票交易技能，对于股份公司的资产负债表和损益表、股票大市分析、投资组合等不熟悉。这种技术上的缺陷和误区，必然导致投资失误或套牢。

一些典型的套牢陷阱

（一）空头陷阱

制造空头陷阱是股票市场上庄家和机构经常采用的一种操作手法。

庄家和机构制造空头陷阱的主要目的是为了最大限度的盈利。只有通过牺牲其他投资者的利益，使这些投资者赔钱，机构和庄家才能最大限度获得盈利。

制造空头陷阱可以应用于股票市场的大盘，也可以用于个股炒作。进行股票市场大盘的操纵必须具有巨大的经济实力，机构和庄家必须联手进行操作才能达到目的。操作手法是通过制造假象、传播虚假信息、大量的虚假抛盘等方式，使大盘大幅下跌，整个市场弥漫绝望气氛，众多散户投资者不计成本地抛售股票，主力趁机收集廉价筹码，为以后盈利打下基础，可散户投资者就会被深度套牢。

（二）多头陷阱

即为多头设置的陷阱，通常发生在指数或股价屡创新高，并迅速突破原来的指数区且达到新高点，随后迅速滑落跌破以前的支撑位，结果使在高位买进的投资者严重被套。

多头是指投资者对股市看好，预计股价将会看涨，于是趁低价时买进股票，待股票上涨至某一价位时再卖出，以获取差额收益。

多头陷阱，即为多头设置的陷阱，通常发生在指数或股价屡创新高，并迅速突破原来的指数区且达到新高点，随后迅速滑落跌破以前的支撑位，结果使在高位买进的投资者严重被套。

多头陷阱是庄家利用资金、消息或其他手段操纵图表的技术形态，使其显现出多头排列的信号，诱使散户买入。

多头陷阱往往发生在行情盘整形成头部时，成交量已开始萎缩，但多数投资者对后势尚未死心，不愿杀跌出场，因而其形态完成时间相对较长，同时具有以下特点：

（1）在多头市场形成多头陷阱往往是在中段整理过程中；而在空头市场中，则必然是出现在大举反弹之后的盘头阶段。

（2）主要均价线的支撑有愈来愈靠近市场行情价格的趋势，原上升角度逐渐从陡峭趋于缓和，这种情形暗示只要未来有一根长阴，则均线的支撑系统将悉数被破坏。

（3）量的萎缩期开始形成，且中短期均量线有形成下降的趋势，甚至

可能略微形成 M 头的态势。

在判断多头陷阱时，盘面表现是关键，在一些主力手法很隐蔽时，判断会比较困难，但有一个要点，即一定要谨慎。

具体而言，多空陷阱的应对策略如下：在盘头形态或尚未确认的中段整理时，宁可保持观望的态度，待支撑固定后再做多不迟。

在股票投资中我们还会遇到内幕交易陷阱、谣言陷阱、财务陷阱和技术指标陷阱等多种陷阱，在此本文就不再讲述了，下面我们进入本章最核心的部分，我们在投资中如何解套。

第三节　解套的技巧

笔者根据目前的解套主流方法和自己的投资心得，总结出解套十法。

方法一：止损策略

最适用于熊市初期，以快刀斩乱麻的方式止损了结。即将所持股票全盘卖出，以免股价继续下跌而遭受更大损失。采取这种解套策略主要适合于以投机为目的的短期投资者，或者是持有劣质股票的投资者。因为处于跌势的空头市场中，持有品质较差的股票的时间越长，给投资者带来的损失也将越大。

其实止损策略的适用性不仅仅在于熊市初期，在震荡市场中，股票的涨跌表现也是差别非常大，此时如果对于亏损的股票还是一味地持有，此时就有可能越亏越多。从根本上来说，止损是对于投资者资金的保护，只有保护好了自己的本金，才能在之后的上涨行情中快速获利，这也是为什么把止损策略列为重要解套方法的原因。

图 2－1 所示的是招商地产（000024）自 2006 年 8 月至 2012 年 5 月的日 K 线图。2005—2007 年的大牛市中，招商地产表现神勇，大幅上涨，对

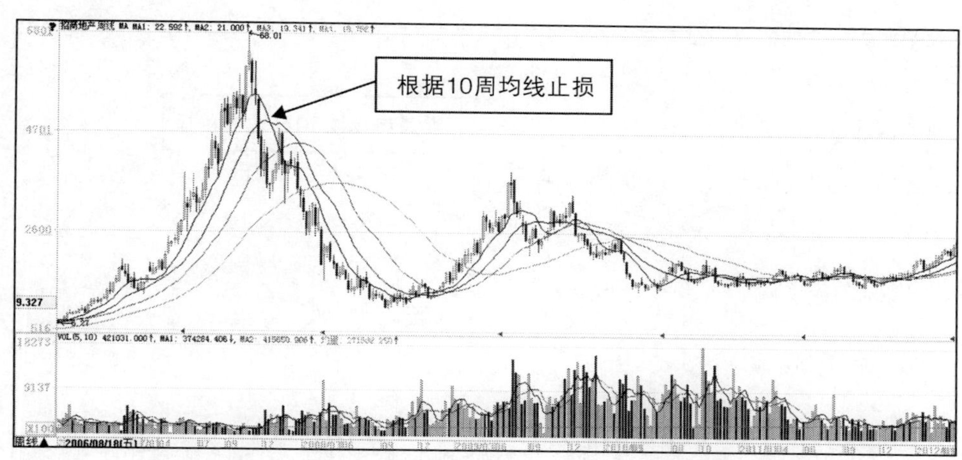

图 2-1

于那些在 2007 年牛市末期买入招商地产的投资者，如果他们不懂得止损，那么接近 5 年过去了，他们仍然亏损 50% 以上，这样的惨痛损失是谁也难以忍受的。

我们注意到，在 2006—2007 年的牛市上升行情中，招商地产从未跌破过 10 周均线。因此，我们就可以以 10 周均线的价格作为止损，2007 年 11 月下旬，招商地产跌破了 10 周均线，我们在此时卖出，虽然可能亏损 15% 左右，但是这避免了使我们的本金遭受了大幅亏损。

当然止损的方式多种多样，在不同的市场状况下也有不同的方式，我们再来看另一个案例。

图 2-2 所示的万好万家（600576）自 2011 年 6 月至 2012 年 5 月的日 K 线图。2011 年 4 月以来，上证指数逐步走入下跌通道，万好万家也随大盘快速下跌，自 2011 年 3 月至 9 月，万好万家下跌了 50% 以上，进入 2011 年 10 月，上证指数开始小幅反弹，与此同时万好万家也突破了 60 日均线，相信此刻，一定会有不少投资者对万好万家进行抄底，如果此时我们不设定一个止损位置，那么我们可能仍会面临本金的较大亏损。

按照图 2-2，笔者以 60 日均线作为止损，2011 年 10 月下旬，万好万家跌破 60 日均线，此时是我们止损这只股票的好时机，此后的 7 个多月，万好万家仍然下跌了 25%。如果我们此时不止损，可能会亏损 30% 以上。

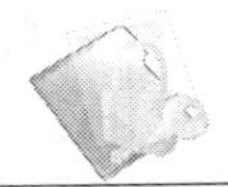

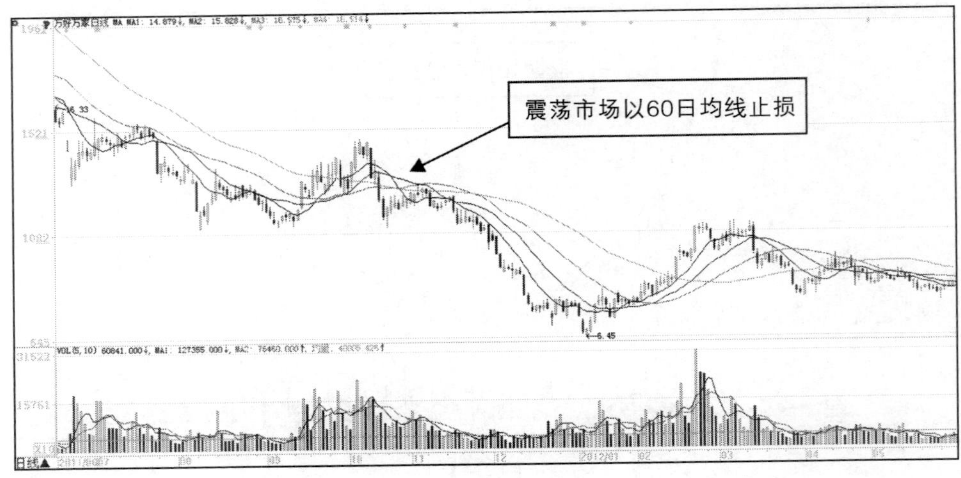

图 2－2

方法二：换股策略

适用于牛市初期和震荡行情中。在下跌趋势中换股只会加大亏损面，换股策略只适用于上涨趋势和震荡行情中弃弱择强，换股操作。即忍痛将手中弱势股抛掉，并换进市场中刚刚启动的强势股，以期通过涨升的强势股的获利，来弥补其套牢的损失。这种解套策略适合在发现所持股已为明显弱势股，短期内难有翻身机会时采用。

换股是一种主动性的解套策略，运用得当的话，可以有效降低成本，增加解套时机。但换股也是风险较大的解套伎俩，如果一旦操作失误就会赔了夫人又折兵。所以投资者在换股时要非常慎重，实际利用中要控制换股的规律。

下面我们来看看换股操作的九大原则。

（一）留小换大

小盘股因资本重组成本低等原因容易被更多的庄家选中控盘，从而使小盘股股性较活。所以，小盘股是跑赢大市和手中滞涨股的首选品种。

（二）留低换高

低价股一般容易被市场漠视，投资价值往往被市场低估，而且低价股由于绝对位低，进一步下跌空间有限，风险较低。如果是从高位深跌下来的低价股，因为离上档套牢密集区较远，具有必然涨升潜力。而高价股本身的价格就意味着高风险，使高价股面临较大调剂压力。所以，换股时要换出高价股，留住低价股。

（三）留新换老

新股、次新股由于未经过扩容，流通盘偏小，容易被主力控盘。而且上市光阴不长、没有被疯炒过的次新股，上档套牢盘轻。加上次新股刚刚上市募集了大宗现金，常具有新的利润增长点。这些因素都很容易引起主流资金的炒作热心。

（四）留强换弱

弱势股的特点：如果大盘调整，弱势股就随着大盘回落，幅度往往超过大盘；如果大盘反弹，弱势股即使追随大盘反弹，其力度也较弱。所以，投资者一旦知道自己手中持有的是这类弱势股，无论是被套还是获利都要及时清仓，另选强势股。这样才能有效保证资金的利用率。

（五）留有庄股换无庄股

有庄股是指有主力介入的股票，介入的主力凭借雄厚的资金往往不理会大盘的起落，不断推高股价，股价浮现出强者恒强的态势。无庄股由于短缺主力资金关照，里面大多是一些小散户在苦苦支撑，如果持有这样的股票，就只能和其他散户一起苦撑了。

（六）留新庄股换老庄股

因为老庄股无论以前是否有过巨幅拉升，或无论是否有获利的光阴及空间，只要在长期的光阴成本压抑下，老庄股都非常容易考虑到如何择路

而逃。所以，老庄股的上升空间和上升力度都值得猜忌。新庄股的是主力介入光阴没有超过 1 年的个股，由于新资金刚刚介入，其爆发力往往超过老庄股。

（七）留底部放量股换底部无量股

换股是要换能涨的、涨得快的。凡是在底部无量的，在追随大盘起伏时也会弱于整体，即使将来被庄家选中，主力在临建仓前也会把它打下去吸筹。如果已经有庄的股而在底部不放量，只能阐明主力早已吸了一肚子货，正想着怎么派发，将来的上升空间可想而知。所以，换股时要尽量关注底部放量股。

（八）留主流板块股换冷门股

有些冷门股，每天仅在几分钱里波动，全天成交稀疏，如果手中有这样的个股，该当及早把它抛出，换入现在属于主流板块但涨幅还不大的个股。

（九）留有潜在题材股换题材明朗股

市场中经常传一些朦胧题材，至于是否真实并不重要，只要能得到投资大众的认同，股价常有喜人的表现。可是题材一旦明朗，炒作便宣告收场了。所以，换股时，要注意选择一些有潜在朦胧题材的个股，不选利好已经兑现的个股。

下面我们来具体看看换股操作的案例。

银河磁体（300127）是一家从事光盘驱动器主轴电机磁体、硬盘驱动器主轴电机磁体、汽车微电机磁体、步进电机磁体以及各类永磁无刷直流电机转子组件等磁体零部件的公司。公司经四川省人民政府川府函〔2001〕24 号《四川省人民政府关于设立成都银河磁体股份有限公司的批复》批准，由成都银河新型复合材料厂整体改制并以发起设立方式，组建成都银河磁体股份有限公司。按照川府函〔2001〕24 号文批复，公司以银河材料厂截至 2000 年 9 月 30 日经审计的净资产 30312278.56 元按 1∶1 的

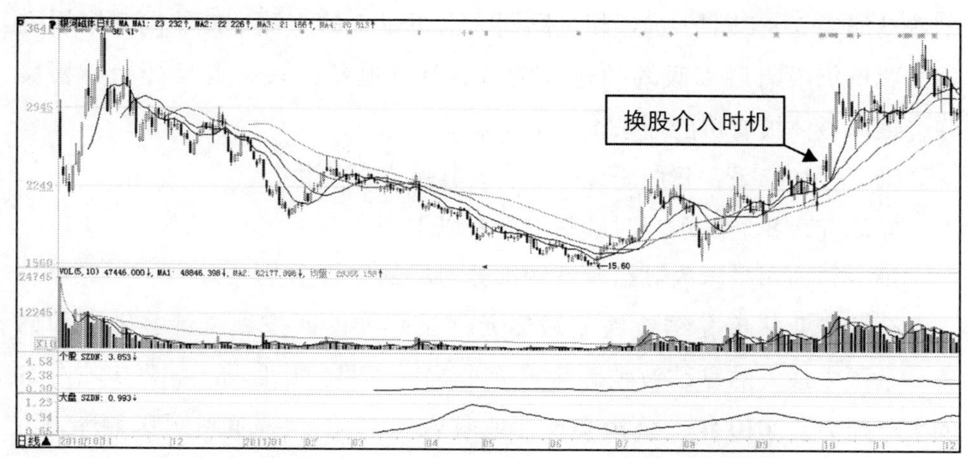

图2-3

比例折股3031万股，其余2278.56元作为资本公积。四川华信会计师事务所对股东出资进行验资并出具川华信验〔2000〕031号《验资报告》。2001年3月23日，公司在成都市工商行政管理局领取了企业法人营业执照，注册资本3031万元。2010年10月公司股票登陆创业板，发行4100万股，募集资金6.9657亿元。

2011年4月以来，大盘逐步下跌，相信许多投资者手中持有的股票大多已经被套，有的亏损30%，有的可能亏损更多，大部分人可能都舍不得卖出自己手中的股票了。

图2-3所示的银河磁体正是我们在弱势中可以卖出手中股票进行换股的好品种。

下面我们就来看看银河磁体当时的情况。

银河磁体上市以来经历了一波上涨后，早早进入下跌周期，2010年11月初至2011年6月这段时间，银河磁体一直处于标准下降通道中，下跌周期比大盘还长，2011年6月，上证指数经历了一波小反弹，银河磁体抓住机遇快速放量上涨，无奈的是随后大盘又进入下跌通道，受大盘拖累，银河磁体股价开始回落，虽然此时股价回落，但是趋势仍然保持完好。2011年8月至10月初这段时间，上证指数虽然处于下降通道中，但是银河磁体开始逐步走强，我们根据上涨动能指标观察，此时银河磁体的

上涨动能为3.8以上，远远超过同期大盘不足1的上涨动能，同时银河磁体的股价仍没有脱离吸筹的建仓区域。万事俱备，只要大盘开始小幅反弹，银河磁体极有可能迎来快速上涨。

为了更加稳妥，我们研究一下当时其基本面的状况。

经研究，我们发现当时其基本面有以下亮点：

第一，公司是国内黏结钕铁硼细分市场的优势企业。

公司专业从事黏结钕铁硼磁体元件及部件的研发、设计、生产和销售，是国内最大的黏结钕铁硼生产企业之一，目前已具备年1200吨左右的生产能力。2010年，公司实现营业收入3.32亿元、净利润0.54亿元，同比分别增长33.33%、32.26%。

第二，公司业务目前集中于磁盘驱动器领域，未来汽车微电机市场具较大发展潜力。

公司目前主要产品包括：磁盘驱动器主轴电机磁体和汽车微电机磁体等。磁盘驱动器用钕铁硼是目前公司收入和利润的主要来源，占比在70%以上，毛利率约30%。汽车微电机磁体利润占比虽小但毛利较高，2007—2010年毛利率平均在45%以上，远高于磁盘应用领域，该市场目前仅处于起步阶段。

第三，依托设备和技术优势，满足全球重点客户需求，具备较高进入壁垒。

公司目前产品90%以上出口国际市场，主要客户均为国际著名微电机生产商，必须经过严格的供应商资质认定，以及基于长期合作而形成的稳定客户关系，对拟进入黏结钕铁硼磁体行业的企业形成了极强的资质壁垒。

第四，MQ粉专利垄断限制行业发展，稀土价格上涨致黏结钕铁硼优势凸显。

稀土价格上涨导致的黏结钕铁硼价格上涨幅度没有烧结钕铁硼上涨幅度大，前者目前已经具备一定的价格优势，可在某些领域替代烧结钕铁硼产品。

2011年9月30日，公司公布了前三季度的业绩预告，预计2011年1～

9 月公司净利润同比增长 150% ~ 170% 。

至此，我们确定了其基本面具有不错的安全边际。

2011 年 10 月上旬，上证指数开始有反弹迹象，此时正是我们卖出手中持股，换成银河磁体的绝好时机，此后，银河磁体在 10 月份大盘反弹阶段快速上涨了 37%，基本可以弥补我们之前下跌所带来的损失。

通过银河磁体这个案例我们知道，换股交易，一定要换那些在弱势中强势，具有龙头股气质的股票。

我们来看案例二。

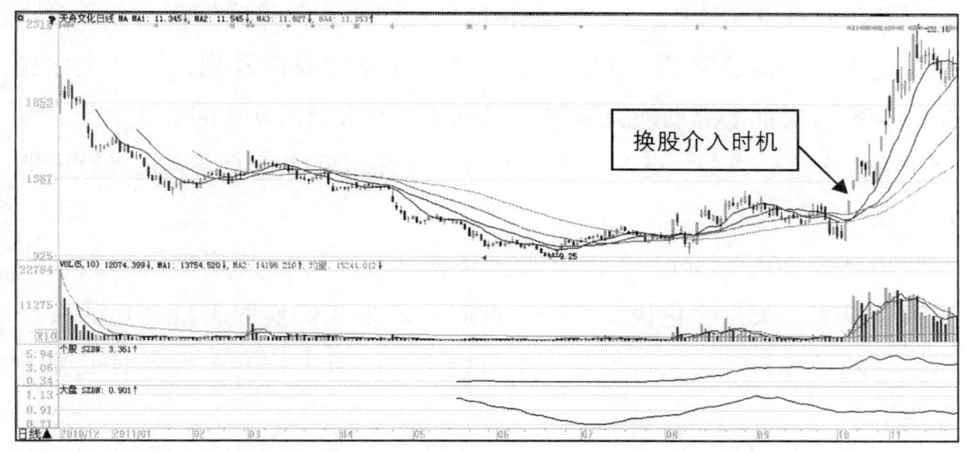

图 2 -4

天舟文化（300148）是一家从事教辅类、英语学习类、少儿类 3 个类别中小学教辅系列、“黑乎乎和粉嘟嘟”系列、“红魔英语”系列、“阅读点亮童年”系列、“原创新童话”系列、“青春文学”系列 6 个系列的图书产品的公司。2007 年 12 月，天舟拓展以经审计的截至 2007 年 11 月 30 日净资产 53357644. 43 元（天职湘审字〔2007〕第 0543 号《审计报告》）为基准，按 1. 067 : 1 的比例折为 5000 万股，余额 3357644. 43 元计入资本公积，整体变更为湖南天舟科教文化股份有限公司。天职国际 2008 年 2 月 13 日出具了天职湘验字〔2008〕第 0066 号《验资报告》对上述出资进行了验证。2008 年 2 月 21 日，天舟文化在湖南省长沙市工商行政管理局办理了工商登记手续，并领取了《企业法人营业执照》，法定代表人肖

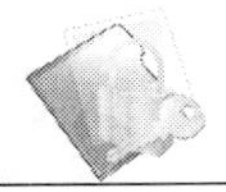

志鸿。2010 年 12 月，公司股票登陆创业板，发行 1900 万股，募集资金 3.7946 亿元。

图 2－4 所示的是天舟文化自上市以来至 2011 年 11 月的日 K 线图。天舟文化也是我们在上一轮大盘下跌过程中换股的一个好的标的。

透过图 2－4 我们发现，天舟文化自上市后，股价便进入下跌趋势，这种状况一直持续到 2011 年 6 月底，进入 2011 年 6 月底之后，天舟文化开始缓慢上涨，进入到 2011 年 8 月，天舟文化股价波动加速，同时也伴随着成交量的大幅增加，进入 2011 年 9 月后，天舟文化的股价又跟随大盘逐渐下跌至起涨点，虽然天舟文化股价跌至起涨点，但是这一波上涨和下跌其实是主力大幅吸筹的表现，透过上涨动能指标我们看到，天舟文化在 2011 年 9 月底的上涨动能为 3.36，远远领先于大盘的 0.9 的上涨动能。说明主力资金建仓充分。此时，如果大盘一旦开始反弹，天舟文化极有可能成为反弹的急先锋。

2011 年 10 月上旬，在国家大力扶持文化产业的政策刺激和大盘的反弹背景下，天舟文化快速上涨，此时正迎来我们换股天舟文化的大好机会。随后，天舟文化股价在一个月内上涨了近 1 倍，成为当时反弹的龙头股。

因此，在大盘处于弱势反弹时，换股那些具有龙头气质的股票能够帮助我们快速解套。

方法三：采用拨档子的方式进行操作

即先停损了结，然后在较低的价位时再补进，以减轻或轧平上档解套的损失。例如，某投资者以每股 60 元买进某股，当市价跌至 58 元时，他预测市价还会下跌，即以每股 58 元赔钱了结，而当股价跌至每股 54 元时又予以补进，并待今后股价上升时予以沽出。这样，不仅能减少和避免套牢损失，有时还能反亏为盈。

方法四：向下差价法

前提：要判断后市向下走势是大概率事件。

股票被套后，等反弹到一定的高度，估计见短线高点了，先卖出，待其下跌一段后再买回。通过这样不断地高卖低买来降低股票的成本，最后等总资金补回了亏损，完成解套，并有赢利，再全部卖出。

我们来看一个案例。

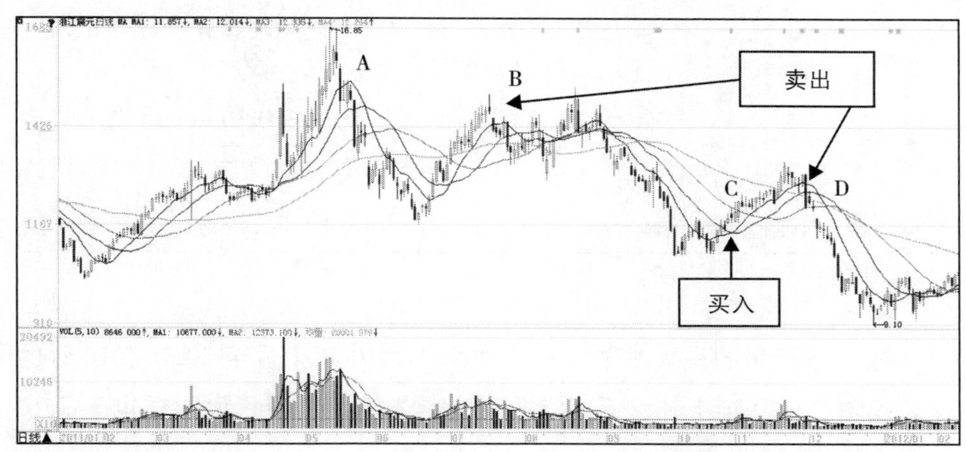

图 2－5

图 2－5 所示的是浙江震元（000705）自 2011 年 1 月至 2012 年 2 月的日 K 线图。假如我们在 A 处买入了浙江震元，随后大盘下跌，我们被套其中，运用向下价差法，当浙江震元上涨至 B 处附近，我们卖出它，随后耐心等待，当浙江震元运行至 C 处时，我们再次买入它。随后，当浙江震元再次下跌至 D 处时，我们再次卖出他并耐心等待，如此循环下去直到最终解套。这就是向下差价法。

方法五：向上差价法

前提：要判断后市走势向上是大概率事件。

股票被套后，先在低点买入股票，等反弹到一定的高度，估计见短线高点了（不一定能够到第一次买入被套的价格），再卖出。通过这样来回操作几次，降低股票的成本，弥补了亏损，完成解套。

下面我们来看一个案例。

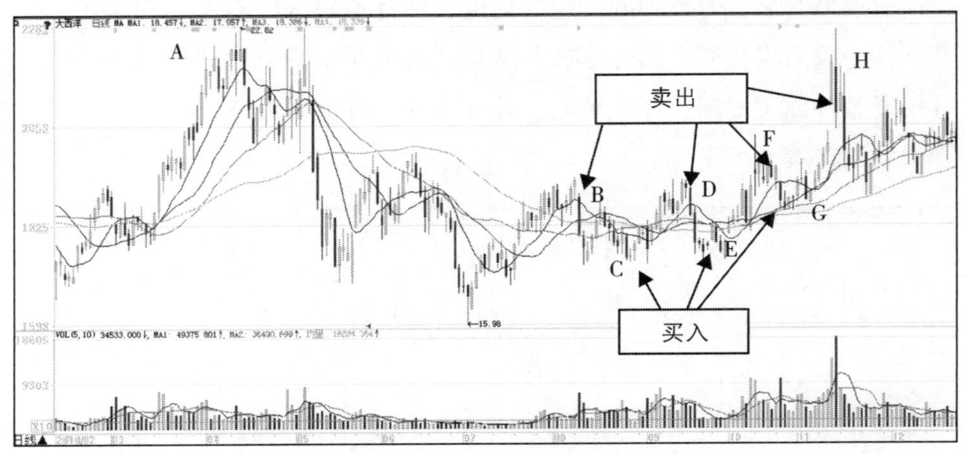

图 2－6

图 2－6 所示的是大西洋（600558）自 2010 年 2 月至 2011 年 12 月的日 K 线图。2010 年 4 月，上证指数逐步走入下跌通道，大西洋也于 2010 年 4 月开始下跌。

假如我们在 2010 年 4 月高点 A 处买入了大西洋，随后没有及时止损，造成亏损，2010 年 7 月之后，大盘逐步走稳，开始回升，如果此时我们想采用向上差价法解套，那么我们应该在大西洋运行至 B、D、F、H 处将其卖出，当大西洋运行至 C、E、G 处将其买入，这么来回滚动，直至解套。这就是向上差价法。

方法六：降低均价法

前提：有大量现金并有足够的胆量。

股票被套后，每跌一段，就加倍地买入同一只股票，降低平均的价格，这样等股票一个反弹或上涨，就解套出局。这种方法也有人称它为金字塔法。

方法七：单日 T+0 法

因为股票的价格每天都有波动，那么我们就抓住这些波动来做文章。比如，如果你昨天有100股被套，今天可以先买100股，然后等股价上去了，再卖100股；也可以先卖100股，然后等股价下来了；再买100股，等今天收盘，你还是100股，但已经买卖过一个或几个来回了。一进一出或几进几出，到收盘数量是和昨天相同的，但是现金增加了，这样就可以降低成本，直到解套。

这个方法与向下差价法、向上差价法的区别在于：它是当日就会有几个来回，而向上、向下差价法则不一定是当日操作，可以过几天做一个来回。

方法八：半仓滚动操作法

方法同向下差价法、向上差价法和单日 T+0 法相同，但不是全仓进出，而是半仓进出。这样做的好处在于可以防止出错，假如你对后市的判断是错误的，还能保证手中有半仓股票半仓现金，处理起来会比较灵活。

由于向下差价法、向上差价法和单日 T+0 法我们前面都有介绍，在此不再赘述。

方法九：补仓策略

补仓是被套牢后的一种被动应变策略，它本身不是一个解套的好办法，但在某些特定情况下它是最合适的方法。股市中没有最好的方法，只有最合适的方法。只要运用得法，它将是反败为胜的利器；如果运用不得法，它也会成为作茧自缚的温床。因此，在具体应用补仓技巧的时候要注意以下要点：

（一）熊市初期不能补仓

这道理炒股的人都懂，但有些投资者无法区分牛熊转折点怎么办？有一个很简单的办法：股价跌得不深坚决不补仓。如果股票现价比买入价低5%就不用补仓，因为随便一次盘中震荡都可能解套。要是现价比买入价低20%～30%，甚至有的股价被夭斩时，就可以考虑补仓，后市进一步下跌的空间已经相对有限。

（二）大盘未企稳不补仓

大盘处于下跌通道中或中继反弹时都不能补仓，因为股指进一步下跌时会拖累绝大多数个股一起走下坡路，只有极少数逆市走强的个股可以例外。补仓的最佳时机是在指数位于相对低位或刚刚向上反转时，这时上涨的潜力巨大，下跌的可能性最小，补仓较为安全。

（三）弱势股不补

特别是那些大盘涨它不涨，大盘跌它跟着跌的无庄股。因为，补仓的目的是希望用后来补仓的股的盈利弥补前面被套股的损失，既然这样大可不必限制自己一定要补原来被套的品种。补仓补什么品种不关键，关键是补仓的品种要取得最大的盈利，这才是要重点考虑的。所以，补仓要补就补强势股，不能补弱势股。

（四）前期暴涨过的超级黑马不补

历史曾经有许多独领风骚的龙头，在发出短暂耀眼的光芒后，从此步入漫漫长夜的黑暗中。如：四川长虹、深发展、中国嘉陵、青岛海尔、济南轻骑等，它们下跌周期长，往往深跌后还能深跌，探底后还有更深的底部。投资者摊平这类股，只会越补越套，而且越套越深，最终将身陷泥潭。

（五）把握好补仓的时机，力求一次成功

投资者最好不要分段补仓、逐级补仓。首先，普通投资者的资金有限，无法经受得起多次摊平操作。其次，补仓是对前一次错误买入行为的弥补，它本身就不应该再成为第二次错误的交易。所谓逐级补仓是在为不谨慎的买入行为做辩护，多次补仓，越买越套的结果必将使自己陷入无法自拔的境地。

方法十：采取以不变应万变的“不卖不赔”方法

在股票被套牢后，只要尚未脱手，就不能认定投资者已亏血本。如果手中所持股票均为品质良好的绩优股，且整体投资环境尚未恶化，股市走势仍未脱离多头市场，则大可不必为一时套牢而惊慌失措，此时应采取的方法不是将套牢股票和盘卖出，而是持有股票来以不变应万变，静待股价回升解套之时。

投资者一定要注意此方法的前提条件，在认为大盘处于较低位置，同时手中股票属于优良绩优股的前提下，此方法才能使用。否则，如果我们在熊市初期采用这种方法，不管你持有的是不是绩优股，你都会遭受大幅亏损，同时如果你持有的是业绩不理想的股票，很有可能股价也会持续下跌，这样我们也会大幅亏损。

下面我们来看几个案例。

金种子酒（600199）是一家从事白酒的生产与销售的公司。公司发起人安徽金种子集团有限公司于 1996 年 11 月 29 日成立。1998 年 5 月 27 日经安徽省人民政府皖政秘〔1998〕89 号文批准，由安徽金种子集团有限公司作为独家发起人，以其生产经营性资产及其相关负债进行重组，并拟通过募集方式设立股份有限公司。1998 年 8 月，公司股票登录上海交易所，发行 6500 万股，募集资金 3.549 亿元。

图 2 -7 所示的是金种子酒自 2011 年 8 月至 2012 年 5 月的日 K 线图。假如我们在 2011 年 11 月的 A 处买进了金种子酒，并且已经没有资金再加

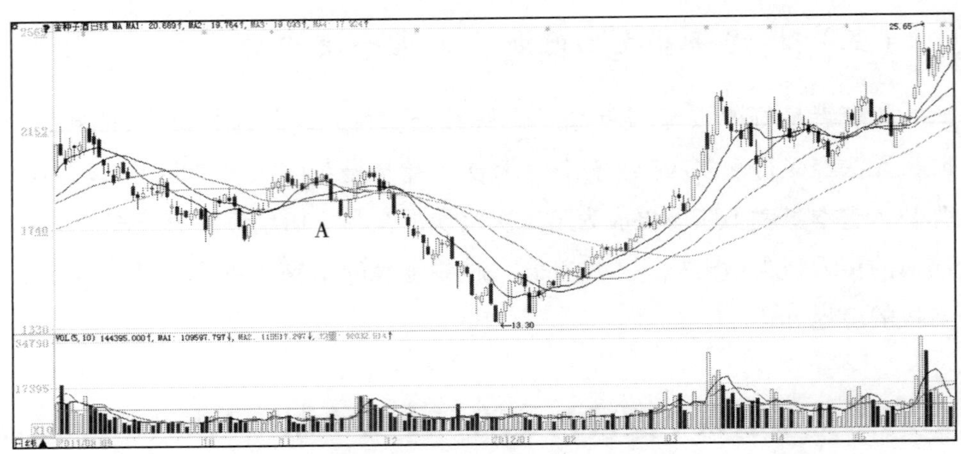

图 2－7

以补仓了，随后的下跌，我们亏损了接近30%，我们应该怎么办？

下面我们就来解决这个问题。

我们先来看大盘的情况，大盘自2011年4月开始下跌，下跌之间已经持续了7个月之久，大盘此时处于2400点区间附近，经过长期下跌，各大蓝筹股估值已经非常低，即使大盘再往下跌，其下探空间其实已经不大。

那么我们再来看看我们买入的金种子酒的基本面状况。

我们来看看安信证券2011年10月底发布的对于金种子酒的调研报告，内容如下：

三季度虽然是销售淡季，但业绩超预期。前三季度实现销售收入14.0亿元，同比增长39.96%。三季度实现销售收入4.1亿元，同比增长14.86%。前三季度实现净利润2.84亿元，同比增长152.3%，三季度实现净利润8260万元，同比增长209.6%。2011年全年业绩高增长是大概率事件。

盈利能力持续提升。前三季度公司销售平均毛利率达到59.4%，同比提升了17个百分点，三季度单季度毛利率60.6%，同比提升了19.4个百分点。公司毛利率的提升由两方面因素驱动：①白酒收入占比的提升，白酒收入占比由2010年的65%提升至2011年中期的85%以上；②白酒产品结构的升级，中高端酒销量增长。前三季度营业税金及附加同比增长了

6.6个百分点，可能是中高端酒增长导致消费税从价税款增加，但这也验证了公司白酒销售结构升级。前三季度销售费用占比也提升了6.5个百分点，销售净利率却大幅提升9个百分点达到20%。

新品徽蕴金种子增长是亮点。2011年的重点新品是徽蕴金种子酒，6年出厂价118元，终端价248元，10年出厂价258元，终端价680元，20年出厂价588元，终端价1280元。徽蕴的渠道利润空间都在100%以上。从徽蕴系列终端价定位来看，与省内旺销的古井贡年份原浆价格区间大体相当。年份原浆系列的成功，已经证明在安徽省内市场对于类似定价的产品，无论是经销商还是消费者终端都有很高的接受度。从省内市场地区局部看，金种子又和古井有所隔离，我们认为徽蕴金种子酒可在省内市场实现高速增长。

成立醉三秋销售公司，产品线清晰划分。公司年中成立了醉三秋销售公司，意在将其从品牌上和经营上和金种子系列独立："醉三秋"覆盖50～110元的市场区间，"金种子"覆盖110元以上的价格区间，这样的定位更加清晰。公司一直采取独家代理的模式，经销商代理的白酒有排他性。但公司是给予经销商足够的盈利空间，代理政策可保经销商利润丰厚。目前公司的销售渠道已下沉至县级市场，2011年会进一步把渠道下沉到乡镇，在渠道深耕方面，公司可能是皖酒中做得最好的。

盈利预测和投资评级。预计公司2011年EPS为0.72元，对应2011年PE仅26.3倍，预计2012年EPS为1.13元，2012年动态PE仅16.9倍，给予公司"增持－A"的投资评级。

根据安信证券的预测，2011年，金种子酒预计将有0.72元的每股收益，业绩具有安全边际，同时金种子酒2012年的动态PE仅16.9倍，金种子酒享有较高的估值优势。随着新产品的拓展，公司的发展前景越来越广阔。

进入2012年公司的业绩预告频频传来，公司业绩保持了持续的高增长：2011年年报业绩预期保持快速增长的同时，2012年一季报业绩预增略超预期。1月20日公司对年报业绩进行了预增公告，预计2011年归属于母公司所有者的净利润同比增长110%以上，预计2011年公司EPS为

0.68 元。2012 年一季度，公司预计业绩同比增长 60% 以上，净利润继续保持了较快的增长态势，分析净利润增长的主要原因可能为白酒销售收入增长、销售结构的好转、产品毛利率上升所致。

预期毛利率将继续大幅提高，省外市场和新品徽蕴经营良好。2011 年上半年，公司综合毛利率大幅增长 15.89 个百分点，其中公司酒类毛利率上升 3.9 个百分点，达到 68.71%，酒类毛利率上升的主要原因是产品结构优化调整，这一特点在 2011 年三季度变得尤为明显，第三季度公司毛利率同比增长 19.35 个百分点，随着徽蕴产品在下半年的强力销售，产品结构的进一步升级优化，毛利率上升是趋势，这一趋势有望一直延续至 2012 年一季度。由于在央视及地方电视等媒体大幅投放广告，公司前三季度的销售费用达到 2.1 亿元，同比增长 76%，管理费用率控制良好，同比下降了 0.71 个百分点。公司销售费用率的大幅提升对于公司产品后续的扩张销售有利，目前公司大力扩展省外市场以及导入销售高端新品徽蕴金种子酒，销售费用必然、也需要大幅提高。公司省外市场将会有大的改观，从公司的发展趋势看，2012 年省外市场的开拓以及省内市场销售结构的进一步优化和升级是最为主要的看点，这也将推动公司业绩在 2012 年有良好的表现。

我们看到，即使进入 2012 年，公司的业绩也是保持着良好的增长势头，而且还有越来越好之势，对于这样基本面优异的股票，在大盘已经连续下跌 7 个多月之久的时候，我们实在没有必要再做止损，我们要做的就是耐心持有。

2012 年 1 月份之后，大盘逐步企稳，开始缓慢反弹，而金种子酒果然按捺不住，快速上涨，自 2012 年 1 月以来，已经累计上涨了 80% 以上。当然，我们之前被套的仓位也可以顺利解套。

运用这种方式，我们一定要针对那些基本面足够优秀的公司，同时也要确定大盘的下跌浪已经基本接近尾声，各个蓝筹股的估值已经非常之低，在这些因素全部满足的条件下，我们就可以实施此方法。

我们接着来看案例二。

海信电器（600060）是一家从事电视机、广播电视设备、通信产品制

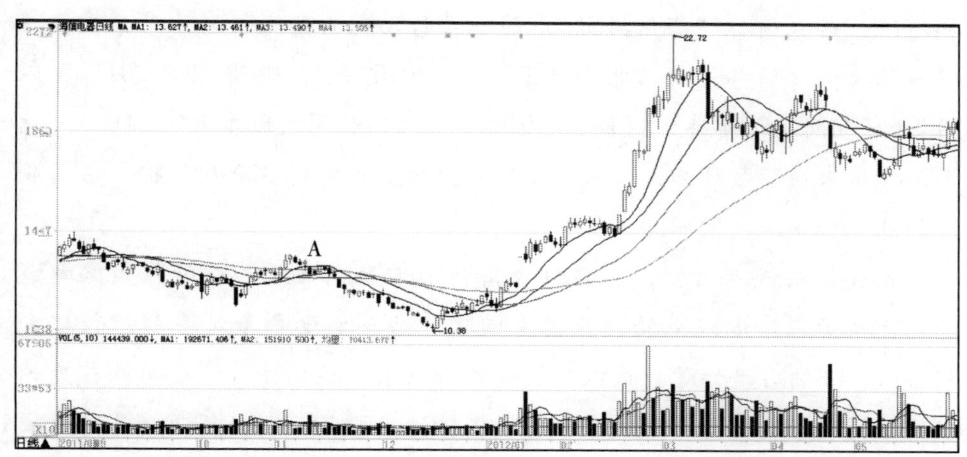

图 2－8

造，信息技术产品、家用、商用电器、电子产品的制造、销售和服务的公司。公司由青岛海信集团发起，经青体改发〔1996〕129 号文批准，由集团公司将其下属的电视事业部，在进行非经营性资产剥离后，以电视二厂、电视三厂、配套件厂、注塑厂、基板厂及相关资产等折资入股，采取社会募集方式设立。1996 年 12 月 6 日，正式定名为“青岛海信集团公司”。1997 年 4 月，公司股票登录上海交易所，发行 7000 万股，募集资金 4.256 亿元。

图 2－8 所示的是海信电器自 2011 年 8 月至 2012 年 5 月的日 K 线图。假设我们在 A 处买入了海信电器，并且用完了自己所剩的全部资金，随后海信电器继续下跌，我们亏损了接近 20%，此时我们应该怎么办？

下面我们来看这个问题。

与案例一金种子酒遇到的大盘环境相似，这一点我在此不再赘述。

接下来我们主要看看当时金种子酒的基本面状况。

为了更加完整地了解金种子酒当时的基本面情况，我们来多看几份研究简报之后再对其下最后的结论。

我们先来看看 2011 年 12 月 20 日，申银万国发布的对于海信电器的研究简报，内容如下：

事件：海信电器于 2011 年 12 月 20 日发布公告：公司控股股东海信集

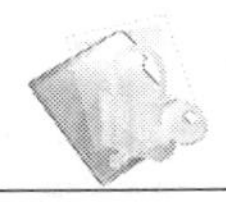

团有限公司（简称“海信集团”）的一致行动人青岛海信电子产业控股股份有限公司（简称“海信电子控股”）在2010年12月28日至2011年12月19日期间总计增持9，618，049股（达上市公司总股本的1.11%）。结合三季报末持股数计算，其从三季度末至今共增持约3209680股（占总股本的0.37%）。

控股股东低点增持，彰显投资价值。①短期来看，公司作为黑电龙头，受益于三季度以来的行业需求回暖。结合主要竞争对手创维数码和TCL所公布的月度销量数据以及渠道调研结果，我们预计，公司四季度内销增速情况将略好于创维，出口仍能保持稳定增长，则全年业绩确定性较高。②中期来看，考虑到上游面板产能供大于求的格局不改，主要竞争对手缺乏打价格战的实力，我们对2012年黑电行业的竞争环境表示相对乐观，预计行业内销量增速为12%，基于此判断，我们认为公司2012年凭借在LED、3D电视等领域的显著优势，市场份额有望继续提升，而模组整机一体化和产品结构优化致毛利提升，加之内部管控能力加强，2012年盈利水平仍有提升的空间。

二代iTV推出，未来有望成为业务亮点。公司在9月底推出第一代iTV（个人手持移动电视产品），属试水市场需求的实验类产品，因此主要配套四款大尺寸高端机型贩卖且渠道铺货较少，出货绝对数较低。公司在11月底正式推出第二代产品，产品性能在第一代产品的基础上做出较大的改进，产品渠道铺货范围将在近期大规模地展开并配以广告投放，针对需求渐起的个人手持移动电视市场，iTV未来有望成为公司业务亮点。

看好行业需求逐渐回暖与公司盈利水平提升，建议“增持”。我们维持2011年盈利预测为1.42元，并小幅上调2012年EPS至1.61元，目前股价（11.28元）对应PE分别为7.9倍和7.0倍，估值水平已较低，维持“增持”评级。

我们接着来看2011年12月28日东兴证券发布的对于海信电器的研究报告，简要内容如下：

事件：近期我们到公司实地调研，就彩电行业发展、智能电视和3D电视的推广情况、公司的成本控制能力等问题与公司进行了沟通交流。

观点：

（1）国内彩电行业增速平稳，产品结构优化是重点。从历年国内厂商的销量变化可以看出，总销量基本保持小幅增长，2010 年在海外销量大幅增长的情况下总销量增长幅度较大，2011 年总销量预计与上年持平。出口方面可能由于海外局势动荡存在小幅波动，但是就国内市场部分而言，国产品牌内销量维持在一个较为稳定的水平，2011 年大致为 4000 多万台，预计 2012 年保持稳定。虽然当前家电下乡政策面临逐步退出、以旧换新也即将结束，但是对彩电行业的影响是暂时的，可能会存在短期的提前购买行为，但是政策的实施对居民彩电的需求总量影响不大。综合来看国内彩电行业的增速平稳。

对于彩电行业而言，不断推出新产品，通过优化高端产品的销售占比是提升企业盈利增长的重要来源。从产业在线的数据来看，彩电出口部分的 LCD 渗透率在 2011 年的前 10 个月已经达到 81.63%，内销部分的 LCD 渗透率在 2011 年的前 10 个月达到了 88.17%。

（2）公司的产品结构优化业内领先根据中怡康数据显示：上半年海信平板电视销量占有率达到 15.53%，海信 LED 电视零售量占有率达到 21.38%，海信 3D 电视零售量占有率达到 19.92%，海信网络电视的销售量占有率为 22.9%，高居行业第一位。

从海信自身的角度来看，当前公司的 LED 电视出货占比约为 60%、网络电视出货占比约为 50%、智能电视出货占比约为 7% 到 8%、3D 电视出货占比约为 30%、PDP 电视出货占比约为 5%。（备注：各产品类别是并行关系）。其中 3D 电视出货占比提升很快，从年初的 3% ～ 5% 上升到现在的 30%。智能电视出货占比也高于行业 5% 的水平。只有高附加值产品的占比提升，才能保证公司的盈利水平。

（3）借助 iTV 进入平板电脑领域，iTV 意为：我的个人智能电视。实现了大屏幕电视、小屏 iTV、智能手机间的“三屏互动”“协同互传”，真正实现了随时、随地、随心观看电视，同时，植入智能推荐、社区交友等软件应用，该产品兼有网络、娱乐、PC 及社交等功能。

2011 年 8 月 16 日，海信推出全球首款个人智能电视 iTVM280 系列；

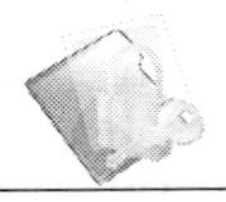

2011 年 11 月 30 日，海信个人智能电视 iTV2M1101 系列全新上市，显示了公司强劲的新产品开发和推广速度。根据 IDC 的预测，平板电脑的出货量 2012 年将达到 820 万台。海信电器通过电视应用巧妙地进入了这个新兴领域，同时也丰富了公司的智能电视产品体系。

（4）模组自制持续推进降低成本。液晶模组制造是平板电视的上游产业，海信电器在国内首家实现了模组与整机的一体化整合结构设计，并实现了背光、模组及至整机的一体化流水线制造，通过提高模组的自我配套能力能有效控制成本，提升整机毛利空间。目前模组自制率约为 50%，希望 2012 年能达到 60%～65% 的自制比例。

结论：基于公司的行业龙头地位，公司在改善产品结构和控制成本方面优势明显，实现了内涵式的业绩增长。随着智能电视和 3D 电视的渗透率逐步提高，公司的业绩将稳定增长。预计公司 2011 年、2012 年 ESP 为 1.36 元、1.51 元，对应 PE 为 8.53 倍、7.7 倍。12 月 28 日公司股价为 11.59 元，我们认为 2012 年 10 倍 PE 较为合理，六个月目标价为 15 元，维持“推荐”评级。

通过研读这两份研报，相当于给亏损近 20% 的我们吃了定心丸，首先，从申银万国的报告传达给我们的最重要信息就是公司高管对海信电器进行了大幅的增持，这也彰显了公司内部人士对于公司发展的信心；此外，东兴证券的研究报告传达给我们海信电器在国内彩电和智能电视领域内引领潮流，行业龙头地位稳固，未来公司的业绩将会稳步地发展。

根据随后海信电器公布的年度业绩预计公告，也证实了我们的判断，公告预计 2011 年净利润同比增长 100% 以上，EPS 达到 1.9 元，其业绩远远大于以上两份研究报告的预计。

对于像海信电器这样业绩优异的股票，在预期大盘处于下跌的末端时刻，我们实在没有必要设置止损。

随后，海信电器股价一路狂飙，两个多月完成翻倍行情。当然，我们在 A 处买入的仓位也获得了近 60% 的利润。

在主流资金外逃的时候，可千万不能入场操作！根据成交量的变化，我们就可以轻松地回避假突破走势了。

（二）如何区分真假突破机会二

前段内容交流了如何识别假突破，这里我们主要交流什么样的突破才是最安全并有效的。

假突破的风险性就在于：庄家借助巨量进行出货。因此，K线形态并不是主要的，主要的在于成交量的变化！一般来说，庄家的出货量必然会引发突破的虚假，而只有庄家的建仓量才会导致真实的突破。

但是，同样的放量，什么样的量是出货？什么样的量是建仓？很多投资者是很难弄清楚的，等到弄清楚了股价要么已经跌很多了，要么已经蹿上天了。所以，对于分析能力较低的股民朋友在分析突破的时候，要尽量避免操作放量的股票，除非你能真正地识别出量能放大的含义！

好在有很多庄家的资金实力很雄厚，故此，股票在突破的时候并不是完全地以放量的形式突破的，有一些股票的突破都是以缩量或是不放量的状态完成的突破，这些突破不放量的股票就可以成为分析能力一般的投资者的操作首选！

为什么突破不放量是好事呢？这是因为股价虽然创出新高了，但是谁也不进行卖出，这说明盘中持股心态稳定！由于庄家持仓量是巨大的，所以这说明庄家根本不想抛！庄家在当前位置不抛，必然股价还有更高的高点出现，所以对于无量突破的股票一定要敢于操作。

图3－2所示是金发科技（600143）2006年4月至2006年10月底的K线图。观察其股价在2006年9月20日调整结束以后再度向上完成了突破，虽然突破的幅度并不是太大，这一次突破K线形态就是股价再创新高，而这一天最应当引起重视的就是：成交量在突破的时候不但没有放大，反而是相应减小的，为什么庄家给了所有人获利与解套机会的时候没有人抛？一则说明军心稳定，二则说明庄家持仓量巨大，庄家只要不抛便不会有人卖！

同时成交量的萎缩不会给任何大资金以卖出的机会，这一天的换手率

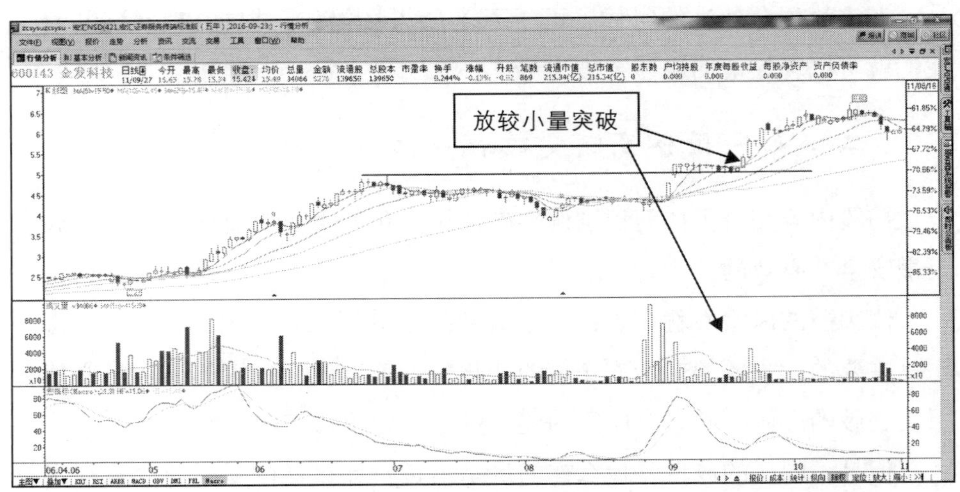

图 3－2

只有 1%，巨资如何出货？萎缩的成交量限制住了庄家的出货，也就使得突破的安全性大大地提高！庄家无法出货的位置或是庄家根本不想出货的位置根本不是顶部，也根本不会引发真正的下跌，所以金发科技在突破以后必然要继续上涨。

缩量突破之所以好，就是因为成交量的萎缩可以限制庄家的出货！同时，投资者也不必费劲地研究量能是出是进，相对放量突破分析压力要小得多。

当然，股价的波动绝不可能全是缩量突破这么简单，什么样的放量突破才是真实的呢？什么样的放量突破才可以买呢？我们在接下来的部分继续探讨。

其实放量突破要比无量突破带来的收益更大，因为真正的放量突破是资金的建仓区间，庄家采用这么猛的手法建仓股价必然会短线暴涨。所以，从获利的角度来讲，放量突破带来的收益是最高的。

下面给大家发几张放量突破的图，看看读者能否从中领悟到什么。

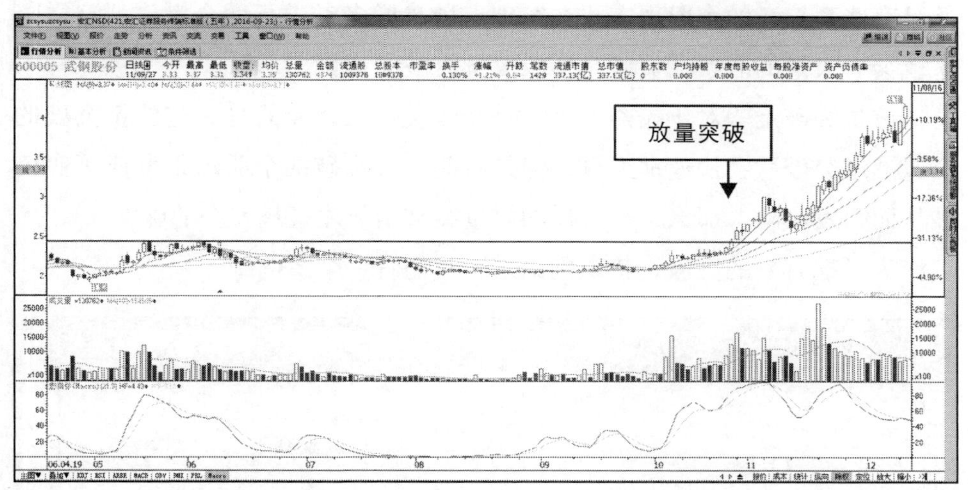

图 3-3

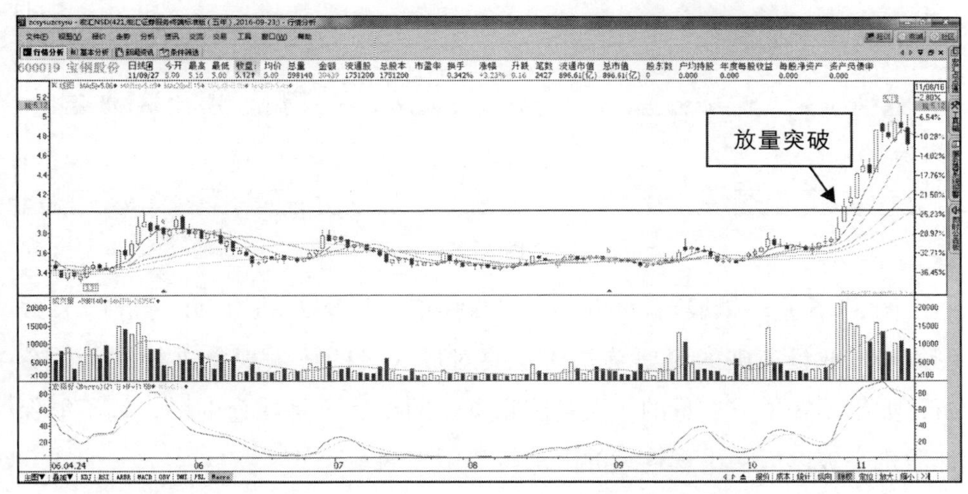

图 3-4

（三）如何区分真假突破机会三

先前与大家交流了：如何回避假突破以及缩量突破这种最完美的突破方式，那么，在此我们将交流探讨：什么是放量突破。

缩量突破可以限制庄家的出货行为，但是，只有那些形成了高控盘的个股才可以形成缩量突破走势。可惜遗憾的是，很多个股并不是高控盘，

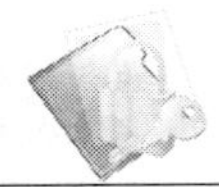

并且有些高控盘的个股也需要在突破点抛盘增多时进行增仓操作。这样一来就会有大量的股票在突破时形成放量突破的走势。

放量突破走势对于投资者来讲是又爱又恨的，爱的是有些放量突破的个股形成突破后会快速地上涨，但是有些放量突破的个股却是形成了假突破从而引发风险。那么，什么样的放量突破走势才是最安全的呢?

为了把有效的突破走势识别出来，我们看一个案例。

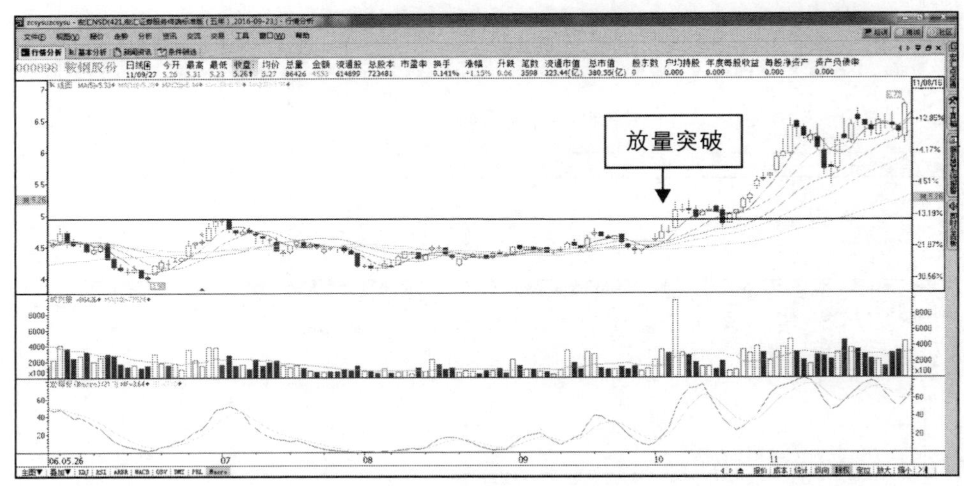

图3－5

图3－5是鞍钢股份（000898）2006年5月至2006年11月底的K线图。操作放量突破的股票首先一定要对成交量的放大现象进行准确的分析，如果不知道成交量的放大是庄家资金的出货还是建仓的话，就不能保证股价突破以后会出现连续的上涨走势了。

那么如何确定鞍钢股份形成放量突破是真突破呢？主要的原因就是大量的钢铁个股均在2006年10月12日形成了放量突破的走势，众多的个股形成放量突破说明资金在此时开始了大力度的建仓操作，并且是资金整体性的建仓。

如果资金对某一个板块进行了大规模的建仓，那么，这个板展块必然是后期绝对的龙头板块，而投资者也应当坚决地操作这一个板块。

从鞍钢的技术上来看，在首次发出突破K线那天，股价创下了历史的新高，给了所有前期高点套牢的投资者以解套的机会，很多投资者在被套了很久以后终于解套会怎么样？自然会想着卖掉手中的股票，特别是在分时图中庄家又耍了一个花招，把股价拉高至涨停板以后，却打压股价人为回落，这样一来投资者一看，股价突破了新高，但是在卖盘打压下封不死涨停板就更会进行出货操作了。这样一来，投资者的抛盘出现以后庄家就顺利地完成了建仓的操作。

正是通过对盘后K线的形态进行分析以及对分时图进行了分析，才判断出2006年10月12日这一天庄家正在大规模的建仓，判定该股为真突破。

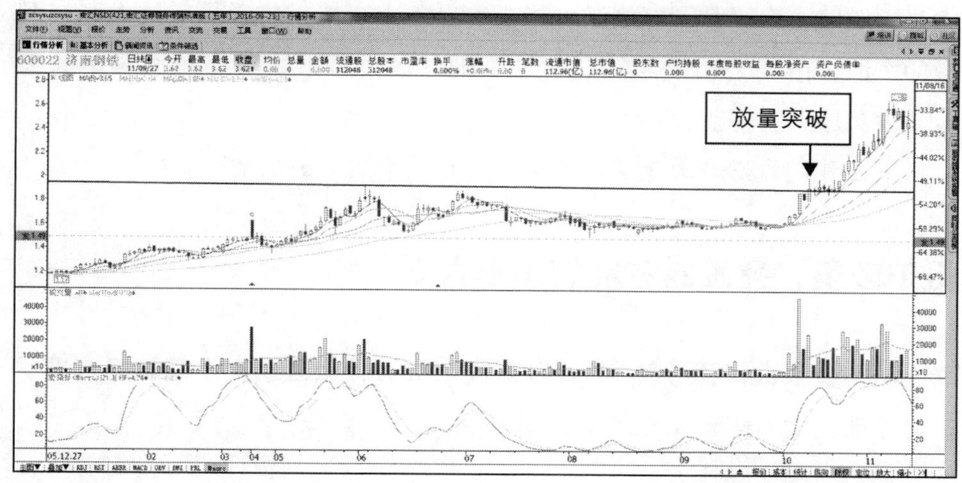

图3－6

从图3－3至图3－6可以看出，在2006年10月12日左右，多只钢铁股的股价都收出了放量的大阳线，向上突破了重要的压力位！如果仅是一只个股的现象这不足以重视，但是一旦这种走势构成了板块性，那就表示有巨资在对这一个板块进行大规模的建仓操作了。资金敢于进行板块性的建仓，也就注定了这一个板块将会出现暴涨的行情！

（四）如何区分真假突破总结

上面我们通过几个案例直接切入讲述如何判断真假突破，实际情况要远比上面的几个案例复杂。

在这里，我试图用自己的经验总结出自己理解的真突破。由于股票市场存在很多不确定性因素，没有任何方法可以一成不变，要根据具体情况做具体分析、思考，我在此只是提供一个抛砖引玉的思路供大家参考。

与前述章节一样，在分析个股突破之前一定要判断个股是否具备突破的环境，所谓突破的环境就是，个股突破是否有足够好的大盘环境配合，一般情况下，与大盘上涨与下跌基本一致的股票，逆市突破大涨的概率较小。敢于逆市突破大涨的股票，一般都是之前与大盘相关性不高，走独立行情的股票，大盘上涨时它可能在震荡，大盘震荡时它可能在下跌。那么大盘下跌时，由于某利好刺激可能会走出独立行情，或者是有重大利好刺激的个股，由于公司重组等题材。否则，在大盘下跌段还是回避下跌风险，少买股票为好。

下面我们先避开大盘从行为学分析几种个股突破的情况。

低位放量，突破时量能放出不大型

从本质上讲，股票买卖跟小商贩卖菜没有什么区别，小商贩只有进了货，才能去卖给需要买菜的人，有一天，菜价疯长，小商贩只有屯了货，才能通过卖菜赚到钱。

股票成功突破，如果机构在底部区吸足筹码，突破位置又不愿意卖出，这种突破往往能够成功，如果底部区没有吸够筹码，突破时机构又不愿意加仓，那么这样的突破是没有意义的，股价一般走不远。如果是低位放量吸够筹码，突破时量能放出不大，这种突破往往比较靠谱。

低位放量，突破时量能放出较大（往往超过或者与低位放量相当）型

低位放量，说明机构在低位能够吸到筹码，突破的时候放出较大成交量，一般都是以出货为主，在随后的时间里，随着股价上涨，机构逐渐减

持手中的股票。一般只有极个别股票在低位放量时高位继续放量，可能有重大利好消息或者大势也处于非常乐观的牛市之中。

低位量能小，突破时量能也小型

这种就是典型的股性不够活跃的股票。没有较大进货量，价格高了也没有卖出量，说明该股票很平淡，基本处于被边缘化的境地。走出这种走势的股票一般难以有持续的长期上涨行情，对于这样的股票突破，我们一般采取回避措施。

低位量能小，突破时量能大型

这种情况有两种可能：一种是突破时放量吸筹；另外一种是突破时放量出货。这种走势平时遇到的概率相当大，也最容易迷惑人。

由于近年来股票市场的发展，各种层次的投资群体鱼龙混杂，有私募机构，有敢死队等，特别是那些敢死队，建仓周期可能只有几天，卖出也就是一两天的时间，他们经常在寻找一些低位量较小的股票打伏击，待到突破时，放量出货，在投资者认为股价将突破拉升时，他们却全身而退，大赚一笔。

下面我来用我的经验谈谈两者的区别。

第一种情况，如果低位量能较小，突破时量能放出较大是因为吸筹，那么首先要看个股是否有基本面上的重大利好，或者是否是多只股票轮动进行的突破，其次要看突破时的成交量放大是否具有持续性。如果只是几天放出巨量随后成交量迅速萎缩，那么不足以说是吸筹。

第二种情况，往往是个股没有重大基本面利好，也没有群体性的较大题材，同时突破时放出巨大的成交量，且巨大成交量只发生在几天，有时可能只有 1 天或者两天，这样的情况，很有可能是一些游资快速建仓，利用突破拉升吸引投资者跟进，然后自己全身而退的杰作。遇到这样的情况一定要小心行事。

第二节　买入突破股的原因

根据股票市场的二八法则，股价在80%的时间内是处于量变状态的，仅在20%的时间内是处于质变状态。成功的投资者用20%时间参与股价质变的过程，用80%的时间休息，失败的投资者用80%的时间参与股价量变的过程，用20%的时间休息。

我们先来看一个统计。

表3－1　股票涨跌时间统计

<table>
<tr><td colspan="4">按照上升　震荡　下跌三种情况分类</td></tr>
<tr><td>类型</td><td>运行周期</td><td>总占比</td><td rowspan="6">按照三个类型分类，把上升中的513天调整计入震荡，那么股市五成时间在震荡，三成时间在下跌，只有两成时间在上涨</td></tr>
<tr><td>上升</td><td>1519.00</td><td>0.30</td></tr>
<tr><td rowspan="2">震荡</td><td>513.00</td><td rowspan="2">0.51</td></tr>
<tr><td>2066.00</td></tr>
<tr><td>下跌</td><td>972.00</td><td>0.19</td></tr>
</table>

我们把上证指数从1990年12月19日以来的所有交易日涨跌情况分为上升趋势、震荡趋势和下跌趋势这三种。统计出其分别运行的周期，再经过细分处理，我们去除上升趋势中的调整时间，计算出上涨占所有运行周期的20%，刚好满足于二八法则。

目前中国虽然推出了股指期货和融资融券的双轨制，但是对于大部分股民来说，由于股指期货开户门槛的限制，还是以之前的单边做多操作为主。如果买进股票不涨，就没有钱赚了。而经过统计发现，上证指数80%的时间是没有行情的。对于个股这样的规则同样适用。那么我们操作个股，千万不要在其没有进入上升的时候就早早潜伏起来了，虽然你有在低位买进大牛股的可能，但是大牛股的上涨时间却可能是你所有持股时间的20%，那么你那剩余80%的时间都浪费掉了，这还是很好的了。对于大多数人来说，他们频繁参与股票的80%不涨的量变阶段，经常遇到亏损了就止损了，再去做同样的重复，几次下来不但没有赚到钱还亏损累累，这就是许多人觉得股市赚钱难的根本原因。用大量的时间去做那些质变的事情，是收不到任何效果的。

那么我们应该如何去做呢？

我的意见是，在股票量变的阶段，坚决不参与，只在大盘相对稳定的前提之下寻找已经质变的股票操作，重复这样的工作，你便可以在股市里面生存下去，甚至赚到不小的收益。当然，每次你买入的质变股票，都要经过深思熟虑，发现基本面有亮点的前提之下，才可以去操作。

这就是我们所说的为什么要去操作突破股票的原因，突破股票正是那些正在发生质变的股票，只有操作这样的股票我们的获利才会来得很简单。

第三节我们将和大家探讨突破股票的操作。

第三节 投资突破股

突破股的买入时机

第一节我们分析了真假突破，按照上述分析，在实际操作中我们要选择低位放量，突破时反而缩量的股票和低位缩量，突破时放量，但放量为吸筹的股票来购买。同时我们要认清大盘的环境，在大盘处于牛市或者震荡市场的上升段，选择上述两种突破股成功的概率要高得多，如果大盘处于熊市，建议基本不要操作，出于震荡市场下跌初期，只可以少量参与有基本面重大利好或者形成板块效应突破的品种参与。

下面我将以每种大盘环境为前提，具体展现上述可以操作的突破股的实战情况，希望可以让大家能够学到操作突破股票的一点心得。

（一）牛市中底部放量，突破时缩量型股票

牛市中由于大盘环境非常好，很多突破的股票，虽然基本面一般，但往往也能形成一波行情。这样的情况，在确定是真突破时，可以在突破时买进。

我们先来看一个案例。

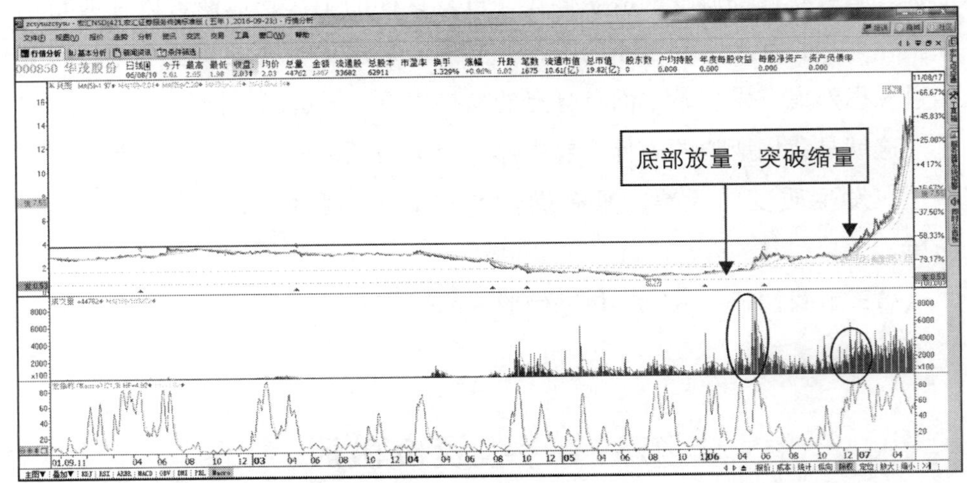

图 3－7

图 3－7 所示是华茂股份（000850）2001—2007 年的 K 线图。2005 年 6 月 6 日，上证指数于 998 点见底之后，进入了底部整固，并于 2005 年 11 月脱离底部区域，进入牛市行情。从图中可以看到，2006 年 4 ～ 6 月这段时间，华茂股份放出天量，30 多个交易日换手率达 320% 之多，2007 年 1 月中旬，华茂股份突破了 2002 年 7 月的历史高点，但是并没有放出天量，只是缓缓放量就一跃通过历史最高点。说明在低位华茂股份已经建仓非常充分，突破之时，也基本没有什么机构或者大户出逃，大家都不愿意卖出，对后期看涨。此时正是买入华茂股份的大好时机。

再来看当时华茂股份的基本面，华茂股份经营产品为棉、毛、麻丝和人造纤维。2006 年基本面一般，年终每股收益只有 0.16 元，当时最大的亮点当属增资 4765 万元投资国泰君安证券和国泰君安投资管理有限公司。

成为A股市场少有的券商投资概念股。正是因为大牛市的前提，导致一般的基本面，突破后也能形成一波较大的涨幅。

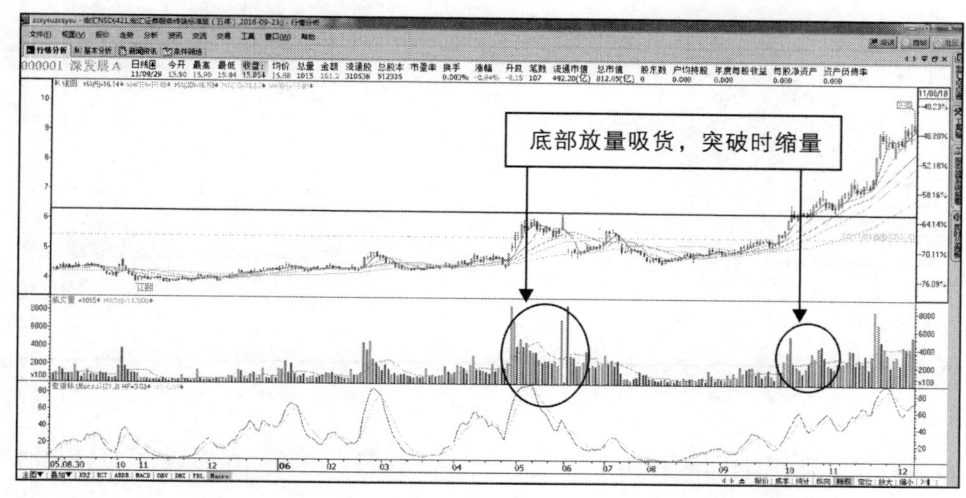

图3-8

图3-8所示是深发展（000001）的K线图。在2006年11～12月上证指数处于牛市中，深发展A的走势与成交量分布基本与华茂股份相似，都属于底部放量吸筹，突破时缩量的走势。在牛市中，突破后他们都迎来了一波凌厉的涨幅。

（二）牛市中底部小量，突破时放量型股票

这样的股票，说明主力在低位时候建仓较少，可能是因为没有人卖出或者主力在低位没有看透行情，在突破后疯狂加仓。这种类型的股票，一旦确定是建仓型，可以在突破重要平台时介入。

下面我们来看几个案例。

图3-9所示是包钢股份（600010）的K线图。随着2006年1月上证指数进入牛市上升浪以来，包钢股份放量突破前期一个高点，观察其之前走势，发现包钢股份底部区成交量并不大，伴随着牛市的上涨，主力和大户越来越确定行情走势，于是开始疯狂加仓之前并不是很活跃的钢铁股。

从基本面上来看，包钢股份的业绩非常优秀，2005年1～9月每股收

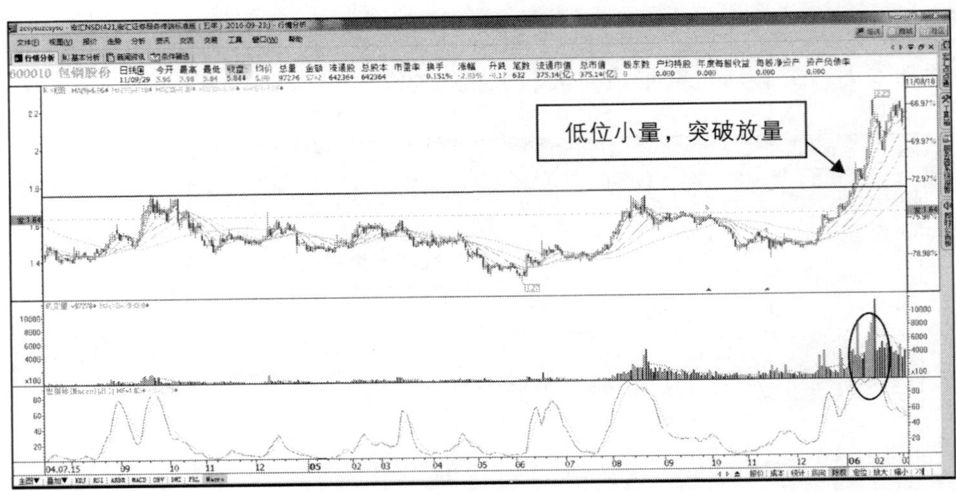

图 3-9

益为 0.71 元，同比增加 50% 以上，同时公司推出了每 10 股送 5 股转增 5 股的高送配方案，说明公司看好其长期发展前景。同时，在这段时间也有不少其他钢铁股放量突破，形成战略式建仓。由此判断，此时的放量突破是建仓而不是出货，因此包钢股份突破平台高点迎来一个买点。

与此类似的例子还有昆明机床（600806）等，在此处不再详述。

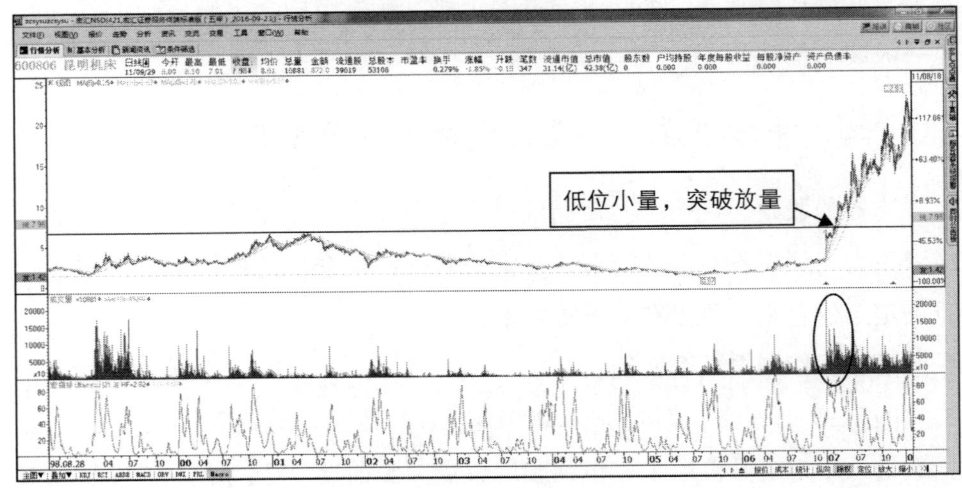

图 3-10

（三）震荡市场上升段中底部放量，突破时缩量型股票

震荡市场上升段，在还没有明显见顶的时间里，为股票上升提供一个良好的环境，此时对于底部放量突破缩量型股票，在一段行情刚刚启动不久便突破的股票将迎来一个不错的买点。

下面我们来看几个案例。

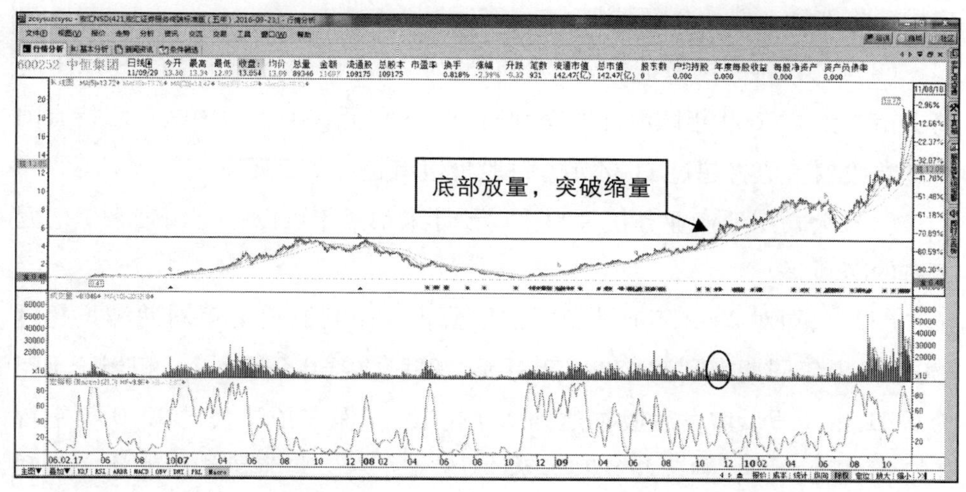

图 3 – 11

图 3 – 11 所示是中恒集团（600252）的 K 线图。上证指数经历了 2008 年大熊市之后，在 2009 年迎来了一波较大的上涨行情，2009 年 8 月，上证指数进入下跌浪中，并于 9 月初见底，从 2009 年 9 月初至 2010 年 4 月初，上证指数一直处于一种震荡上行的格局中，虽然其中有下跌，但是力度并不大。在这样的环境之下，中恒集团迎来了突破，2009 年 11 月初中恒集团突破了 2007 年 9 月的高点，随后进入了一波大上升浪。观察中恒集团在 2009 年 11 月突破的成交量非常小，说明即使突破了，很少有人卖出，说明大家一直看好这只股票后市，此时也正是我们介入点。

中恒集团能在震荡市场的较弱的上升段，走出一波大行情，其优异的基本面是坚强的支撑。

其基本面亮点如下：

（1）血栓通处于量价齐增阶段。公司独家产品血栓通粉针进入基本药

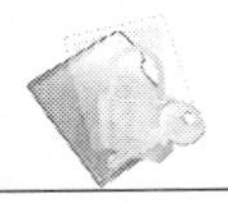

物目录，最高零售价格得到了提高，1 月初血栓通出厂价提高 29%。目前血栓通处于供不应求的状态，2009 年预计销售血栓通 6500 万支，2010 年血栓通的销量仍有望得到快速增长，保守估计全年销量将超过 9000 万支，乐观预计全年销量将超过 1.2 亿支。

（2）血栓通产能扩张。2009 年公司本部产能可以达到 4000 万支，委托重庆药友代工生产的产能可达 6000 万支，公司在建设血栓通二期工程，建成后将新增产能 6000 万支。

（3）公司持有国海证券 7.5% 的股权，国海证券目前正借壳 S＊ST 集琦上市。预计 2009 年国海证券净利润为 8.5 亿元，上市后中恒集团持有国海证券股权市值将超过 11 亿元，每股价值将超过 3.7 元。

（4）公司房地产业务扭亏为盈。预计未来两年可以为公司带来 1 亿元左右的净利润。

（5）公司对 2009 年业绩做了预增公告，净利润比上年同期增长超过 150%（上年同期净利润 4700.72 万元、每股收益 0.216 元），相当于 EPS 为 0.41 元（假设增发后股本达到 2.9 亿股）。保守预计公司 2010 年销售 9000 万支血栓通，制药业务 EPS 为 1.15 元左右；若公司新产能达产顺利的话，全年销售 1.2 亿支血栓通的话，EPS 有望超过 1.6 元。给予制药业务 30 倍市盈率，价值 34 元；证券业务 4 元。暂不考虑房地产业务，公司 6 个月目标价 38 元。我们将跟踪公司一季报情况再调整我们的盈利预测和目标价格。

类似的案例还有厦门钨业（600549），请大家按如上思路自己试着分析解读。

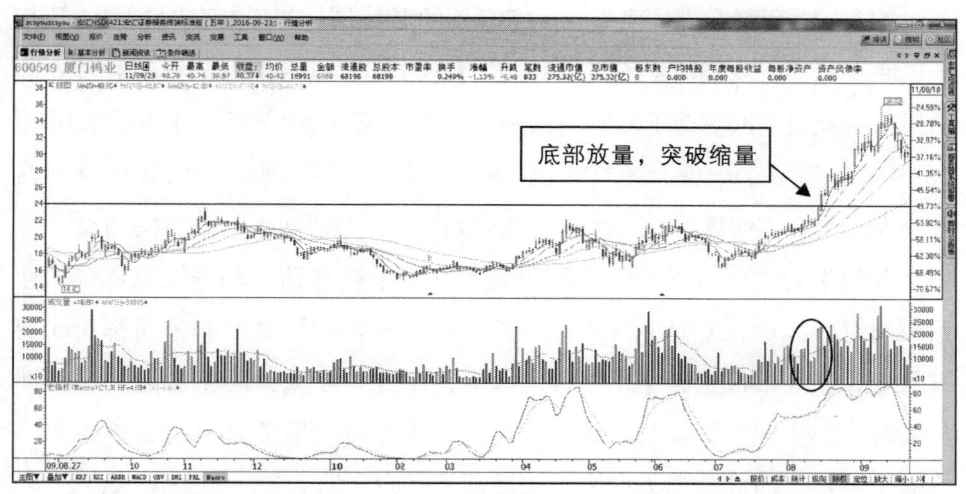

图 3－12

（四）震荡上升市场底部低成交量，突破放量型股票

由于是震荡市场，所以股票的上涨周期一般并不长，经常容易出现突破放量出货的情况，一定要弄清楚这种放量突破的原因，是放量吃货还是放量卖出，然后再做出决定，如果放量是因为吃货，则坚决买进。

下面我们来看一些案例。

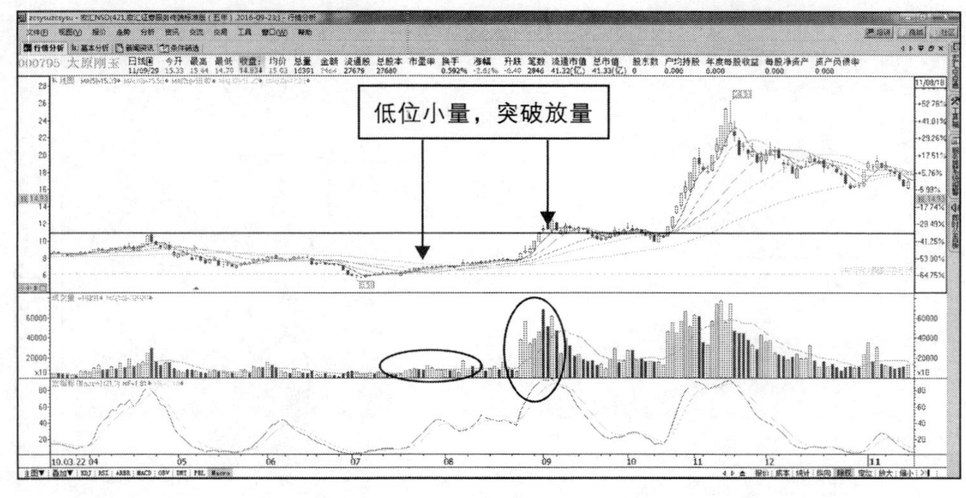

图 3－13

图3－13所示是太原刚玉（000795）的K线图。2010年7月初，上证指数见底企稳，一波行情延续到2010年11月11日才开始下跌。在这一阶段，给那些突破股上涨营造了良好的氛围。太原刚玉在2010年7月初至2010年8月中旬一直处于小量上涨走势中，并没有引人注目的地方，至2010年8月末，太原刚玉突然爆发，放巨量连续涨停，并一举越过前一平台的高点。

我们来看太原刚玉放巨量的特点，巨量走势强劲，基本没有震荡，巨量时间有持续性，不是一两天就终结了的，许多同样类型的公司都纷纷突破暴涨，已经形成了稀土永磁板块效应，由此判断太原刚玉放量突破为建仓吸筹。由于底部区成交量稀少，突破时太原刚玉即使是出货也没有那么大的出货量。因此，当太原刚玉突破前期平台之时，是个较好的买点。

再来看太原刚玉的基本面，从业绩来看，太原刚玉2010年1～6月每股收益仅为0.008元，总股本和流通股本均为2.768亿股，主营产品为钕铁硼，为稀土永磁材料产品，自2010年以来，许多稀土品种涨幅已经翻番，受此影响，太原刚玉产品提价预期强烈。许多稀土永磁相关股票基本都形成突破走势，这一战略布局说明此时的突破为扫货建仓，可以大胆跟进，而后的走势也印证了我们的分析。

另外一家稀土公司横店东磁（002056）的走势也印证了这种类型股票的情况，具体的分析，请投资者朋友们按如上思路自己分析梳理。

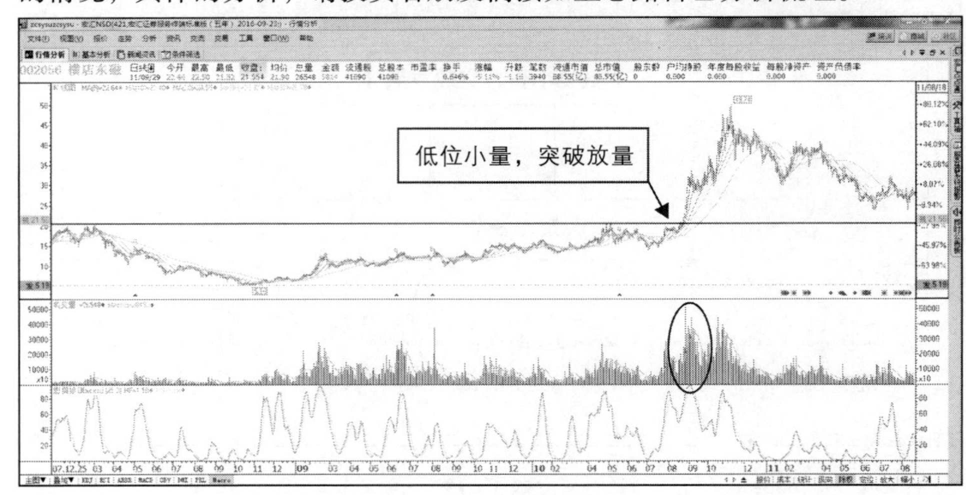

图3－14

（五）震荡市场下跌初期底部放量，突破缩量型股票

在震荡市场转头向下的初期，会有一些之前洗完筹码还没有爆发的股票，由于他们可能比较急于需求资金，或者不想等到下一波上涨周期，他们往往会在下跌初期逆市拉升，但是这一时期，逆市拉升的风险较大，如果不是股票确实有很大利好，逆市拉升的计划可能都不能实施，作为我们投资者来说，最好是清仓观望，如果非要逆市而为，只能以小仓位参与底部区放量，逆市缩量突破的股票。这样的股票还应具备这样的条件，既然敢于逆市拉升，那么大盘上涨时，与大盘的走势最好不要一致，大盘上涨时它横盘，大盘震荡时它下跌，走势独立于大盘的个股在震荡市下跌初期更容易逆市而上。

下面我们来看几个案例。

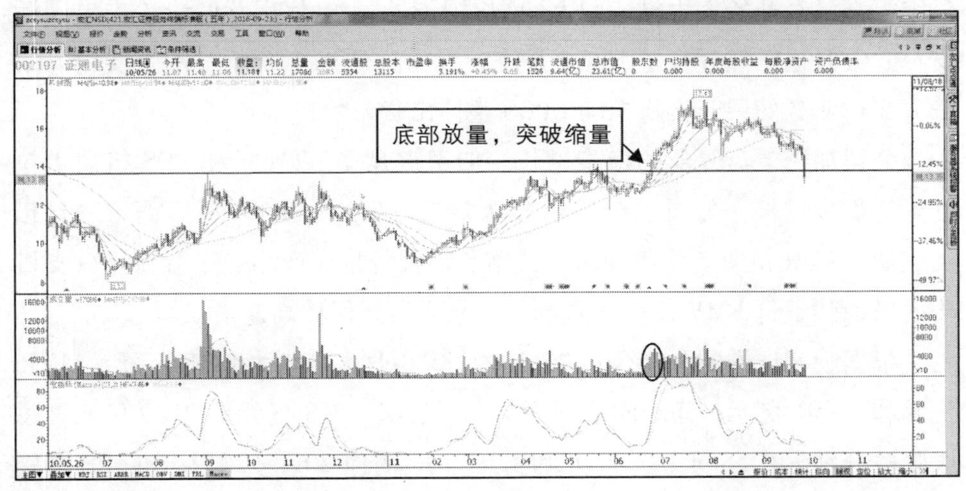

图 3－15

图 3－15 所示是证通电子 2010 年 5 月至 2011 年 9 月的 K 线图。2010 年 10 月上证指数走出一波行情，创下 3186 点的高点，同期证通电子却没有创新高，提前进入调整周期，2011 年 1 月底，证通电子跟随大盘见底回升，2011 年 4 月中旬，上证指数见了阶段高点，开始下跌，证通电子却稳若泰山，于 2011 年 6 月底以较小成交量创出新高，此时是一个突破买点。

我们来看证通电子，2010 年 10 月先于大盘调整，属于独立走势了。因此，在 2011 年 4 月大盘下跌趋势中，没有跟随下跌，而是采取横盘后继续突破，再来看看这只股票的基本面亮点。

公司是国内 EPOS 的主要三大厂商之一，市场占有率约为 50%。公司目前 EPOS 销售收入主要来自银行客户，在银行（特别是建设银行，邮政银行，农业银行）有绝对的优势地位。公司是第三方支付线下支付龙头拉卡拉的主要供货商，目前拉卡拉 EPOS 和金融终端方面主要通过公司定制。

第三方支付拉动 E-POS 需求。伴随第三方支付牌照的发放，困扰第三方支付企业的身份问题得以彻底解决，第三方支付企业必将加大对设备和平台的投资。线下支付龙头拉卡拉已经宣布未来三年将在全国布置 100 万个金融支付终端，公司作为拉卡拉设备主要定制厂商必将受益。同时网上支付平台纷纷发力“网上购物，线下支付”业务，目前收付宝，快钱，支付宝等都已经开始大力推广网上购物网下支付，电信运营商纷纷推出固话支付，银联也已经开发了 EPOS 系统，大力推广网上购物，网下支付。第三方支付业务的展开必将拉动 EPOS 整体出货量快速增长。

公司加密键盘等业务稳步增长。加密键盘受 ATM 机和 POS 机需求拉动保持稳步增长，公司正在拓展全球第二，第三大 ATM 机厂商，一旦拓展成功，ATM 机收入将出现跨域式增长。银行柜台产品受银行新增分支机构的增加和银行 EMV 迁移的影响，未来两年将保持高速增长。

根据金元证券的预计公司 2011—2013 年收入分别为 8. 43 亿元、11. 56 亿元和 14. 91 亿元，净利润分别为 1. 22 亿元、1. 68 亿元和 2. 20 亿元，每股收益分别为 0. 58 元、0. 80 元和 1. 05 元，对应 2011—2012 年的 PE 分别为 24. 53 倍和 17. 78 倍。参考新国都和三泰电子估值水平偏低，未来仍有一定空间。

有业绩支撑的基本面，电子支付的龙头企业之一，过往走势独立于大盘，并且底部区放量洗筹充分，突破时缩量控盘良好，是证通电子这波逆市上涨的原因。

与证通电子相类似的另一个案例老凤祥（600612），具体的情况请读者朋友们自己去分析领悟。

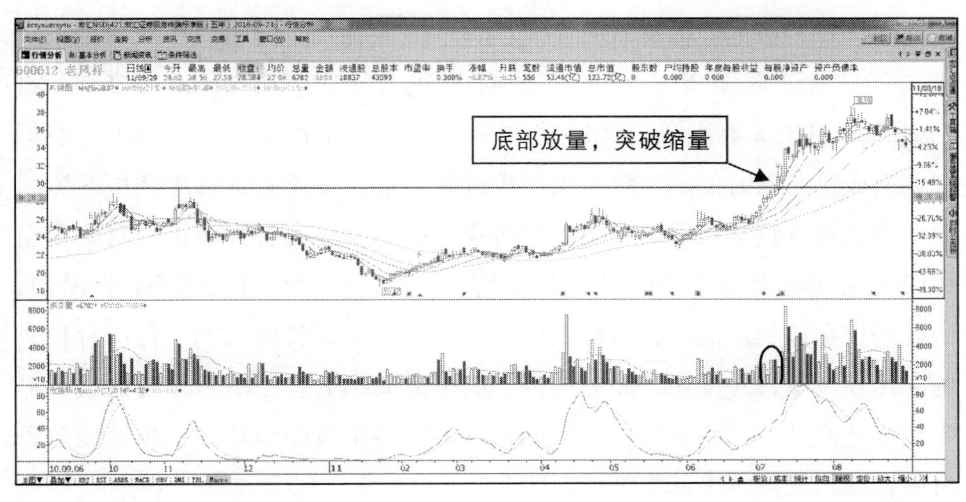

图 3－16

（六）震荡市场下跌初期底部小量，突破放量型股票

此类型股票，往往是股票突发利好，主力们随即抢筹的情况，这一类还有一种就是放量出货，至于两者的区别，抢筹股放量比较持续，涨势凌厉，出货股放量可能只维持在几天随即又恢复较低水平，放量突破股往往是具有战略性的群体建仓，或者是基本面有特殊的亮点。一旦确定放量是吸筹而不是出货，我们便可以大胆地介入。

下面我们来看一些案例。

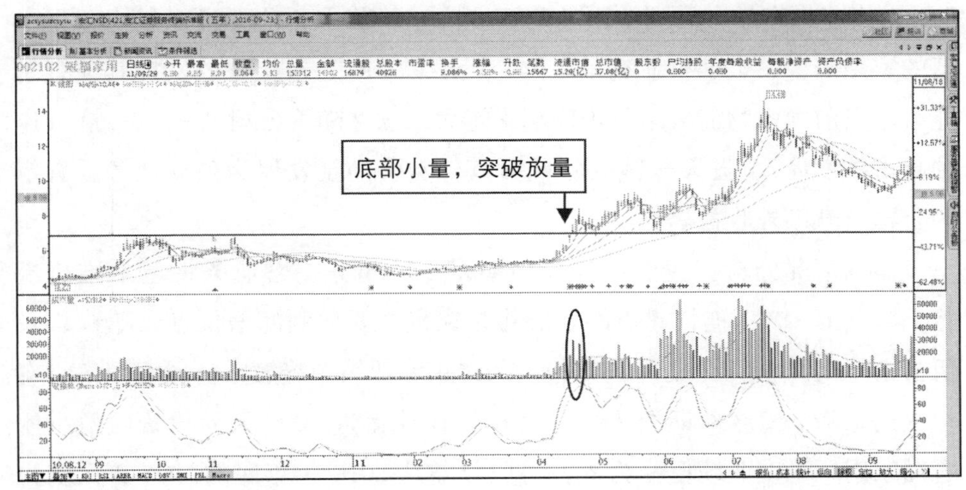

图 3－17

图 3－17 所示是冠福家用（002102）的 K 线图。通过观察冠福家用股价在 2011 年 1 月至 2011 年 4 月之前，一直处于主力机构的关注之外。直到 2011 年 4 月末，股价突然突破 2010 年 9 月底的高点，扶摇直上，我们观察其股价突破时的成交量放大比较持续，且公司基本面也有较大亮点。

陶瓷业务竞争激励。公司主营陶瓷产品主要经由各大超市销售，截至 2010 年公司在全国与 9300 多家超市均有合作。但由于行业竞争日趋激烈，因此超市在该类产品的销售环节中占有主动权，延长付款期、打压价格等情况比较严重，对公司产品的销售造成了负面影响。但由于公司该类产品生产基地所处地区劳动力成本较低，成本控制调节能力较好，预计该业务将能在激烈的竞争中基本维持现状。

“一伍一拾”创意家居连锁超市是公司未来重点业务。截至 2010 年年末，公司增发项目“一伍一拾”创意家居连锁超市已建成 89 家，预计 2011 年将全部完成 200 家店的建设，大幅提升该项业务的收入与利润。目前公司的发展重心主要转向该项业务，根据 2011 年调整后的项目建设计划，公司将其中 100 家店建设为返点的店中店模式，可以有效省去租金及装修费用，降低经营风险，提升盈利能力。预计随着前期建设的全部结束，2012 年该项业务将全面进入收获期，贡献收入与毛利占比有望超过公司主营的陶瓷、玻璃业务。

“五天分销”蕴含潜在发展力。公司的“五天分销”销售网络具有在 5 天内快速将产品布局到全国的物流能力。目前由于前期投入较大，且主营的家用陶瓷、玻璃行业竞争激烈，“五天分销”未能有效发挥其独有的能力。当前国内物流成本与难度越来越大，预计随着公司“一伍一拾”连锁超市的发展，“五天分销”将凸显其优势，乃至发展为独立业务，有望为公司贡献额外收益。

盈利情况分析：我们预计公司陶瓷、玻璃等主营业务将基本维持现状，“一伍一拾”连锁超市的发展将是未来主要的利润增长点。随着“一伍一拾”与“五天分销”前期投资的结束和业绩的释放，公司费用率将有望快速下降。海客瑞斯酒店用品公司转让获得近 4000 万元投资收益，使冠福家用一季度业绩扭亏为盈，每股收益从 2010 年年底的 －0.49 元变为一季度 0.18 元，并且使其中期净利润预增 6550%～7000%，成为 A 股市场的业绩增长王，同时公司于 2010 年 4 月 19 日公布高送转方案，每 10 股转增 10 股。

这些利好消息，是其股价逆市突破上涨的根源。

类似的案例还有金瑞矿业（600714）等，请读者们自己分析体会。

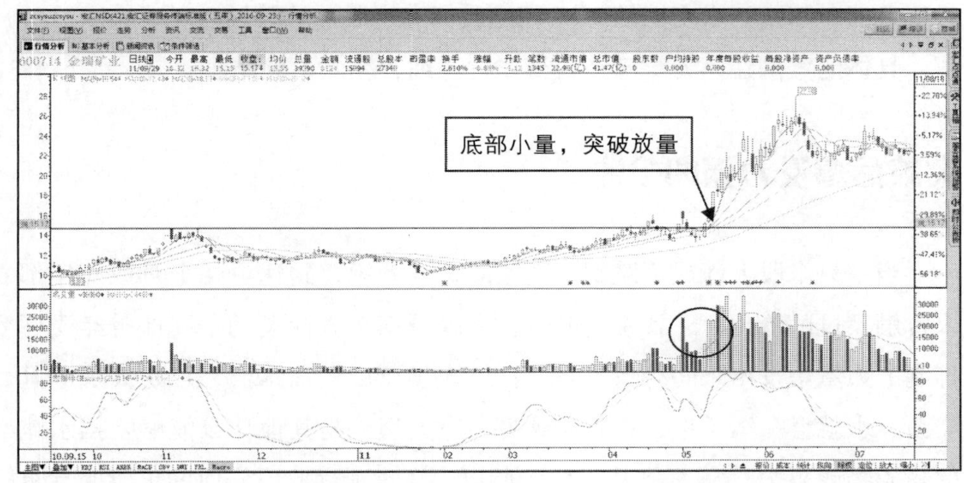

图 3－18

突破股的卖出时机

一次完整的操作过程包括买入和卖出，上面部分主要讲述了如何买入突破股，但是如果没能弄清楚卖出时机，买进赚的钱可能也很快赔进去。

那么怎样才能找到合适的卖点卖出股票，保住收益同时又能卖在相对高点呢？

这个问题我在之前的章节已经详述过了，在此我只做简单的介绍。

在本书第九章解读二八法则的时候，里面有一条，股票 80% 的时间处于量变之中，只有 20% 的时间处于质变，抓住这 20% 的质变，我们就能很快赚取不菲的收益。

我们的卖点就是从真实的突破后的起点开始，如果突破后上涨的时间达到量变期的 20%，那么卖点来临。

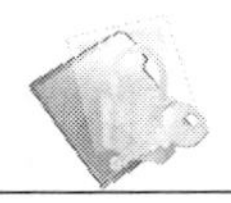

用这个方法，可以为80%以上的股票寻找到非常合适的卖点。由于股票存在非常大的不确定性，所以突破后的上升浪也不会如此简单，只要突破了就能涨上去，必须是我们之前所说的有效突破，同时应该走到量变期调整日的20%的上涨周期才算完结，如果上涨时间还大幅低于预期的20%附近，就说明上升浪发生了位移。在此我们需要对起点进行修正，修正后只要上涨时间达到量变期的20%即是我们卖出股票的时候。

具体的案例在第九章已经写得非常详细，在此不再详述。

突破后爆发力强的个股

当一只个股上涨或下跌到了新区间，或者说，到达了几个月或几年都未曾触及过的价位时，就说明股票正在朝着那个方向运动。其他曾经受到抑制的力量爆发出来时行情也是一样。大坝可以拦住水流，可是大坝一旦崩溃，水就会一泻千里，直到遇到另一座大坝或是其他什么能够阻挡水流的障碍物或阻力，从而将其拦住。所以，注意观察股票先前的价位非常重要。可以想象，两次突入新区间相隔的时间越长，冲击力就越大，因为长期积聚的能量所造成的行情变化会比短期积聚的能量造成的变化更为显著。

我们来看一个案例。

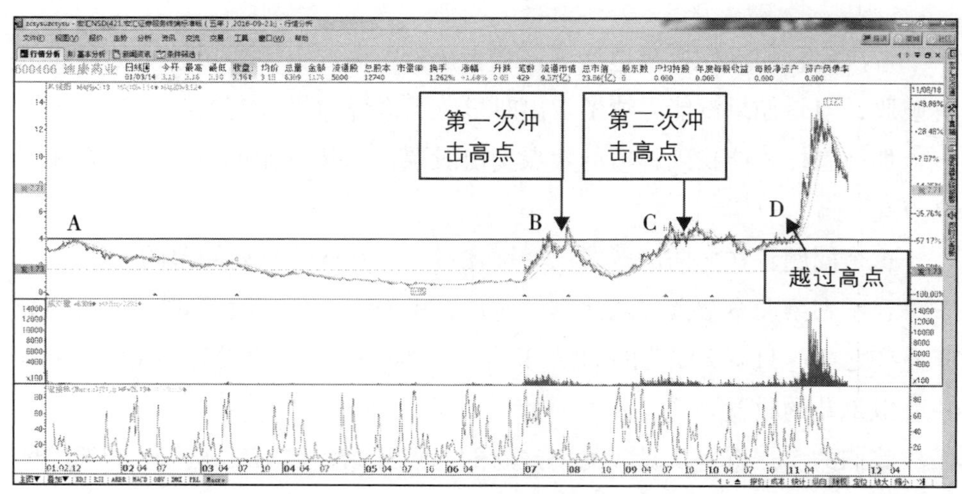

图3－19

图 3－19 所示是迪康药业（600466）上市以来的日 K 线图。可以看到在 2009 年 12 月之前，迪康药业形成明显的三次高点，2001 年 6 月的 A 高点，2007 年 9 月的 B 高点和 2009 年 7 月的 C 点，并且 B 点的高点比 A 点高，C 点的高点比 B 点高。说明冲击力比较强。但是由于当时大盘环境和自身缺少较大的基本面催化剂，都没有冲击成功。

2011 年 3 月初，迪康药业再次放量冲击前高点，终于一举突破所有高点，成为一时间涨幅最大的明星股。这正印证了之前的理论，受到压制的力量越长，突然突破，股票会有无穷的能量。

当然，迪康药业能够走出如此行情，与预期基本面方面的利好是分不开的。其基本面亮点如下：

2010 年公司营业收入为 3.22 亿元，同比增长 2.45%；归属于上市公司股东的净利润为 3096.65 万元，同比增长 110.8%；基本每股收益为 0.1763 元，同比增长 110.63%。公司拟以资本公积金每 10 股转增 15 股。

净利增速高于营收增速，主要有两个原因，一是公司成本控制得力，营业利润率同比提升 5.03%；另一个是公司闲置资金获得 603.40 万元的委托理财收益。

公司重点产品安斯菲连续三年保持销量增长，目前在全国已成功开发 600 多家医院。生物医学材料呈现了良好的成长性，可吸收螺钉销售稳定增长，可吸收医用膜销量同比增长近 30%。

公司在 2010 年投资建设的非 PVC 软袋大输液生产线，达到了国内大输液制备的先进水平，有望成为公司新的利润增长点。

受制于药价调控和上药原辅料的提价，公司加大了医疗器械领域的研发力度。螺钉自增强项目取得重大进展，增强工艺趋于稳定。

生物玻璃项目完成工艺研究和国外产品的对照研究，将提交型检；复合螺钉的动物试验完成，进入临床研究；椎间融合器补充资料上报完成；聚乳酸原料市场开始试探性销售。

估值情况：预测公司 2011 年的 EPS 为 0.24 元，对应 PE 为 58.17 倍。但考虑到公司基本面正在改善中，毛利率回升态势明显，非 PVC 软袋大输液和医疗器械对于利润的贡献度有超出预期的可能。再加上公司拥有多个

国家级新药和中药保护品种，且医疗器械在研产品较多，可享受一定的估值溢价。

我们观察以上的亮点，发现虽然迪康药业的药物和医疗器械产品处于增长状态，但是短期对公司业绩提升并不明显，但公司管理层对公司发展信心十足，推出每10股转增15股的高送转方案。并且迪康药业的自身价格并不高，以极低价格推出高送转方案，并且公司业绩不断转好，是迪康药业得以突破的基本面方面的重大原因。

我们再来看另一个案例。

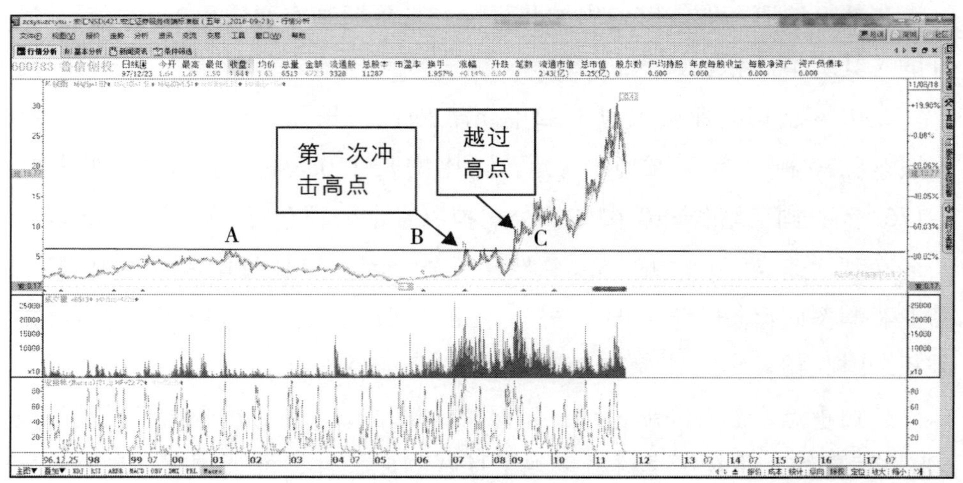

图3－20

图3－20为鲁信创投（600783）上市以来的日K线图。从图中可以看出其在2001年7月中旬形成了高点A，在时隔6年之后，第一次冲击之前的历史高点A，虽然创下新高点B，但是维持不到两天随即跌破，没有最终突破成功。直到2009年1月，鲁信创投一举越过前期高点A和B点，突破成功。之后鲁信创投迎来一波长达两年半的上涨行情，期间涨幅高达四倍多。再次证明一只股票多次冲击历史高点，并最后突破之后，如果基本面也有长期利好，这样的股票将有很强的爆发力，更有可能成为长牛股。

2009年1月鲁信创投突破历史高点之后，一直跟随大盘上涨，在2009年1月至2009年8月，鲁信创投涨幅与大盘相当，之所以没有更好的表现主要是由于其2009年全年业绩基本都是负收益，业绩得不到释放。直到

2010年6月30日，其每股收益为0.251元，同比大幅增加。基本面情况发生了转变。我们来看看此时鲁信创投的基本面亮点。

核心投资逻辑：①调结构背景下、符合产业投资指引方向的新经济金融股；②股权结构清晰，在投资平台方面不存在利益漏出；③会计处理大幅低估了公司的实际资产价值；④新股发行询价一步到位，“打新”利润空间大幅压缩，买入公司股票相当于间接买入新股。

公司当前投资集中于医药、机械、化工新材、电子信息，符合调结构的大政策方向，相关行业已经在二级市场上得到充分挖掘，市值具备重估可能。公司2001年以来10年内年化投资报酬率超过21%，未来维持该回报率的概率较大，这取决于：①2003—2006年周期内投资的项目上市后可贡献超额利润；②当前未上市项目利润增长情况较好，山东高新投选择新项目标准较为严格。

鲁信集团已被山东国资委确认为山东省级融资平台，主业确定为金融创投业，上市公司承载集团的主业。集团通过担保贷款、承担国有股转持成本等方式支持上市公司做大做强。当前，鲁信集团持有73%上市公司股权，未来有通过扩张股本、引进战略投资者并优化市值管理的动机和需求。

以公司当前上市概率较大的9个项目（其中4个证监会已受理、其余预期可通过定增等方式快速证券化）为例，两年后公司每股净资产可通过市值被重估至30元，即便不考虑未来新增项目投资上市，假设给予1.5～1.8倍PB，得出两年后合理目标价格中枢为45～54元，以12%的股权贴现成本贴现，当前公司合理价格约为36～43元。

股价催化剂：三季报靓丽、民生股权纠纷明朗、项目IPO集中推进、半岛蓝色经济区规划获批。最主要风险点在于创业板及中小板减持带来的估值压力。

根据2010年10月申银万国的研报，其上调鲁信创投2010年EPS至0.90元（原为0.61元），上调2011年EPS至2元（原为1.61元），上调目标价格至40元。

正是由于基本面的脱胎换骨，才导致鲁信创投长达两年多的上涨行情。

第四章 规则 17

规则 17：选择那些小盘股做多；选择那些大盘股做空。

——江恩

对于规则 17，我们要从一个更加包容和全面的思路去理解，江恩当初说的真正含义是小盘股由于盘子小，更容易被投资者或者主力资金青睐，因此上涨会比较容易，而对于那些大盘股，推动它们上涨则需要动用更多的资金，相比下盘股，其赚钱的难度就会加大。因此，大盘股对资金的吸引力没有小盘股大，因此也就更易下跌。而根据中国的投资环境，我们并不能做空大盘股，至少对于大部分中小投资者来说，这是目前难以做到的，但是原理是一样的，中国的大盘股票的股性相对呆滞，波动率更小，要想在大盘股上赚钱获利，并不是一件容易的事情。

本章我们就讲述大盘股和小盘股的相关问题，希望给投资者对大盘股和小盘股的投资能有一个比较客观的认识。

第一节 小盘股和大盘股概述

小盘股含义

小盘股就是发行在外的流通股份数额较小的上市公司的股票，在现阶段，一般不超过1亿股流通股票的都可视为小盘股。股市发展之初，大盘股比较少，故把流通盘在3000万以下的称小盘股，流通盘一个亿以上的就叫大盘股了。

大盘股含义

大盘股 large-cap share。市值总额达50亿元以上的大公司所发行的股票。资本总额的计算为公司现有股数乘以股票的市值。大盘股公司通常为造船、钢铁、石化类公司。大盘股没有统一的标准，一般约定俗成指股本比较大的股票。

现在随着许多大型国企的上市，这一概念也发生了转变。流通盘一个亿以下的都能算是小盘股了，而像中石化、中联通、宝钢这些有十几甚至几十亿流通盘的股票就称为超级大盘股，像许多钢铁股、石化股、电力股由于流通盘较大，也称为大盘股。随着中国资本证券化步伐的加快，越来越多的行业都有大盘股了。比如商业百货行业的苏宁电器，还有金属采掘中的大部分股票等。目前市面的说法是看这家上市公司的流通盘，一般在5亿元以上肯定算大盘股了，但这没有一个明确的界限。大盘股的逐级上升对于吸引集团资金入盟较为有利，大资金有了适合的吞吐场所，就会对小盘股的过高股价产生压抑，这种投资结构亦是管理层呕心沥血的精华所在，亦是中国股市的新格局。小盘股经过多年的分红送股或增发，也会成为大盘股。苏宁电器就是一个很好的例子。

大盘股和小盘股的辩证关系

在股市里待过一段时间的投资者差不多已经形成了这样一种观念：小盘股好炒，大盘股股性呆滞。在选股时，投资者往往钟情于小盘股。投资者从企业基本面来看，它似乎有一定的道理，小盘股的成长空间比较大，扩张性比较强，而且比较容易被收购、重组。但是，中国的所谓大企业按照国际标准来衡量只能算中小企业，企业的成长空间还很大。事实上，小

型企业（小盘股）经营风险较大，未来有很大的不确定性。而大企业（大盘股）有较强的实力，经营风险较小，前景比较确定。当然，最重要的是要看大企业是如何变大的，如果是经过在市场上多年的摸爬滚打，靠自己的实力发展壮大的企业，那是市场筛选出来的优秀企业，由于有了资金、市场经验、人才等方面的成功积累，企业的投资价值较大，而投资风险较小。如果是依靠政府行政手段的支持，拔苗助长、拼凑出来的大企业，那如同累卵，未来风险很大。

从资本市场的操作现实来看，中国的小盘股之所以好炒，大部分庄家却并非研究过企业的成长性，原因无非是所需资金量比较少，用相对少的资金量就可以达到控股，例如用 3 个亿的资金就可以控制四五个亿流通市值的股票，再根据各种基本面和利好消息的配合最终达到获取高额利润的机会。

大市值的股票特别适合大资金，无论是搜集筹码还是派发，都比较从容。鱼翔浅底，而鲸鱼则非池中之物，必须有一个大容量。特别在牛市中，掌控大资金的基金要想获得高额回报，必须依赖于大盘股，在牛市中的某些阶段，大盘股也具有上涨的潜力。

因此，对于大盘股和小盘股的情况，不能一味地只偏向小盘股而不顾大盘股的投资机会，虽然小盘股在股票投资中的总体机会要多过大盘股，但是对于大资金和牛市的某些阶段，大盘股的优势还是非常明显的，我们要辩证地看待他们之间的关系。

第二节　探析小盘股的机会

之前我们对大盘股和小盘股做了简单的介绍，同时还说出了他们之间的辩证关系，但是，从实际情况出发，对于中小投资者来说，小盘股的投资机会则更多，下面我们就来一起看看为何小盘股的投资机会比大盘股更多。

小盘股盈利增长率更快

对于那些大盘股来说，虽然业绩更加稳定，但是增长速度往往达到一定的限制，一般来说，小盘股的业绩增速会比大盘股大很多，这也是小盘股比大盘股更有活力的重要原因。

小盘股的盘子小，控盘更加容易

小盘股控盘容易，大盘股控盘难。所谓控盘是说庄家持有一笔资金以短炒的方式进进出出，其买卖保持平衡，只通过把握买卖节奏影响和控制股价。所以，控盘难度大小决定于留在外面的未锁定筹码的绝对规模，未锁定筹码多，则参与者人数多，人多则想法多，控盘困难，这和任何活动都是人越多越不好组织是一个道理。

通过锁定筹码减少外面筹码的规模可以使盘子变得容易控制一些，但大盘股上即使这样做了之后留在外面的股票仍会很多，不好控制。比如，对一只1亿股的盘子，庄家已经锁定了70%的筹码，但外面仍有3000万股未锁定。另一只天生只有1000万的盘子，即使不锁定筹码，外面的筹码规模也比前者少，控盘难度比前者锁定70%后还低。如果这只股也锁定70%，则外面只剩下300万股，如果按平均每个人10手计算，则只有3000人参与，如果每天有10%的人参与交易，则只有300人，相当好控制了。而前一只股票要达到同样的程度需要锁定97%的筹码，这显然是不可能的。

小盘股股性更加活跃

这一点我们之前也有提到过，对于小盘股来说，由于其先天性的优势，导致其股价的波动率比大盘股要高，对于投资股票的投资者来说，股票波动率越大，盈利的概率也就越大。因此投资小盘股我们可以更加容易

地获得获利机会。

第三节　小盘股投资技巧

下面我们就着重谈谈小盘股的投资技巧。

我们会分成各个市场的不同阶段去分析。

牛市下的小盘股投资

在分析牛市下的小盘股投资之前，我们先来看看 2005 年 6 月至 2007 年 10 月这段牛市期间的分阶段领涨股的总结情况。

表 4－1　2005—2007 年牛市各阶段涨幅前 50 名股票各项指标平均值

牛市各阶段	吸筹区	第一次放量拉升	第二次放量拉升	第三次放量拉升	缩量拉升
涨幅平均值	107.47	166.24	237.35	263.75	201.75
前收盘平均值	4.09	3.67	4.26	6.22	14.67
成交价平均值	8.42	9.81	14.53	22.72	43.78
最高价平均值	9.15	11.45	15.39	24.42	48.53
最低价平均值	3.91	3.54	4.07	7.37	13.86
流通市值平均值	12.57	16.34	60.46	55.80	123.40
流通股本平均值	1.63	2.11	4.61	2.41	3.18
年度每股收益平均值	0.56	0.14	0.43	0.14	0.49
换手率平均值	372.05	291.06	391.19	355.30	379.69
市盈率平均值	27.59	169.62	109.19	386.38	252.03
每股净资产平均值	3.63	2.60	2.87	2.38	4.35

上表所示是 2005—2007 年牛市各阶段涨幅前 50 名股票各项指标平均值的统计表。

从涨幅上来看，在牛市底部吸筹区，个股的总体涨幅并不大，成交量呈不规则的放大状态，随着第一次放量拉升的开始，吹响了牛市的集结号，随后第二次、第三次放量拉升，领先股的平均总体涨幅不断刷新新的纪录，直到缩量拉升阶段，领先股的平均涨幅才逐渐下降。

从价格、流通市值、流通股本、财务指标和估值等方面分析可以看出，在吸筹初期，领先上涨的股票一般是业绩优异的低市值小盘股，这是由于牛市底部区投资者人心不稳，处于投资安全的角度考虑，市场资金选择了低价、低市盈、小盘和流通股本较小的股票；随着市场进入第一次放量拉升区，投资者信心有所恢复，市场资金又偏好于那些低价、低流通股本和业绩一般的股票，虽然这些股票市盈率较高，拥有较高的贝塔系数，但是由于市场信心逐渐恢复，投资者对这样的股票也逐渐认可；又随着这些低价股的快速上涨之后，市场资金又开始追逐那些中等市值但是业绩优异的小盘股，这些股票市盈率明显比那些业绩较差的小盘袖珍股低；市场总是按照这样的思路循环着，在那些小盘股炒作完之后，资金又再次去追逐那些前提调整的中小盘的袖珍股；最后，在缩量中，一轮以较大市值为主导的中小盘股上涨为主流的牛市行情落下帷幕。

在这一循环过程中，每一次业绩较差的小盘股的上涨周期总是比较短暂，远远低于那些业绩较好的股票的上涨周期。第一次和第三次放量拉升的时间远远低于第二次放量拉升和缩量上升的周期就是最好的证明，由于没有业绩支撑的小盘股主宰的行业，安全边际低，所以上涨行情持续得比较短暂这也是可以理解的。

通过上面的图标，如果我们按照流通股本为5亿以下来作为划分小盘股的标准的话，那么在整轮牛市中上涨领先的股票品种都是小盘股，只不过每个阶段的小盘股的业绩情况会有所不同。

这样来看，小盘股便是牛市中资金炒作的主流品种。

下面我们就来看看在牛市分阶段的小盘股投资。

牛市吸筹区小盘股的投资：

在牛市的吸筹区，此时市场一片沉寂，那些有可能成为领涨的小盘股往往业绩非常优异，具有相对的安全边际，同时其股价往往在熊市末期或

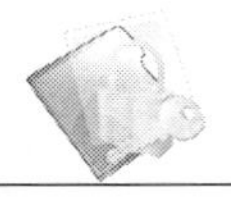

者见底初期就有异动，主力往往有吸筹建仓的迹象。

我们来看案例一。

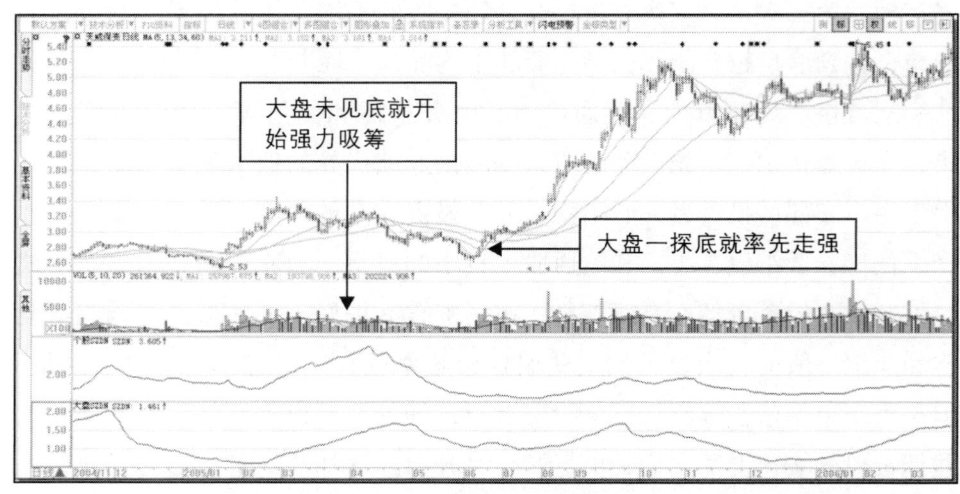

图 4-1

天威保变（600550）是一家从事变压器、互感器、电抗器等输变电设备及辅助设备、零部件的制造与销售；输变电专用制造设备的生产与销售；相关技术、产品及计算机应用技术的开发与销售的公司。公司经河北省人民政府批准，由保定天威集团有限公司作为主发起人，联合保定惠源咨询服务有限公司、河北宝硕集团有限公司、保定天鹅股份有限公司以及乐凯胶片股份有限公司共同发起设立的股份有限公司。于 1999 年 9 月 28 日在河北省工商局注册登记，注册资本为 16000 万元。2001 年 2 月，公司股票登录上海交易所，发行 6000 万股，募集资金 5.2347 亿元，2005 年年初，天威保变总股本为 3.3 亿股，流通股本为 1.26 亿股，是一只不折不扣的小盘股。

图 4-1 是天威保变在 2004 年 12 月至 2006 年 3 月的日 K 线图。上证指数在 2005 年 1 月末至 3 月初经历了一波小反弹，但是随后又创出新低，跌至 998 点，而天威保变却没有创出新低，我们注意到天威保变在 2005 年 1 月至 4 月这段时间进行了大笔的吸筹，其上涨动能最高达到了 3.6 之上（该指标笔者已于本系列丛书多次介绍，读者可以将其视为吸筹强度看

待），远远大于同期大盘的上涨动能，所以在上证指数于2005年6月6日创出998点的新低开始反弹之后，天威保变更是在大盘见底后几天就显示出强势走势，随后，虽然大盘经历了二次探底，但是天威保变却没有在此探底，仍然保持着强势的上升通道之中，最终天威保变成为这轮牛市吸筹区的涨幅最高的股票。

我们再来看看天威保变在基本面上的亮点：

第一，天威保变拟与三友化工签订总额不超过2亿元的《互保合同》。

天威保变公司于2005年4月15日召开董事会，审议通过公司与唐山三友化工股份有限公司签订《互保合同》的议案：合同一方仅为合同另一方向中国境内银行借款和银行承兑汇票业务提供担保。信用担保的范围包括主合同项下的债务本金、利息、逾期利息、复利、罚息、违约金、损害赔偿金以及诉讼费等质押权人实现债权的一切费用。担保的借款合同的借款本金总额和银行承兑汇票承兑合同的银行承兑汇票本金总额之和不得超过2亿元整，利息不得超过国家规定的利息标准，滞纳金、罚金不得高于本金的千分之五。合同的有效期为两年，自合同生效之日起计算，担保的借款合同的期限不得超过1年，保证担保期限不得超过1年。担保的银行承兑汇票合同的期限不得超过6个月。

截至目前，公司除为河北宝硕股份有限公司提供3000万元的银行贷款担保和为持股51%的子公司保定天威英利新能源有限公司提供8000万元的银行综合授信额度担保外，无其他对外担保情况。公司无逾期对外担保。

公司通过《互保合同》增强公司融资和抵御风险的能力，也为其之后投资一系列新项目作为铺垫。

第二，天威保变签订合同总价值1.83亿元的拉西瓦水电站变压器项目。

天威保变公司于2005年5月15日在中国西北地区最大的水电项目——青海拉西瓦水电站变压器招标项目中，中标签署了我国第一个超大型水电工程全部800kV特高压变压器的制造合同。该项目共计15台DSP－260MVA/800kV发电主变压器，总容量为3900MVA，销售合同总价值1.83

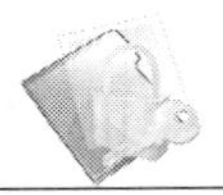

亿元人民币。公司为拉西瓦水电站水轮发电机组配套的15台DSP-260MVA/800kV变压器采用单相形式，将是迄今为止国内电压等级最高，也是世界上运行海拔最高的洞室安装单机变压器。

中标新项目，进一步提高了当年的业绩预期。

第三，天威保变拟以1.1亿元增资新光硅业，涉足电路级和太阳能级多晶硅。

天威保变公司于2005年6月8日召开董、监事会，审议通过公司出资1.1亿元对四川新光硅业科技有限责任公司（目前注册资本19850万元人民币，下称：新光硅业）增资扩股的议案：同意公司以自筹资金1.1亿元对新光硅业进行增资扩股。增资扩股后新光硅业总股本3.085亿元，其中公司出资占新光硅业35.66%的股份，成为该公司第二大股东。

新光硅业主要开发和生产电路级和太阳能级多晶硅，其在建的年产1000吨多晶硅高技术产业化示范工程采用的是目前世界上多数厂家采用的成熟工艺，工艺技术达到同类国际先进水平，该项目年产多晶硅1260吨。

董、监事会审议通过公司资产出售、收购事项的议案：为了进一步优化产业结构，理顺公司业务范围，公司拟进行产业调整。

进行此次调整的主要思路为：①变压器产业方面，对变压器产品按电压等级划分，220KV及以上电压等级的变压器归属上市公司，以理顺变压器主业，继续做大做强；②新能源产业方面，努力寻求并开拓新能源产品这一新的经济增长点，大力发展新能源产业，形成公司新的支柱性产业，精心培育，为公司持续发展注入新的活力。

具体调整方式为：①公司将持有天威互感器有限公司、北京天威瑞恒电气有限责任公司、绝缘分公司、保定天威今三橡胶工业有限公司、保定天威赛利涂层技术有限公司、保定天威宝峰医疗器械有限公司及保定惠斯普高压电气有限公司的股权经评估后出售给保定天威集团有限公司；②公司从保定天威集团有限公司收购其在建的秦皇岛出海口生产基地、西藏华冠科技股份有限公司的股权。

公司进一步调整战略方向，增加了对新能源的投资，成为在2005年较早转型设计太阳能的企业，成为A股太阳能概念的龙头股。

第四，2005 年 7 月 13 日，公司发布公告称将被选为股权分置改革试点企业。

天威保变每 10 股送 4 股股票，对价股票上市流通日为 8 月 19 日。

天威保变公司于 8 月 19 日实施本次股权分置改革对价方案：方案实施股权登记日登记在册的流通股股东每持有 10 股流通股将获得公司发起人股东支付的 4 股股份对价。流通股股东本次获得的对价不需要纳税。

方案实施的股权登记日为 2005 年 8 月 17 日，2005 年 8 月 19 日，公司股票复牌，全天交易，股票简称变更为“G 天威”。

对价股票上市流通日为 2005 年 8 月 19 日，对价股票上市流通日公司股票不计算除权参考价、不设涨跌幅限制、不纳入指数计算。

2005 年 8 月 19 日，天威保变正是实施股权分置改革方案，随后，天威保变股价进入快速拉升阶段，随后两个月左右股价上涨了近 70%。

通过如上的案例，在牛市处于底部区吸筹阶段，我们应该寻找那些在牛市见底前或者见底初期就已经大幅建仓吸筹完毕，同时在指数见底刚刚反弹之时就已经开始走强，同时基本面方面也必须具有一定要点题材，及业绩也应该具有一定的保障的小盘股票，这样类型的股票非常有机会在大盘缓慢上涨的吸筹区里成为领涨的明星股。

我们继续来看一个案例。

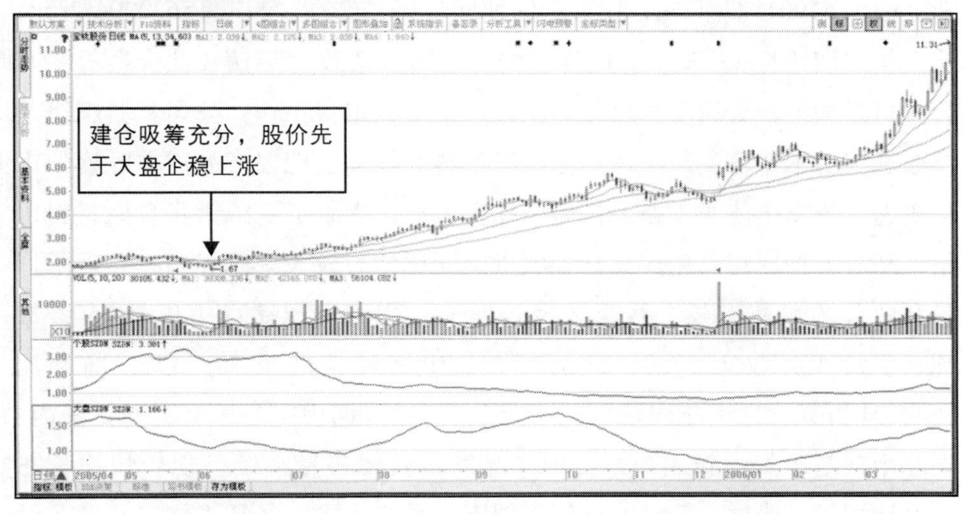

图 4－2

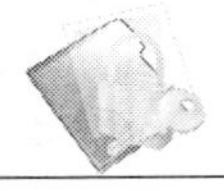

宝钛股份（600456）是一家从事钛及钛合金的生产、加工和销售等业务的公司。本公司是由宝鸡有色金属加工厂作为主要发起人，联合西北有色金属研究院、中国有色金属进出口陕西公司、中南工业大学（后更名为中南大学）、西北工业大学、陕西省华夏物业公司等单位以发起方式设立的股份有限公司，并于1999年7月21日在陕西省工商行政管理局注册登记。2002年4月，公司股票登录上海交易所，发行6000万股，募集资金3.1088亿元。2005年初期，宝钛股份总股本为2亿股，流通股本为7560万股，是一只不折不扣的小盘股。

图4-2所示是宝钛股份从2005年4月至2006年3月的日K线图。从上图我们可以清晰地看到，宝钛股份在2005年4～6月放量吸筹，上涨动能已经大大强于大盘，同时在上证指数见998点之前，宝钛股份就已经先于大盘启动，2005年6月6日之后，宝钛股份也是迅速走强，之后基本一直保持在完整的上升通道之中，最终宝钛股份也成为牛市吸筹区领涨股总排名的第五名。

当然，宝钛股份能有如此表现，也要归功于其当时的基本面亮点：

第一，业绩持续增长。

2005年7月18日，公司发布公告称，宝钛股份2005年1～6月每股收益0.281元，每股净资产3.3892元，净资产收益率8.31%；实现主营业务收入57901.27万元，比上年同期增长77.55%；净利润5632.04万元，比上年同期增长47.52%。报告期内，公司继续致力于钛及钛合金等稀有金属材料和各种金属复合材料的生产、加工、销售工作。公司紧紧围绕董事会确定的本年度生产经营目标，以市场为导向，把握产品需求旺盛的市场机遇，依靠全体职工奋力拼搏，扎实工作，克服了资源紧张且原材料价格上涨等各种困难，生产经营各项指标同比均有较大幅度提高，实现了产量和效益的快速增长。截至本报告期末，公司实现钛材销售量2503.27吨，主营业务收入57901.27万元，比上年同期增长77.55%，净利润5632.04万元，比上年同期增长47.52%。报告期内，公司努力开拓国内、国际用钛新市场、新用户，各项产品产量及销售量继续呈现较快增长态势，钛板材、棒材、管材的订货再创历史最好水平，产品规格、品种及供

元，同比增长170%。公司实现托管费收入739.59万元，其中新增托管华雅华天、武汉凯旋门华天，衡阳华天三家酒店托管收益423万元，控股子公司华天光电惯导公司实现净利润974.48万元，较去年同期增长131.25%，钓鱼台山庄华天大酒店基本实现盈亏平衡。

2006年12月25日，华天酒店发布了2006年年度业绩预告，预计公司2006年1月1日至2006年12月31日业绩同比上升幅度在750%～800%。

正是华天酒店业绩的大幅增长，为其股价快速腾飞创造了坚强的后盾。

通过上面几个案例，我们知道，在牛市拉升区，我们应该选择那些在吸筹区或者大盘前一拉升期就已经大幅建仓，并且基本面具有亮点的小盘股股票。

最后我们来看看在大盘处于牛市见顶区我们应该如何投资小盘股。

按照我们的统计，在牛市末期，虽然领涨股票的市值都比较大了，但是由于之前积累的涨幅过大，这样的现象在所难免，但是此时领涨股的前50名的平均总股本仍然只有3亿股左右，可以看到，即便在牛市的末期，领涨的仍然是小盘股。

下面我们就来看几个案例。

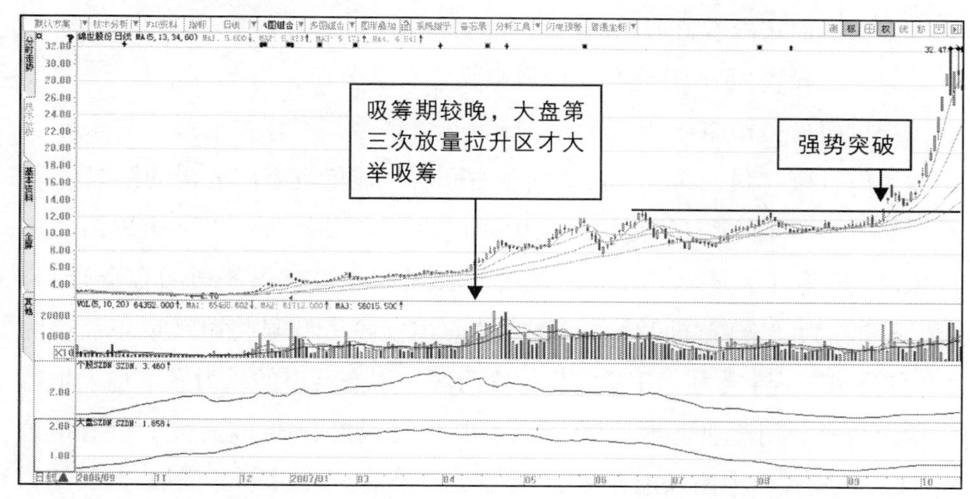

图4－5

在牛市末期，很多股票已经大幅上涨，或者已经进入缩量拉升末期了，在这一阶段我们寻找股票就一定要更加讲究技巧和谨慎了，在这一阶

段，我们寻找的思路一般是那些刚刚建仓不久却又没有大幅拉升的小盘股票，或者那些之前已经建仓但是却一直没有拉升的小盘股票，图 4－5 所示的就属于前者的情况。

绵世股份（000609）是一家从事土地一级开发的公司。公司由中国石化北京燕山石油化工公司、中国石化北京燕山石油化工公司设计院、化学工业部北京化工研究院、北京市燕阳化轻公司等四家企业联合发起，于 1993 年 3 月成立。同年 8 月 2 日在北京市工商行政管理局登记注册。公司目前拥有员工 300 余人，注册资本 4500 万元。1996 年 10 月，公司股票登录深圳交易所，发行 1200 万股，募集资金 8424 万元。2007 年年初，绵世股份的总股本为 1.49 亿股，流通股本为 9845 万股，属于典型的小盘股。

据图 4－5 所示，绵世股份从 2007 年 3 月起开始大幅建仓吸筹，一直持续到 2007 年 7 月左右，由于刚刚建仓不久，浮动筹码较多，所以绵世股份并没有即刻跟随大盘突破爆发，而是处于缓慢的震荡攀升之中，在 2009 年 9 月 18 日，绵世股份以涨停板缩量突破前期高点，正式宣告其控盘完成，此时也是我们介入的绝佳时机。绵世股份在随后的日子里连续拉涨停板快速上涨，直到 10 月 16 日，短短一个月已上涨了 140%。

下面我们来看看该股当时的基本面亮点：

第一，投资 3876 万元与中国风电设立合资公司，持 51% 股权。

绵世股份公司 2007 年 7 月 31 日召开董事会，审议并通过了《关于与中国风电投资有限公司合资设立内蒙古联合风能投资有限公司的议案》。

2007 年 7 月 31 日，公司与中国风电投资有限公司（以下简称为“中国风电”）签订了《关于设立内蒙古联合风能投资有限公司的合资合同》（以下简称为“合资合同”），内蒙古联合风能投资有限公司（以下简称为“合资公司”）将致力于开发内蒙古自治区二连浩特市的风力发电场。根据约定，合资公司注册资本 7600 万元，其中公司投资 3876 万元，持有该公司 51% 的股权；中国风电投资 3724 万元，持有该公司 49% 的股权。

近一个阶段以来，公司在经营好原有的房地产综合开发与经营业务的同时，也在积极关注其他行业和领域的发展情况，努力寻找良好的投资机会，以进一步扩大公司的经营规模，拓展公司的主营业务范围，减小经营风险，为公司寻找更多的利润增长点，也为全体股东创造更大的价值。

目前，随着国家和政府对于新型清洁能源的发展给予了越来越多的重视和政策支持，包括风能发电在内的新型清洁能源事业进展迅速，市场前景广阔。另外，火电等传统发电方式的成本不断提高，带动电价不断上涨，而风力发电则具有投资规模固定、维护成本低的优势，并将直接受惠于全国电价的上涨。从运营模式上看，风力电厂采用的是电网公司根据电厂当月上网电力总额每月结算一次的方式，资金回笼安全迅速，风险较低，收益有充分的保证。同时，我国特别是内蒙古地区的风力资源丰富，十分适合建立风力发电设施。

基于以上的分析和考虑，公司决定与在风力发电领域拥有丰富实践经验的中国风电公司合作，设立蒙古联合风能投资有限公司进行相关的风力发电场的建设经营工作。公司相信该项投资能够为公司进入新能源领域奠定良好的基础，进一步增加公司的经营实力，为公司创造一个稳定可靠、持续发展的利润来源。

绵世股份通过与风电巨头合作进军风电行业，拓宽盈利渠道，这在2007年房地产如火如荼的市场环境下具有一定的前瞻性。

第二，2007年1～6月每股收益0.330元，净利润同比增长108.89%。

报告期内，公司董事会和管理层秉承已确立的发展战略，以土地一级开发业务为核心，继续推动公司各项房地产综合开发业务的进行；同时，公司加大了对新的开发项目和新行业的投资和关注力度，以进一步提升公司的整体经营实力，有效地维护了公司广大股东特别是中小股东的权益。报告期内公司的业务重点仍是控股子公司成都天府新城公司正在四川省成都市成华区进行的土地一级开发项目。目前，该项目的开发工作正在顺利进行当中，2007年5月25日，由成都市土地拍卖中心主持，依法定程序完成了该项目二期土地中又一地块（拍卖面积为117.2564亩）的拍卖工作，拍卖最终成交价达每亩人民币365万元。

与此同时，报告期内公司通过收购中新绵世（成都）建设开发有限公司3500万元股权的交易，开始与香港中新集团（控股）有限公司共同进行四川省成都市郫县犀浦镇龙梓万片区旧城改造土地一级开发项目，从而

进一步增强了公司在这一业务领域的实力。此外，公司与北京新松投资集团有限公司合作开发的位于北京市朝阳区小亮马桥东路的中山大厦房地产项目，与该项目相关的合作开发协议也于本报告期内履行完毕。根据相关投资协议的约定，公司投入的合作资金人民币5000万元及合作收益人民币300万元均已于本报告披露前顺利结算完毕。

在经营好原有的房地产业务的同时，报告期内公司也对其他行业的发展机会进行了积极的研究和考察，特别是加大了对风能等新型清洁能源事业的关注力度。本报告期末至本报告披露前，公司与中国风电投资有限公司签订了《关于设立内蒙古联合风能投资有限公司的合资合同》，共同开发位于内蒙古自治区二连浩特市的风力发电场项目，从而迈出了进入新的主营业务领域的第一步。总体上看来，报告期内公司按照既定的发展战略和方向，规范经营，积极发展，创造了可观的经济效益，并进一步拓展了公司的业务范围，提高了公司的整体实力。

伴随着公司业绩的不断增长，以及多元化的战略投资，再结合当时公司只有20多元的股价，其估值相对于其他同行业公司确实有一定的优势。

在牛市末期，选择那些最近刚刚吸筹不久，基本面优异，在大盘进入牛市末期后不久变强势突破前高点的小盘股票，非常有机会获取领先于大盘的收益。

下面我们再来看一个案例。

酒钢宏兴（600307）是一家从事钢、铁及其压延产品的生产和销售的公司。公司是1999年4月14日由酒泉钢铁（集团）有限责任公司作为主要发起人，以其所属的炼铁厂、炼钢厂、二轧厂和销售部门的经营性资产出资，联合兰州铁路局、甘肃省电力公司、金川有色金属公司、西北永新化工股份有限公司以发起方式设立的股份有限公司。于1999年4月21日注册登记。2000年12月，公司股票登录上海交易所，发行2亿股，募集资金10.7亿元。2007年年初，酒钢宏兴流通股本为3.3272亿股，仍为典型的小盘股。

图4-6所示的是酒钢宏兴在2006年7月至2007年10月的日K线图。虽然酒钢宏兴在2006年4月至5月已经有明显的吸筹动作，但股价并没有

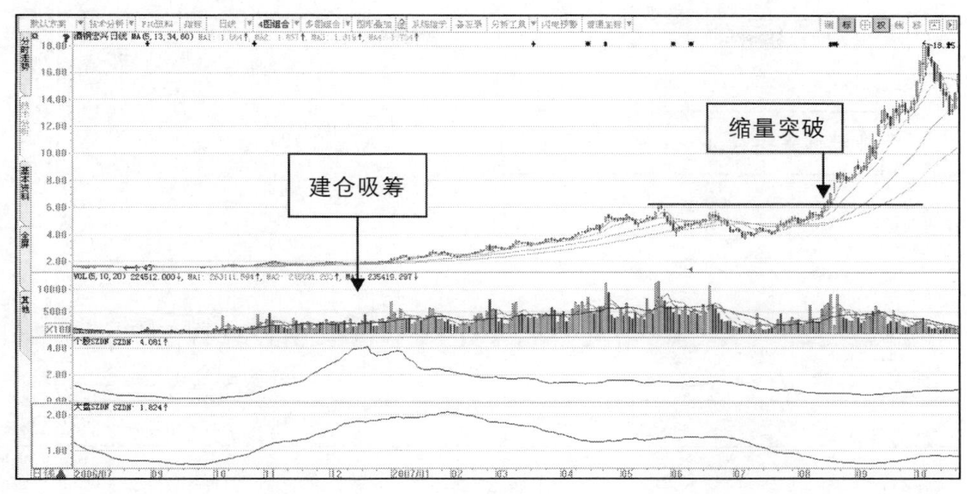

图 4-6

领先于大盘就已经爆发了。2006 年 11 月至 2007 年 3 月这段时间，酒钢宏兴再次大幅吸筹，而且两次吸筹的区间涨幅不足 50%。可以看出，此主力耐心十足，志存高远。

果然，在 2007 年"5·30"调整之后，酒钢宏兴经过了短暂的调整之后，缩量创出新高，之后又经历了一波凌厉的上涨行情，两个月不到上涨了 200%。

通过上面的案例，我们知道，即使在大牛市的末期，那些之前涨幅不是巨大的小盘股票的上涨动能依然比那些大盘股强劲。因此，在牛市中我们要想获取非常不错的收益，首选是购买那些基本面优异，具有安全边际，同时主力资金吸筹明显的小盘股。

震荡市场下的小盘股投资

震荡市场的小盘股投资有多种策略，有基本面逐步转好具有强烈安全边际的股票，也有众多基本面一般但是具有某种事件性驱动的小盘股。

我们先来看一个案例。

精工科技（002006）是一家从事机电一体化的建筑、建材专用设备及轻纺专用设备，从事高新技术产品的研制开发、生产制造、经营销售和技

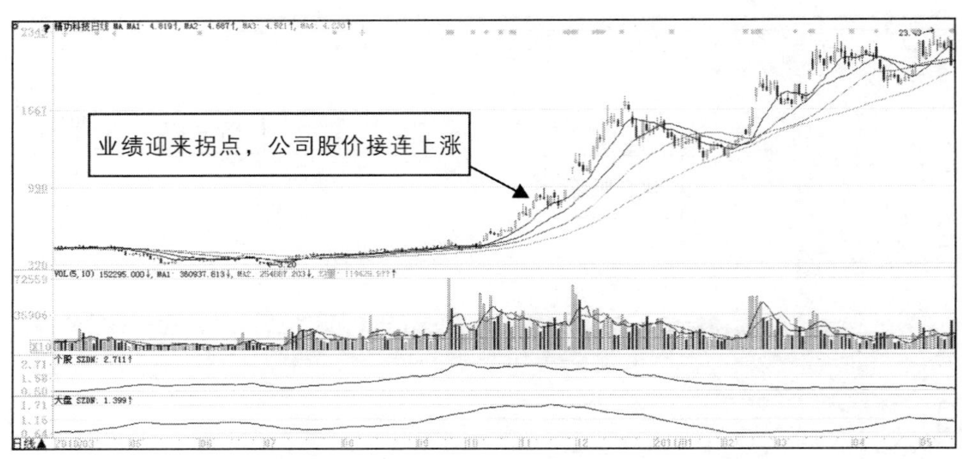

图 4－7

术服务的公司。2000 年 8 月 29 日，经浙江省人民政府企业上市工作领导小组批准，由浙江精工集团有限公司（后于 2002 年 12 月 26 日更名为精功集团有限公司）、自然人孙建江、邵志明、中国科技开发院浙江分院、浙江省科技开发中心为股东的绍兴精工科技有限公司，由有限责任公司依法整体变更为股份有限公司。原绍兴精工科技有限公司 2000 年 7 月 31 日经审计后的净资产 5000 万元，按 1∶1 折为投入股份公司股本，各股东持股比例不变。2000 年 9 月 10 日在浙江省工商行政管理局领取了《企业法人营业执照》，注册资本为 5000 万元。2004 年 6 月，精功科技登录深圳交易所，发行 3000 万股，融资 2.316 亿元。2010 年 10 月，精工科技总股本为 1.4 亿股，流通股本为 1.3 亿股，属于典型袖珍小盘股。

图 4－7 所示的是精工科技自 2010 年 3 月至 2011 年 5 月的日 K 线图。2010 年 10 月，精工科技放量突破了前期震荡市场盘整的高点，迎来了强势的上涨行情，此时正是我们介入该股的有利时机。此后，精工科技这只袖珍小盘股犹如脱了缰的野马，在震荡市场中加速上涨，4 个多月上涨了两倍多，成为当时炙手可热的大牛股。

精工科技能有如此的表现，最重要的原因就源于其基本面的改善，下面我们就来看看当时精工科技的基本面亮点。

我们先来看看 2010 年 10 月 29 日光大证券对精功科技的调研简报，以下是内容要点：

光伏装备业绩爆发，单季利润几何增长。

公司今日公告，其三季报净利润2155万元，其中三季度单季净利润1108万元，超过前两季度之和。根据公司业绩预告，四季度主营净利润2193万～2693万元，超过前三季度之和。自年中以来，单季利润环比呈几何级数增长。

公司进入光伏设备市场3年，品牌得到大厂认可，多晶铸锭炉产品销量开始爆发。我们看好2011年光伏设备市场，同时看好公司进口替代的步伐。预计2011年、2012年业绩为1.14元、1.68元。公司合理价格为29元，对应2011年25倍市盈率，建议买入。

公司业绩拐点已到，未来5年光伏业务复合增长超50%。

根据业绩预告，我们估计2010年公司多晶铸锭炉的销售收入大幅增长。预计2011年国内硅片扩产13GW，需多晶铸锭炉2000台，较2010年的市场容量增长100%左右。随着公司市场占有率的提升，其2011年的铸锭炉业务大幅增长可期。公司近期公告，将增大2011年多晶铸锭炉扩产规模，这同样反映了公司对明年订单的较高预期。

考虑公司的铸锭炉业务大幅增长，硅片产能提升，其2011年业绩将继续大幅好转。今后5年我们认为全球光伏市场应可持续40%增长，光伏设备国产化比例的提升，公司同时在光伏设备领域延伸其产品线，预计公司光伏设备业务将会维持5年50%以上的复合增长。

铸锭炉市场5年10倍，精功科技代表的国内厂家将成最大受益者。

2010年国内多晶铸锭炉安装量约1000台。按照2010年15GW新增装机，光伏市场未来5年保持40%的复合增速，组件产量/安装量之比维持1.5倍，则2015年铸锭炉市场需求将为10000台，市场总量300亿元，复合增速60%。

随着技术水平的提高，国内大厂对设备定制化需求强烈。原本占据市场主流的进口厂商，难以提供深入客户的定制化服务。而以精功科技为代表的新进国内厂，经过3年以上的实践检验，产品质量为大厂接受，迅速挤占市场。2010年10月，中能52台（产能250MW）大单签给精功科技，

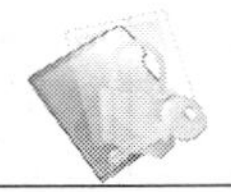

表明这一趋势已经开始。若公司能在5年后获得30%的市场份额，则仅此业务贡献收入将是2009年全年销售收入的14倍。

光大证券认为精功科技是国内光伏产业的龙头企业，业绩拐点已到。

正是精功科技基本面的逐步转好，未来业绩有极大的增长预期，在这样的环境下，其股价在震荡市场形成如此强势的走势。

在震荡市场，购买那些基本面依旧脱胎换骨的袖珍小盘股，很有可能为我们带来巨大的收益。

我们再来看一个基本面改善驱动上涨的小盘股案例。

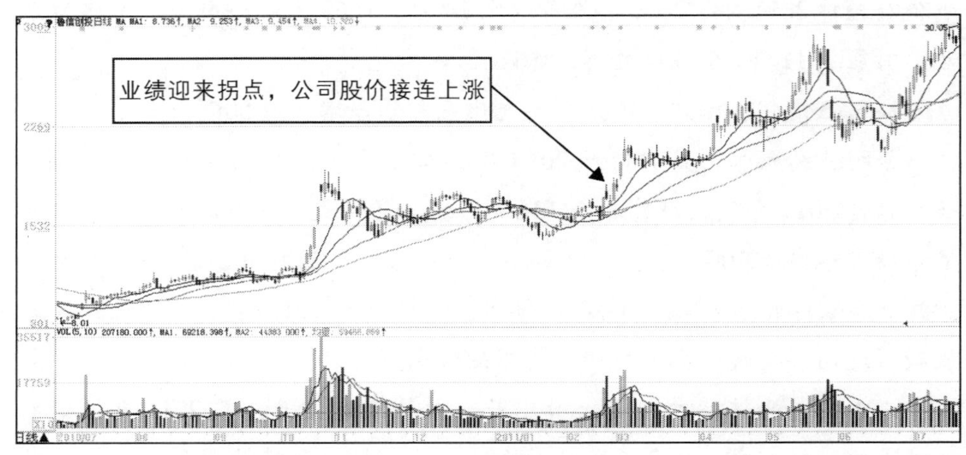

图4-8

鲁信创投（600783）是一家主营磨具、磨料、硅碳棒、金属镁、耐火材料及制品的生产、销售以及创投业务的上市公司。公司原名叫作鲁信高新，于2011年3月21日正式更名为鲁信创投。2011年初，该公司流通股本为2.02亿股，属于典型的小盘股行列。

图4-8所示的是鲁信创投自2010年7月至2011年7月的日K线图。虽然大盘在2009年8月起进入了震荡区间，但是这并不妨碍鲁信创投的股价节节攀升。2010年10月，鲁信创投股价突破了2009年9月形成的高点，走入大的上升趋势中，这只小盘股在突破之前的高点之后，在大盘处于震荡环境的前提下，股价节节攀升，3个月时间股价上涨了近80%。

当然，鲁信创投这只小盘股在大盘处于震荡市场的环境下走出牛市的走势，其基本面的改善居功至伟。

下面我们就来看看鲁信创投基本面的改善情况。

2008 年 11 月上证指数见底之后，虽然鲁信创投业绩与往常一样没有什么起色，但是管理层正在逐步对公司进行转型。

2008 年 11 月 19 日公司公告称公司接实际控制人山东省鲁信投资控股集团有限公司（简称“鲁信集团”）通知：国务院国资委以国资产权〔2008〕1196 号文件对该公司控股股东股份转让事宜进行了批复，同意山东省高新技术投资有限公司将其持有的本公司 51494674 股股份（占公司总股本的 25.46%）全部转让给鲁信集团。股份转让完成后，该公司总股本仍为 202278900 股，鲁信集团持有该公司的股份由 50405448 股增加到 101900122 股（占公司总股本的 50.38%），成为该公司的控股股东。本次股份转让前后该公司的实际控制人未发生变化。

根据相关规定，本次股份转让事项尚需中国证券监督管理委员会审核无异议，并同意豁免鲁信集团的要约收购义务。公司将继续关注本次股份转让事项的进展情况，并及时履行信息披露义务。

2008 年 12 月 19 日，鲁信高新再次公告称公司日前接到实际控制人鲁信集团的通知，鲁信集团已收到中国证券监督管理委员会《关于核准山东省鲁信投资控股集团有限公司公告山东鲁信高新技术产业股份有限公司收购报告书并豁免其要约收购义务的批复》（证监许可〔2008〕1389 号），对鲁信集团公告山东鲁信高新技术产业股份有限公司收购报告书无异议，核准豁免鲁信集团因协议受让而增持山东鲁信高新技术产业股份有限公司 51494674 股，导致合计持有该公司 50.38% 股份而应履行的要约收购义务。

这两条重磅消息一经公布后，鲁信高新的股价就立马活跃起来，两个月内股价暴涨 300%。大股东股权转让获得国资委和证监会批准，公司成为山东鲁信高新技术产业股份有限公司的第一大股东，这标志着鲁信高新正式进军创投行业，这是公司的一项重大转型，基本面发生了根本性的转变。

虽然公司获得了如此巨大的转变，然而短期之内，公司业绩没有立刻得到释放，2009 年 1 ～ 6 月鲁信高新每股收益 -0.0464 元，净利润同比亏

损。2009 年 8 月后，随着大盘开始下跌，以及鲁信高新业绩没能得到释放，因此公司股价继续开始回落，自 2009 年 8 月至 2010 年 7 月这 11 个月时间里，股价下跌了近 40%。

令人欣慰的是，鲁信高新并没有像那些一般的上市公司一样，主业转型之后，业绩就一蹶不振，只为博取事件性的炒作的上市公司。

2010 年 6 月 22 日，公司公告称，2010 年 6 月 18 日，经中国证券监督管理委员会发行审核委员会 2010 年第 92 次工作会议审核，公司全资子公司山东省高新技术投资有限公司（下称“高新投”）参股的山东宝莫生物化工股份有限公司（下称“宝莫生物”）首次公开发行股票申请获得通过。

高新投持有宝莫生物 1600 万股，高新投全资子公司山东鲁信投资管理有限公司持有宝莫生物 100 万股，分别占其发行前总股本的 17.78% 和 1.11%。

2010 年 7 月 13 日，公司公告称 2010 年 7 月 9 日，公司接到全资子公司山东省高新技术投资有限公司（简称“高新投”）通知，其参股公司民生证券有限责任公司（简称“民生证券”）于 2010 年 7 月 7 日召开了 2010 年度第二次临时股东会，形成了《关于向增资前老股东进行利润分配的决议》、《关于民生证券有限责任公司改制为股份有限公司的决议》等股东会决议。现将有关情况公告如下：

《关于向增资前老股东进行利润分配的决议》

根据民生证券聘请的天健正信会计师事务所有限公司对该公司 2009 年 1～4 月和 2010 年 1～3 月财务报表出具的审计报告及 2009 年度财务报表的审计报告，民生证券增资期间（2009 年 5 月至 2010 年 3 月）损益为 498948885.09 元，按规定提取法定盈余公积金、一般风险准备金、交易风险准备金后，截至 2010 年 3 月 31 日，民生证券剩余可供分配的利润为 474115651.74 元，扣除可供分配利润中的公允价值变动收益 2325748.16 元，本次可向增资前老股东进行现金分配上限为 471789903.58 元。经民生证券 2010 年度第二次临时股东会审议，同意按上述现金分配上限向增资前老股东进行现金分配。

根据该分配方案，高新投可分得利润76425246.48元，占高新投2009年度经审计净利润的68.57%。目前，高新投已收到上述分红款。该分配方案的实施将大幅提高高新投2010年度的投资收益。

《关于民生证券有限责任公司改制为股份有限公司的决议》

经民生证券2010年度第二次临时股东会审议，同意民生证券改制为“民生证券股份有限公司”。民生证券股东同意作为民生证券股份有限公司的发起人，以2010年7月31日经审计的母公司净资产作为出资，按1：(2177306300/2010年7月31日经审计的母公司净资产）的比例折股，各发起人以其在民生证券所持股权对应的经审计后的母公司净资产按上述比例折股，折合后各股东所持股份不足1股部分按1股计算，共计折合2177306302股；折股后除股本之外的净资产余额分别列入资本公积金、一般风险准备金、交易风险准备金。

改制完成后，民生证券股份有限公司注册资本为人民币2177306302元，每股面值人民币1元，其中高新投持有207715300股，占民生证券股份有限公司总股本的9.54%。

另外，2010年7月9日，本公司接到全资子公司山东省高新技术投资有限公司（简称“高新投”）通知，中国证监会已受理其参股公司通裕重工股份有限公司（简称“通裕重工”）首次公开发行股票的申请文件。

目前通裕重工总股本为27000万股，高新投持有其5400万股，占其总股本的20%。

伴随着多个投资的项目公司逐步通过发审委审核上市以及民生证券的分红，公司的基本面正在一步步得到释放。

终于，2010年1～6月，鲁信高新获得每股收益0.2506元，净利润同比增加198.63%。

2010年1～9月，鲁信高新收获每股收益0.5481元，净利润同比增加154.44%，2010年每股收益1.17元，同比增长400%。

2011年2月16日，全资子公司山东省高新技术投资有限公司（下称“高新投”）参股的通裕重工股份有限公司（下称“通裕重工”）首次公开发行股票并在创业板上市事项获得中国证监会核准（证监许可〔2011〕

235 号），核准通裕重工公开发行不超过 9000 万股新股。高新投持有通裕重工 5400 万股股份，占其发行前总股本的 20%。

随着鲁信创投业绩的逐步释放和创投项目进入收获期，鲁信高新的基本面获得了根本性的转变，公司业绩正一步一步稳步增长，其股价在震荡市场也是稳步上升。

通过上面的案例，在震荡市场购买那些基本面发生根本性转变的小盘股能给我们带来非常诱人的回报。

我们来看案例三。

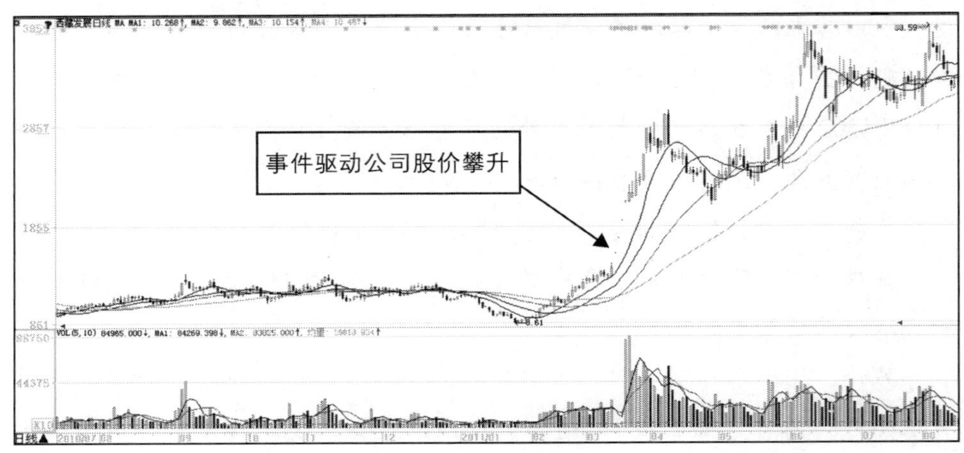

图 4－9

西藏发展（000752）是一家从事啤酒、藏红花开发、加工及酒店旅游业的公司。公司前身是拉萨啤酒厂，始建于 1988 年。1995 年 9 月 14 日，改制为国有独资有限责任公司，更名为西藏拉萨啤酒有限责任公司。1996 年 12 月 16 日“西藏拉萨啤酒股份有限公司”成立。1997 年 6 月公司股票登录深圳交易所，发行 2500 万股，募集资金 7910 万元。2011 年年初，西藏发展总股本和流通股本均为 2. 64 亿股，属于典型的小盘股。

图 4－9 所示的是西藏发展自 2010 年 7 月至 2011 年 8 月的日 K 线图。2011 年 3 月 15 日，西藏发展发布公告称公司拟出资 2 亿元（占 26. 67% 股权）设立德昌厚地稀土矿业公司，正是在这则西藏发展进军稀土的事件刺激下，西藏发展股票在大盘处于震荡市场区间快速上涨，两个多月上涨了 155%。

当然对于这种事件性刺激的小盘股，我们应该快进快出，一旦上涨趋势终结，我们就要坚决清仓卖出，以免使得我们因未能及时卖出而带来重大亏损。

我们来看案例四。

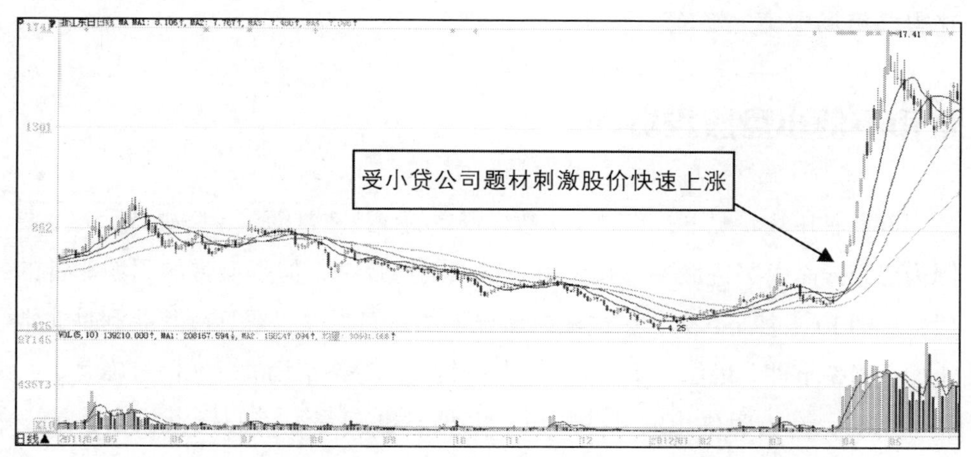

图 4－10

浙江东日（600113）是一家从事房地产销售、租赁以及物业管理等业务的公司。公司由浙江东方集团公司独家发起，以集团公司下属全资企业管道公司、东方灯具大市场为主体进行股份制改组，拟采用募集方式设立的股份公司。1997 年 6 月获浙江省工商行政管理局企业名称预先核准通知书，公司发起人于 1974 年成立，1989 年 2 月经批准集团成立。1997 年 10 月，公司股票登录上海交易所，发行 4000 万股，募集资金 2. 1638 亿元。至 2012 年初，其总股本和流通股本均为 3. 19 亿股，属于典型小盘股。

图 4－10 所示的是浙江东日自 2011 年 4 月至 2012 年 5 月的日 K 线图，伴随着近几年国家对房地产的调控政策，浙江东日这只股票几乎一直处于下降通道中，表现平平，几乎淡出了人们的视线。然而，一则金改政策打破了浙江东日的平静，2012 年 3 月 28 日，国务院常务会议决定设立温州金融综合改革试验区，批准实施温州市金融综合改革试验区总体方案，确定金改任务包括制定民间融资管理办法、发展新型金融组织、开展个人境外直投试点等共计 12 项。

在此项政策刺激下，2012 年 3 月 29 日，浙江东日封于一字涨停板，随后股价一路狂飙，短短 16 个交易日股价上涨了 219%。虽然浙江东日的股价有炒作嫌疑，但是这也从一个侧面反映了在震荡市场中，对于那些具有事件刺激的小盘股有着阶段的交易性机会，我们能够把握得当，也能够在震荡市场中赚上一笔。

熊市下的小盘股投资

在此种市场状况下，我对大多数投资者的建议非常简单，坚决持币，不要因为想赚钱而去买进股票。在熊市中虽然会有反弹，但是反弹的周期非常的段，短则 10 天甚至 5 天，在这样的情况下，我们买进股票等待其获利是非常小的小概率事件。记住，在熊市中，坚决持币，等待市场的反转信号确立。

当然，在大盘牛市的某些阶段，大盘股也有着不错的投资机会，这一点我们在前面也已经讲述了，在此不再赘述。

通过本章的讲述，我希望大家对于大盘股和小盘股的投资能有一种比较清晰的投资思路，更好地指导我们进行投资。

第二部分

卖出技巧篇

第五章　规则 18、19、20、21

规则 18：下止损单。进行交易时，一定要在距离交易价位 3 到 5 个点的点位上设置止损单。

——江恩

规则 19：不要把利润变成损失。一旦所获得的利润达到或超过了 3 个点，就要升高止损价位，这样就不会蚀本。

——江恩

规则 20：不要毫无缘由地平仓；采用止损单来保护既得利润，然后跟进。

——江恩

规则 21：如果交易时设置了止损单，就不要撤销。

——江恩

本章之所以把规则 18、19、20、21 都聚在一起来讲述，是因为它们都同属于一个重要的投资课题，那就是止损。止损是对我们投资者手中本金的一种保护方式，对于投资者来说，资金管理是我们能否在股票市场长期生存的根本，而止损是资产管理中的重要环节。所以，做好止损，对我们的投资至关重要。

第一节 止损位的设置

身为市场炒家的江恩，深谙股票和商品期货市场的诡异！带着一份敬畏的心态入市，是江恩自始至终坚持的信念。

在我十多年的证券咨询和投资生涯中，总结的一句话是：股市八分险，入市先输胆。

为什么说“股市八分险”呢？

首先，股市的赢输按数学概率讲，是50：50，即五五开；

其次，交易成本的客观存在，输的比率超过了50%；

再次，股市瞬息万变的信息，和层出不穷的噪音，我们不可能都能及时地消化处理，给我们造成了被动的局面；

最后，投资理念的盲点和资本的局限性，使每个投资者面对股市时都是“弱势群体”。

所以，我认为，股票市场的赢输比率是20：80的数学关系。

又为什么说“入市先输胆”呢？

我认为，面对股市，我们必须始终保持敬畏之心，每次入市都像如履薄冰一样，带着谨慎谦卑的心态入市，把自己当成是真正的“弱势群体”，就能客观地审慎市场的变化。

在天平倾斜于市场一方的前提下，我们还要把股票投机当成一份职业，当我们入市的时候，应该以什么逻辑来面对呢？

我的信念是：风险是第一位，即保护资本不亏损；盈利是第二位，赚钱是目的，风险的经济成本是盈利；止损是第三位，每次入市既然只有20%盈利的概率，用止损单来限制资本的亏损额度。

止损是每位投机者都提倡的投资信念，江恩更是把止损当成保护盈利和免招破产的护身符。接下来，我会用大量的篇幅来解释止损单的重要性。

在此，我建议每个投机者入市之前都思考一下这个问题：当市场与你背道而驰时你该怎么办？如果这个答案没有找到之前，建议你先别草率投身股市。

江恩告诉我们：“当你做了一笔交易，当市场趋势开始与你背道而驰时，你应当立刻发现错在哪里并止损。如果你发现自己犯了错误，也就是你逆势买入或卖出，那么持仓并心存幻想将无济于事。正确的做法是离场，停止你的损失。然后你的判断就会清晰，你能用更好的方式进行新的交易，而且做对的机会更大。持有一个正在亏损的仓位对你永远没有好处。”

曾经有人说过：保护性止损就像开车时遇到的红灯，你可以冲过去，但这么做并不英明！如果你开车的时候闯过了每一次红灯，那么就可能无法快速或者安全地到达目的地。我觉得这个比喻比较形象。

还有人说过：在股市中获利的全部秘诀就在于当你不正确的时候，尽可能只亏损少量的钱。

这个比喻我认为更加贴切：对于止损，就像在我们还是小孩子的时候不敢去偷看床底下或者一个漆黑的壁橱里有没有怪物一样，看到一个亏损并且必须接受它也是同样难以做到。躲到一些保护性的东西后面再去做就相对容易一些。同样，对现在的情形采取一些防御机制也会好一点。

这里有一点很重要，那就是如果你想成为一个成功的投机者，那么从亏损的交易中逃离出来十分关键。

从大量的研究可以证实，股票市场交易的黄金规则就是：**止损获利**。这四个黑体字包含两层意思：止损和获利。止损是因为市场趋势跟我们的预期背道而驰的时候，懂得认错。获利是当我们的头寸有盈利的时候，用止盈单保证我们的交易不要由盈利变为亏损。

很多职业投机者亏钱，不是他的交易法则不起作用，而是他不懂得：止损获利。

大多数人考虑的都是入市方面的交易规则设置，但那些却无法让你成功，只有掌握了止损获利之后才能变得富有。

投机者可能拥有自己的入市技巧进入市场，但一旦他们入市之后，就不知道该什么时候或者该怎样抛出。离市，不管是放弃一个亏损的头寸还是可以获取利润，都是在市场中赚钱的关键。

第一节，我们主要讨论止损位的作用、止损位的准则和止损位的意义。

止损位的作用

对于新入市的投资者，大部分人对设置止损单没有什么概念，甚至不知道止损单是什么。那我告诉你，止损单是一种被动避免你的资本出现亏损的交易指令。当你入市后，在市场中设立了一个止损指令时，就是完成了两件很重要的事情。

首先，你是在设计愿意承受的最大亏损，也就是风险。我们把这个叫作起始风险 R。R 是一个乘数，也就是评估风险水平的幅度。

为了更好地理解止损位的概念，我们有必要先来讨论一下乘数 R 的含义。不同的交易可能会有不同的风险水平，即不同的 R，因此，一项 1R 亏损对于交易 X 和交易 Y 来说可能就是不相同的。也就是说，每次不同的交易，乘数 R 有可能不同。因为每次入市交易，对风险水平的评估是不同的。

既然乘数 R 在不同的地方有不同的值，那么 R 概念还有什么用处呢？这个值是通过头寸大小调整引入的。例如，当我们拿资本的一个固定百分比去冒险，比如 1%，并使每次的 1R 风险相等。如果你有 10 万元，那么你在每个头寸上只会冒 1000 元的风险，也就是 1%。这种情况下，乘数 1R 风险都会是一个常量，代表了每次交易可能亏损资本的 1%。

不同的投机者对自己承受风险的偏好是不同的，那么每次交易止损位的幅度就可能是乘数 R 的一个倍数。也就是 0.5R，2R 甚至 3R。这主要根据每个人的风险偏好来决定自己每次希望这类大亏损的大小而论。当然从资本收益率来讲，每次亏损越少越好。

用一个简单的例子来说，假定你买进了某家公司股票的 100 股，并且该股票正在以 10 块钱交易。当时的每日波幅是 0.50 元，我们决定使用一个 1 元的止损。因此，如果该股票下跌到 9 元钱的时候，你就会抛出。那

并不是一次大的波动，它只代表了每 100 股 1 元的亏损，这个 1 元就是乘数 R。

当你放进一个止损指令后要做的第二件重要的事就是设定违反该止损的基准来测度随后的收益。作为一个投机者，你的主要任务是设计一个有大 R 乘数的能获利的计划。例如，形成一个巨大的交易系统并不需要很多的 10R 乘数或者 20R 乘数。

让我们带着这个想法再次来看一个简单的例子。你买进了市价为 10 元钱的 100 股股票，并且计划在 15 元钱的时候抛出。现在，我们假定这只股票会上涨，并且会持续持有该股票直到它增值 50%，这相当于是 5 元钱的收益，或者说价格上涨到了 15 元钱。

假设我们止损位设置在 9 元钱下方，基本上说，为了获得赚取 5 块钱利润的机会，你承受了每 100 股 100 元钱的风险，而这在今天的股市中是完全可能的。

大多数人认为，如果你以 10 元钱的市价买进了 100 股股票，就是拿全部的 1000 元钱在下注。但是，如果你知道该什么时候离市并且有能力做到，就不是这种情形了。

止损预先确定了你的起始风险 R，但是作为一个投机者，你的主要任务应当是设计一个有大 R 乘数的获利的计划。

想一下我刚说过的话的含义：作为一个投机者，你的主要任务应当是设计一个有大 R 乘数的能获利的计划。

记住，止损的第一个目的是设定你可以忍受的起始 R 值，该 R 值如果很小，那么你得到一次非常大的 R 乘数的盈利就很有可能。然而，小的止损也会使你在给定的交易中亏损的概率变大，从而降低你的入市技术的可靠性。起始 R 值偏小的止损会更多地降低你交易系统的可靠性，它可能会在一次你喜欢的大幅上涨到来之前就让你止损离市。尽管你可以马上在另一个入市信号出现时进入，但是很多次这种止损离市的交易之后就会给你带来累积非常大的亏损和交易成本。

止损位的准则

作为职业投机者，在自己的交易系统中，设置止损单是必不可少的一个交易指令，但设置止损单有一些准则，这个准则是在考虑到使用的止损单起作用的前提下设置的，这些准则包括：

（1）江恩认为，当作多头头寸时，一定要将止损单设在波动的低点之下，包括日线图、周线图或月线图上的低点。当作空头头寸时，一定要将止损单设在波动的高点之上，包括日线图、周线图或月线图上的高点。止损必须高于日、周或月线图上的收市价，或低于周或月图表上的收市价，止损单设在日、周或月线图的收盘价之下（多头）或之上（空头）更安全，而且可能很少被触发。

因为你正在按照趋势变化来改变止损位，当作多头头寸时，止损放在日、周或月线图表的收市价之下，与放在收市价之上相比，显得更加安全，触及的可能性较小。之所以将止损位设定在日、周或月线图收盘价下方，不仅仅设定在日、周或月线图底部之下导致止损触发的次数要少一些，更关键的是，在日、周或月线图底部附近经常触发市场的反转。知道在哪里设置正确的止损单是非常重要的。

市场中的价格波动或行情反转就是因为大众的这一止损方式或者其他方式造成的。当行情非常活跃且价格处于这些极限价格水平时，你必须依靠日高低点图表发现趋势即将改变的首个信号，它将稍后在周或月高低点图表上得到证实。

为了止损单不被市场波动轻易触及，止损位必须设置得远一些，要在日线图、周线图或月线图高点之上（空头）或低点之下（多头）至少3%左右幅度。只要止损是安全的，并且出现明确的趋势改变之前不被触发，那么在哪里设置止损位都没太大关系。

（2）假定你的入市技术并不比随机入市系统的可靠性好多少，就要把你的止损设在高于市场的噪音之上。

一个随机入市系统的正常可靠性应该是50%，但是由于交易成本这个

事实，随机入市系统的可靠性低于50%，按照我们曾经计算过的交易成本0.7%，加上可以承受10%的止损幅度，随机入市系统的可靠性为39.3%（50%～0.7%～10%）。这种情况，建议你的止损设置在买入价格11%的下方。

市场的日常行为可以被当作是噪音。例如，如果价格波动了一个点或两个点，你根本无法知道这是因为一些投机者在“钓鱼”呢，还是因为有大量的市场行为发生。并且即使是有大量的市场行为，你也仍旧不知道它是否会继续。因此，对市场的日常行为大部分是噪音的假定是合理的。把你的止损设在这类噪音可能的范围之外也是比较好的。

但是，怎样才算是对噪音大小的合理估计呢？很多人喜欢把他们的止损放在最近的支撑价格或反弹价格的附近，然而这种特殊方法的一个问题是每个人都知道这些止损在哪里。通常，市场会向相反的方向狂奔而去，在它们很平静地返回到走势方向之前就已经达到了每个人的止损指令点。

你可能会考虑把你的保护性止损水平设在对市场来说不合“逻辑”的位置，并且在噪音之上。我们假定噪音是以市场的日常行为来表示的，全天的行为几乎都是噪音，而日常的行为又可以用平均实际价格幅度来表示。如果你对过去10天的行为取平均，比如求10天的移动平均，就对噪音量有了一个大致的估计。现在让实际价格幅度的10天移动平均乘以某个常数，比如说10%，就得到了一个远超出噪音水平的止损。这对大多数长期走势跟踪者来说可能是一个不错的止损。

（3）找出所有盈利交易可能的最大不利偏移量，并把这个量一个百分比作为你的止损。最大不利偏移是指整个交易期间你可能遇到的最不利于你头寸的一天价格波动。按照我们现在交易机制，一天价格波动的最大幅度为10%。如果你交易的价格为上一个交易的收市价，那么你的止损位应该设置在交易价格10%的下方；如果你的交易价格低于上一个交易的收市价，那么你的止损位设置在当天可能发生最大不利偏移，即跌停板的下方；例如你在低于上一个交易日收市价下方3%的时候买入，那么你的止损位幅度可以设计为8%为宜。相反，如果你的交易价格高于上一个交易的收市价，那么你的止损位也应该设置在当天可能发生最大不利偏移，即跌停板的下方；例如你在高于上一个交易日收市价上方3%的时候买入，那么你的止损位幅度可以设计为14%为宜。

（4）使用一个可以带给你高R乘数盈利的紧密止损。紧密止损是指连续频繁的止损，目的是减少亏损，博取超额利润。紧密止损可以用在这些情形下。比如在我们预测市场有一个大的变化并且市场开始确认该预测时，如果你的交易方法允许紧密止损，并且你个人容忍度在起作用，那么你就有很强的优势。首先，在你放弃交易的时候可以少亏损很多钱；其次，由于你只有一些小亏损，因此就能够多次尝试去捕捉一次大的波动；最后，如果能够抓住这样一次大波动，就可以给你带来一次更大R乘数的利润。

然而，紧密止损也有一些严重的缺点。

第一，它们会降低系统的可靠性。获得一次利润需要进行更多次的交易，如果你无法忍受那么多的小亏损的话，紧密止损就可能让你破产。

第二，紧密止损急剧地增加了交易成本。交易成本是做交易的一个主要部分。事实上，很多人尤其是投机者的频繁交易所产生的交易成本比利润更高，就是说，如果一个系统产生了100万元的净利润，那么它产生的交易成本可能就会超过100万元。如果你始终进进出出市场的话，那么这类交易成本就可以把你的利润完全吞掉。特别是如果你做的是小规模的交易，那么每次交易的成本要大得多，这就会成为一个主要的因素。

大多数人都希望在放弃交易的时候少亏损一点钱，然而对一个职业投机者来说，最糟糕的事情莫过于错过一次波动，因此你一定愿意在再次得到信号的时候马上返回。很多人都不能忍受连续3～5次的亏损，而这是经常会碰到的。但是，让我们假定每个离市只产生10%的亏损，你连续在这种离市上亏损了五次，然后市场突然出现了你预期的波动，你必须从中获取一倍的收益才能填补你的亏损。如果没有一倍的收益，那么你经历了五次亏损交易和一次盈利交易，你的净收益还是负的。所以，你选择这种股票，一定要对基本面有深入的研究，对预期收益要相当可观才行。

比如武汉塑料（000665）这只股票，早在2009年4月份的时候，公司就有重组的计划和安排，但重组方还没有确定，这个时候就要看你的耐

心和勇气去坚守你的投机信念了。从图 5－1 可以看到，在 2009 年 4 月份，交易开始活跃起来，但股价上涨一小波之后出现了反复，甚至跌回传闻重组上涨前的起点位置。

你在此期间无疑是需要进行紧密止损来保护你的资本免招重创。随后趋势确认上涨之后，你才能获得几倍于你止损的收益，但经历了一年多的时间才能达到预期的效果。

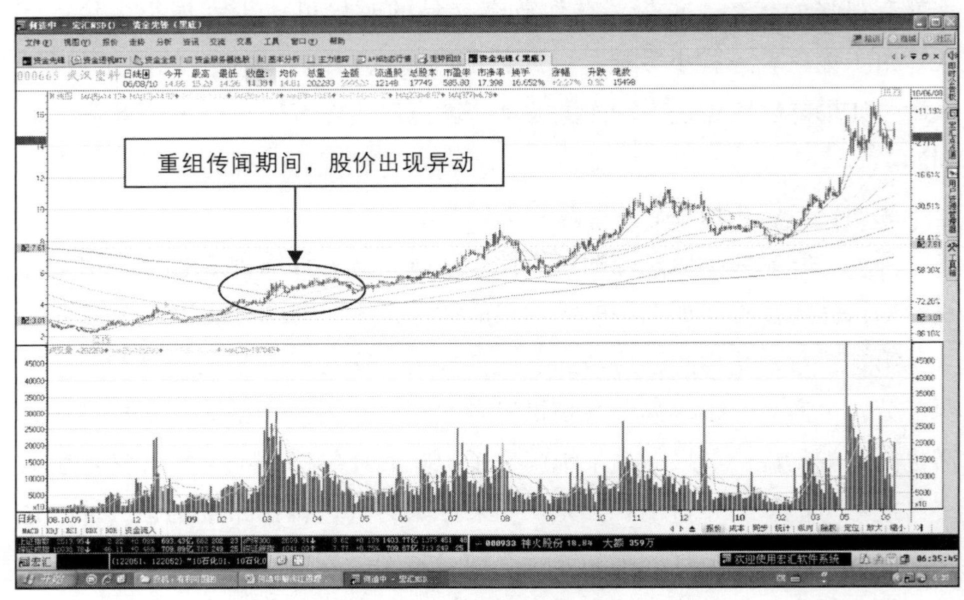

图 5－1

给出这些例子是想告诉你们绝对不能把保护性止损看得太轻，必须根据你的目标和性情做出慎重的选择。

（5）根据你的入市理念使用一个有意义的止损。比如江恩的入市理念是每次亏损不超过资本的 10%。你可以根据你的风险偏好设计一个有意义的止损。

设置止损位的方法

确定止损本性的一个最重要的因素是要确定在给定了目标、所交易的理念的本质和性情之后，这个止损是否仍然有意义。你必须使用一些有意义的东西。让我们看一下其他类型的保护性止损，你可能会用到它们并且会去细查它们所包含的问题。

（一）资本止损

很多人提倡使用资本止损，江恩就是其中之一。资本止损的原则是，当股价跌到资本的某个水平后，立即止损离场。江恩经典的资本止损原则是，当浮动亏损占总资本的10%的时候，立即止损离场。资本止损的投机者在心理方面占有一定的优势，因为他们预先计算出自己在一次交易中能够接受的亏损额，然后把它作为一个止损。

此外，资本止损也有几个技术方面的优势。

首先，这类止损并不是那么容易预测的。很多人都计算不出他们的入市点，因此就不可能知道止损位应该摆在哪里？

其次，当这类止损超出最大不利偏离值（MAE）时，就会以很不错的止损离市。

但是一些人把这类止损和货币管理混淆起来。这些人相信，如果你想把1%的资本拿去冒险，而你的资本是100万元，那么就把止损设在1万元以上，并把它叫做货币管理的止损，这是很幼稚的。如果理解了江恩的止损原则，应该这么来设置止损单：总资本100万元，一次入市交易30万元，资本止损应该是3万元，也就是入市资本的10%，而不是总资本的10%。

不要把资本止损与头寸调整混淆起来。头寸调整是系统的最重要部分，它可以确定系统交易中你可能获取多少利润和亏损多大的比例，不要妄想通过幼稚地设置这类货币管理的止损来躲过最重要的部分。我的经验是资本止损是你可以选择的最佳的止损之一。

（二）百分比回撤止损

一些人设置止损的时候允许价格回撤到入市点的某个百分比，这在股票市场中是非常普遍的行为。例如，你以30元的价格买进一只股票，并

打算在它回撤10%即到27元的时候抛出。同样，若你在10元买进了一份股票，那么就会在9元时抛出。同样你会把100元的股票在90元抛出。

如果你的回撤方法是建立在对一些最大不利偏离值（MAE）的分析的基础之上，那么这种练习是没问题的。但是如果你只是凭空挑选出了一些数字（这是很常见的），那么你可能正在扔掉大量潜在的利润。

（三）移动平均线止损

正如移动平均线理念可被用作入市一样，它们也可被用作止损。我个人认为这类止损不如建立在平均实际价格范围或MAE上的止损好，而且它们都是止损和获利离市。然而，不管怎么说，为了完整起见，还是简短讨论一下的好。

一种已经使用了好多年的普通的入市技术是移动平均线的交叉点，对于移动平均线，作为职业投机者的你，相信已经运用得很熟悉了，我在这就不详细讨论了。

设置止损的目的就是股票在发生趋势逆转信号明朗之后，要及时了结离场。一般是取5天移动平均线和10天移动平均线，有两个移动平均值，这两个移动平均值基本上有了一个反向的离市信号。若你持有一个多头头寸，当短期的平均值超过了较长期的，即5天移动平均线向下超过10天移动平均线，那么就应该同时有一个抛出多头头寸的止损和一个进入相反方向的反向入市信号。当然，这类系统的一个问题就是你总是在市场中，并且经常会受到双重损失。

例如泰山石油（000554）在2010年4月21日的时候，5天移动平均线向下击穿10天移动平均线，尽管当天该股小幅反弹，但这天移动平均线发出了一个卖出的信号，如果能够及时按照这个信号止损离场，就可以躲避接下来一波深幅的下跌。如图5－2所示。

为了修正两条移动平均线可能频繁发出的止损信号，有些可能刚止损离场，股价不跌反涨，这种止损信号可能导致后市一大段的利润流失。有时，设置三条移动平均线系统来纠正一些频繁止损的频率，在这种系统中，当最短期的移动平均线击穿了较长期的移动平均线时，例如5天移动

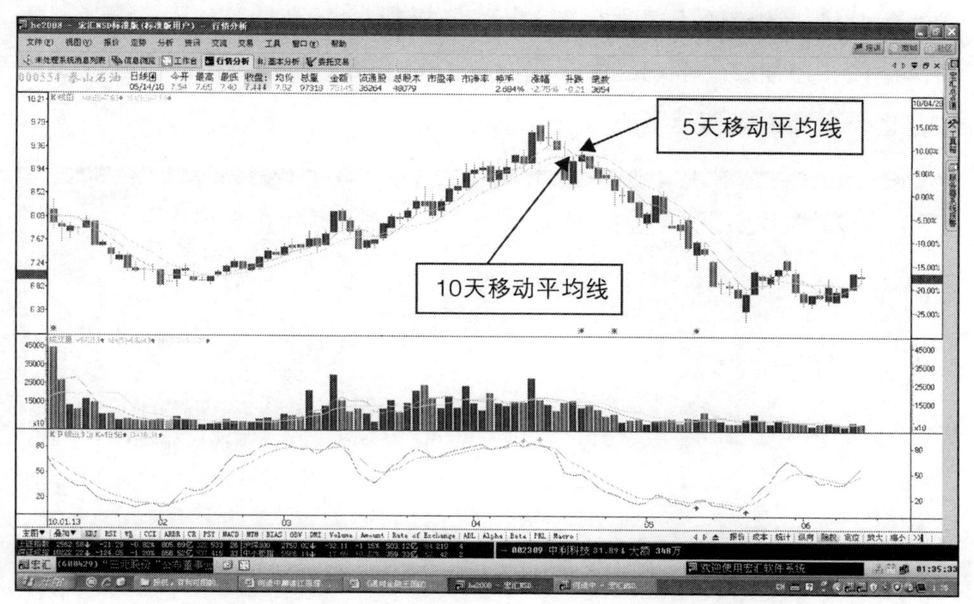

图 5-2

平均线击穿 20 天移动平均线，就会得到一个更确切的止损信号。这从定义来看就意味着最短期的移动平均线现在是在最高点（多头）或者最低点（空头）。当最短期的信号越过中间的信号时，已经得到了一个止损信号。然而，在短期和中间移动平均线都未穿越较长期移动平均线之前，市场还有可能向原来的方向继续运动，此时还不需要马上止损离场。只有短期和中间移动平均线都未穿越较长期移动平均线后，趋势逆转的几率更大，我们应该坚决止损离场。

还是看泰山石油（000554）这个案例。当 2010 年 4 月 21 日，5 天移动平均线向下穿越 10 移动平均线的当天，该股已经连续两天反弹，K 线形态上还存在继续上涨的可能性，一般情况下，应该观察接下来几天的市场走势。

当 2010 年 4 月 28 日 5 天移动平均线和 10 移动平均线都向下穿越了 20 天移动平均线后，如图 5-3 所示，趋势的逆转得到了更强烈的确认，这个时候还不止损离场，后市可想而知，泰山石油在 2010 年 5 月 20 日，最低跌至 6.20 元。而 2010 年 4 月 28 日，10 天移动平均线穿越 20 天移动平

均线的时候，该股股价还收在 8.51 元。

记住，短期移动平均线击穿周期越长的移动平均线，止损信号就越强烈，止损离场也应该越坚决。

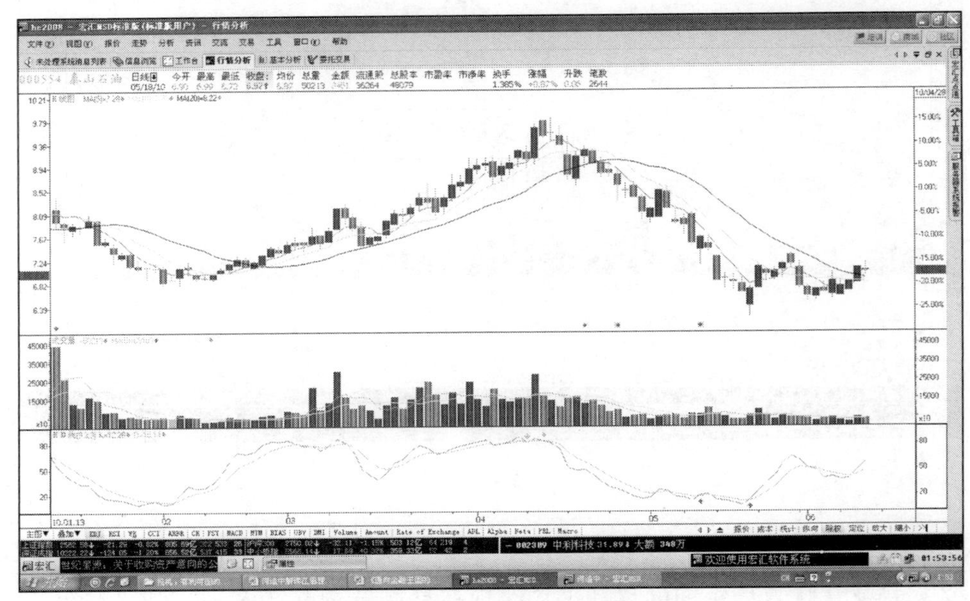

图 5－3

（四）支撑和阻挡止损

支撑和阻挡止损也是一种投机者们比较热衷实用的方法。一般来说，投机者进入市场后会在图表上察看股票的支撑和阻挡的领域，止损一般都会放在这些价格水平的极点价位。

如果一个完整的交易系统，止损指令是必不可少的。也就是说，对应的八条买卖规则在买入或做空的同时，就要考虑止损位摆在什么位置。除此之外，其他方面的支撑和阻挡位的下方和上方，我们在买入或做空的同时，也应该在把止损位考虑进去。

好像华胜天成（600410）这只股票，2010 年 2 月 3 日和 3 月 16 日的两个低点，构成一个支撑线，当 4 月 30 日，5 月 4 日和 5 日连续三个交易日跌到这条支撑线位置能获得支撑时，可以观察继续持仓。但当 5 月 6 日跌破这条支撑线之后，明智的投机者应该果断止损离场。如果及时止损离场，可以避免近20%的亏损。

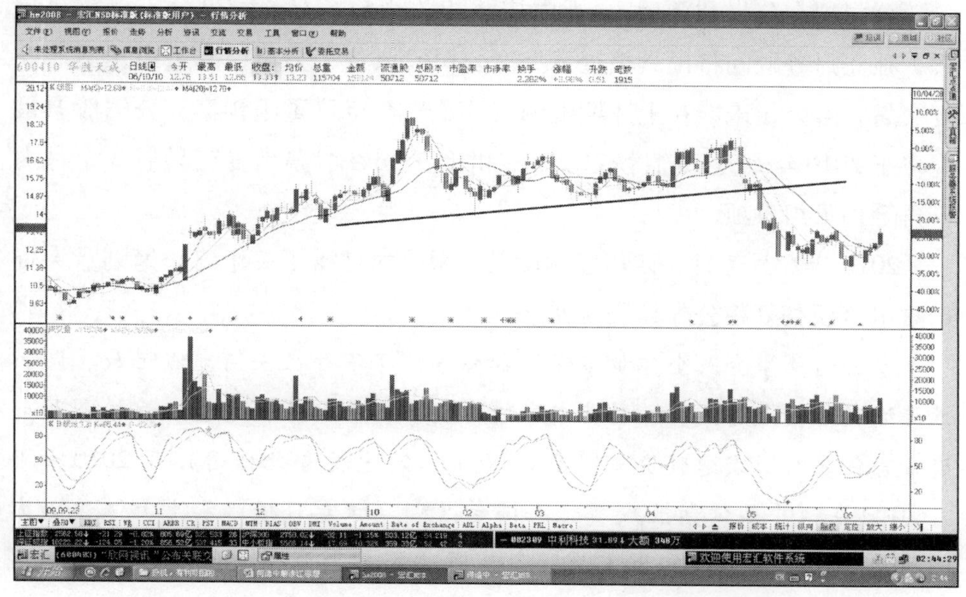

图5-4

一些投机者对支撑或阻挡的这种止损可能有些偏执，无疑这是很直观的止损方法。因为它们看起来很明显。如果是这样的话，很多人可能想给止损加一个常数，比如跌破支撑位之后的3%～5%。因此，在一个入市点以下的支撑领域中的数加上某个常数后的止损显然是一个较好的方法。

（五）时间止损

对于一些投机者来说，如果一个头寸不是很快就朝着你预期的方向发展的话，它可能就不会再变了。时间止损只是告诉你在一个固定的时间段后，如果还没有获利，或者是一次任意水平的利润都没有，那么就抛出该头寸。

时间止损适合在一些事件性股票上操作。譬如宏达股份（600331），2010年5月19日，四川宏达股份有限公司接实际控制人关联企业四川宏达（集团）有限公司通知，其正在酝酿对公司的重大资产重组（下称：重

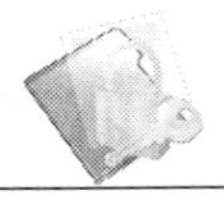

组）事项，该事项尚存在不确定性。经公司申请，公司股票自2010年5月20日起停牌，停牌时间不超过30天。

公司拟在公告刊登后30天内按照相关规定，召开董事会审议重组预案，独立财务顾问将出具核查意见。公司股票将于公司披露重组预案后恢复交易。若公司未能在上述期限内召开董事会审议重组预案，公司股票最晚将于2010年6月18日恢复交易，并且公司在股票恢复交易后3个月内不再筹划重组事项。

2010年6月7日，四川宏达股份有限公司披露了关于终止筹划重大资产重组事项暨复牌公告，公告如下：

本公司董事会及全体董事保证本公告内容不存在任何虚假记载、误导性陈述或者重大遗漏，并对其内容的真实性、准确性和完整性承担个别及连带责任。四川宏达股份有限公司（简称宏达股份或公司）于2010年5月20日在《中国证券报》、《上海证券报》、《证券日报》和上海证券交易所网站同时披露了《四川宏达股份有限公司重大资产重组及连续停牌公告》（临2010—014号），因公司实际控制人关联企业——四川宏达（集团）有限公司（简称宏达集团）正在酝酿对宏达股份的重大资产重组事项。鉴于上述重组事项尚存在不确定性，为维护投资者利益，保证公平信息披露，避免公司股价异常波动，经公司申请，本公司股票自2010年5月20日起停牌。

宏达股份组织相关专业人员及中介机构正式与宏达集团就上述资产重组事项进行了多次认真研究。经过充分论证，鉴于交易目标资产相关条件不成熟，本次资产重组事项的其他工作也无法开展，宏达集团决定终止商谈涉及我公司的重大资产重组事宜。

鉴于涉及宏达股份的不确定性因素已经消除，为切实维护投资者利益，根据有关规定，公司特申请公司股票于2010年6月7日复牌。本公司、本公司控股股东——四川宏达实业有限公司、本公司实际控制人刘沧龙先生及其关联企业——四川宏达（集团）有限公司承诺：自公司股票复牌之日起至少三个月内不筹划重大资产重组、发行股份、股权转让及收购等重大事项。

复牌当天，宏达股份开市就封死跌停，第二天继续大幅低开。作为理性的投机者，在反弹的过程中，最好及时止损离场，不应该抱有幻想，图5－5为宏达股份的走势图。

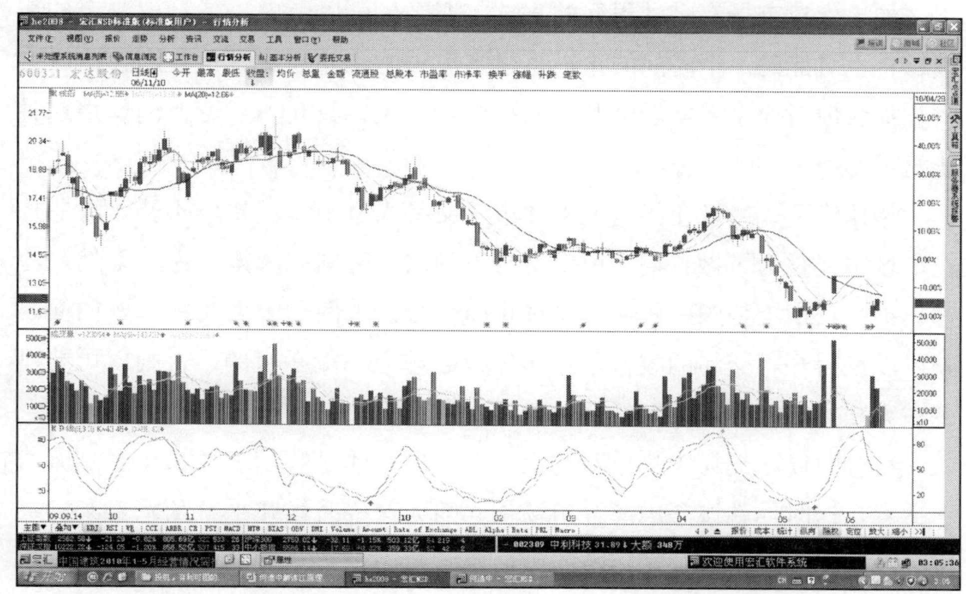

图5－5

另外，我们要把每个交易日都当作是全新的一天，如果我们不能证明在该天进入交易是正确的，就会简单地抛出。这也一种有效的时间止损。

什么时候该使用时间止损要因人而异。如果你是一个长期投资者，就不要用这种止损，否则当你预期的大波动突然来临时就无法再次进入市场了。如果再次持有一个曾经抛出的头寸对你来说很困难的话，就不要采用这种方法。但是，如果你是短期投机者，那么时间止损对你来说可能就会是一件很不错的工具。

但是在使用时间止损之前，最好在你方法的结构框架之内检查一下它们的效用。例如，如果你决定使用一个三天的时间止损，那么之前先确定一下这种止损的效用。一个头寸会不会经常在三天内什么动静都没有，然后才有所转机呢？如果你找到了很多例子，都说明你可能错过一次大的波动，那么就避开这种止损。但是，如果你发现它们只是更快地减小了你的

损失，那么务必把它们包括进去。

（六）自由决定止损和心理止损

如果你对市场有一种很好的直觉，那么也可以考虑一下自由决定的止损，它也可能是一个时间的止损。很多优秀的职业投机者也使用自由决定的止损，但对业余者或者刚开始的投机者来说，我并不推荐他们使用这种止损。

相比之下，心理止损对大多数市场交易人员来说就比较不错。除非你在市场中只是为了做长期，根本不打算抛出，否则就应该考虑一下使用心理止损。长期走势跟踪者使用这种止损也会碰上问题，因为一次好的交易就可以获得全年交易的收益。除非你在心理上是很平衡的，否则就可能刚好在大交易来临之前决定好好休息一下或者用一个心理止损。

有些时候，交易中最重要的因素——你，就是我们人类，会感到哪都不适意。这时你就该考虑离开市场了。因为这些时候几乎就预示着某种灾难，比如：①你正在处理离婚的事情或者与一个很重要的人分开了；②你生命中一个举足轻重的人突然去世了或者正躺在医院中；③一个小孩降生的时候；④你搬家了或者换了办公室；⑤你在心理上感觉疲惫不堪甚至要垮掉了；⑥当你看到自己的头寸在一夜之间翻倍了甚至根本还未变动时是多么的兴奋，等等。这时可能就是你应该抛空所有当前头寸的时刻。

若你正在旅途中，也可以考虑一下使用心理止损。例如，如果你请了假，这个假期允许你离开市场并且抛空所有当前的头寸。若你是在商业旅程中，不能正常地跟踪市场，我也会建议你抛空所有的头寸。这些心理止损是你可以采用的最重要的方法之一。我建议你们开始使用它们。

止损，是对股市资本最好的保护，股市的不确定性和风险性，都需要我们在入市交易的时候，就要设置保护性止损，它就好像是一盏红灯，你可以闯过它，但是你这么做可能不很安全。

保护性止损有两个主要功能：①设定了在你的头寸中可能遇到的最大亏损；②设定了一个基准来测度随后的收益。

作为一个职业投机者，你的主要工作应当是获得大 R 乘数的利润，R

也就是起始风险。

江恩认为，在长达数年的过程中获得的利润，如果不设置止损保护起来，可能在持续5～7周的下跌行情中输个精光。江恩举例，在1933年7月的那场下跌行情中，E. A. 克劳福德（E. A. Crawford）博士惨败就是在长时间内积累的利润之所以付之东流是因为交易者没有用止损单保护它们。对于投机者来说，止损单是好得多的保护，因为它自动发生效力。

一个人或许会有心理止损位，然而当价格到达那里时，他并没有悉数卖出。然而，下跌行情继续，就像2008年发生的那样，当时全球股市都受美国金融海啸的拖累，在这种市场背景下，除非使用止损单，或者在一看到下跌时就按照市价卖出，否则我们还能有什么机会带着2006年和2007年的利润或本金全身而退呢？

第二节　止损离市方式

很多职业投机者都很想知道，他们该什么时候持有；什么时候收手；什么时候走开；什么时候逃离。但事实上，这是常人难以为之的事情，如果谁能每次在调整来临的时候及时离场，在上涨的时候始终持有股票头寸，他无疑是世界上最成功的投机者。可是，目前还没有，包括“股神”巴菲特。

所以，作为职业投机者，保护既得利润就必须利用一下投资规则和技巧，设置止损指令，在股市中获利。

江恩认为，进场太快或出场太慢，都将导致亏损或者错过不少机会。这是因为在市场趋势还没有明朗之前没有耐心等待，或者在市场趋势明确变化时，没有及时离场。所以江恩建议，只有当我们看到市场发出了明确的买卖信号，才入市交易。

要保护既得利润，就要懂得何时置身场外，这是每个职业投机者都得知道的要事。我们不可能通过每天在市场中交易，或者说每天进出市场来

赚钱。某些时候，你得呆在场外，观察并等待，直到你判定趋势出现了明确的变化。

长期的休息和放松可以保护你的健康，并有助于你的判断，这些日后将为你带来利润。对市场运动进行研究之后，你会确信市场也有它的休息期。

在大牛市中，市场常常有一段休息期，而且不会回落太多，要经过相当长的一段时间，它才会恢复上涨走向。

熊市也会如此，在熊市中常常可以看到，一些股票会下跌并止跌，然后在一个相对狭窄的区间内向上和向下运动而没有多少涨幅，但它只是维持现状、迟疑、休息，而且准备再一次的下跌。在这些狭窄交易市场时期，你可以靠置身市场之外并等待明确的市场趋势来赚钱。

一旦你置身场外，你就能从一个不带偏见的立场来判断市场，并形成一个关于未来市场进程的清晰画面，但当你置身市场中时，你经常会受到希望与恐惧的影响，因为你总希望市场朝你愿意看到的方向发展。当你置身市场外时，你看到的是市场的真实面目，而且无论它往哪儿走，对你来说都没有什么区别，因为你准备好在趋势改变时顺势而为。

要保护既得利润，还需要及时认错，调整心态。有时，在做了 1 ～ 3 笔显示出亏损的交易时，无论亏损大小，一定是你出了问题，而不是市场出了问题，你原本确信的趋势或许已经改变。为了避免使既得的利润回吐出去，江恩的规则是离场并等待，研究你亏损的原因。

记住，呆在场外，你就绝不会亏损。

你所能做的最糟糕的事莫过于持有正在亏损的仓位，而且通常它会继续不利于你，因此你越早认赔越好，顺大势交易。在牛市里卖空绝对好不了，因为你在同大势对抗，而且可能错过顶部；在熊市里做多也是错的，因为你也在同大势对抗，而且可能错过底部并遭受损失。

记住，市场会在你未知的情况下进入一种离谱的节节上涨状态，而且市场大势或许会发生急剧变化。

如果你与市场大势作对，而且市场正处于某种疯狂的上涨或下跌行情中，你又如何能指望自己在交易中获利离场呢？因此，当你进入了这些反常的市场，而且逆市场而行，你就注定会失败，因而会输掉你能投入的所有保证金。

江恩认为，投机者需要研究股票走势图，因为股票走势图真实地反映了一个正在上升的市场走了多远，而回落多少？看看市场已经下跌了多远，而反弹了多少？然后问自己一个问题："如果我进入这种狂涨的市场，而市场开始与我背道而驰，我会输多少钱？"诚实地问自己，你会说："我会输掉我投入的全部。"正确的做法是随着这些市场运动的趋势而行。当你发现自己错了，而又是在做空时，就反过来买进。如果你做多，而大势反转了，就反过来做空。顺势才能获利，才能保护你的资本处于有利状态，才能保护你的既得利润。而如果逆势，不但利润回吐，本金也将不保。

我多年的经验告诉我，投机股票市场，懂得入市技巧还只是徒弟，正确使用离市技术、控制头寸规模和保护本金和保存利润才是师傅。

毋庸置疑，包括很多职业投机者，甚至是基金经理们可能在入市技巧方法，学习了不少理论和规则，但他们很容易忽视离市，没有在离市技术、控制头寸规模，以及保护利润方法做过较好研究，因为他们在市场中的时候已经无法控制离市了。然而对于那些想控制的人来说，离市确实操纵着两个重要的变量：是否能获取利润以及可以获取多少利润。所以我建议，你至少花与入市同样的时间在研究获利离市和头寸调整上，这才是保护本金和保存利润的关键，也是成熟投机者必须具备的条件，更是职业投机者想获得成功的关键因素。

正如江恩所说：呆在场外，你就绝不会亏损。我认为，作为职业的投机者，避免亏损理所当然，保护既得利润更是重中之重，因为资本增值是职业投机者的生存之道。而避免亏损和保护既得利润，需要解决的问题就是如何懂得"离开市场"。

离开市场需要解决一大堆问题。最糟糕的情形，就是被迫止损离场。而要做到尽可能地获取最大利润并且只返回去尽量少的利润，只有离市才能做到。

注意，我之所以使用"离市"这个词，是因为股票投机只有通过离市才能正确地完成保护既得利润的任务。因此，在入市的同时，就必须考虑

采用不同的离市策略。在每笔交易开始的时候，脑子中应该记着如何控制风险回报率，和本章下面所讨论的各种获利离市方法来使你的利润最大化。

除了起始止损以外，接下来我们开始讨论离市的不同分类。包括：会产生亏损但能减小起始风险的离市、使利润最大化离市、防止返回太多利润的离市和心理离市等。这些类型有一定程度的重叠部分，每种离市类型还提供了几种可以考虑的技术。在你细读每一种离市策略的时候，不妨思考一下它们可以如何被你的系统所采用。大多数离市策略与特殊的系统目标都达到了令人难以想象的兼容程度。

会产生亏损但能减小起始风险的离市

按照江恩的止损原则，每次亏损不能超过资本保证金的10%。这个止损原则作为本套丛书所共识而且必须共识的起始止损，是指在入市之后遇到最糟情形时保护资本的方法。然而“会产生亏损但能减小起始风险的离市”这类离市也会产生亏损，但是这些离市是在市场发展不利的情况下，为了让你确信自己亏损得尽可能少而为。

（一）定时止损离市

一般来说，职业投机者进入市场是因为他们希望入市之后不久价格就会朝着预期的方向发展。因此，如果你有一个有意义的入市信号，那么潜在的那个有用的离市点应该是这样的：

在你无利可获了的一段时间后，它就会让你离市。例如，这种离市策略可能会在“当这个头寸没有利润的时候，让你在两天内的收盘时退出”。这种离市会让我们亏损，但不如最糟情形碰上时亏损得多。

这类离市基本处在牛皮市（作者按：波动幅度很小的横盘走势）时采用。好像重庆啤酒（600132）这个股票，如图5－6所示，2010年1～3月，处在一个牛皮市况窄幅波动。2010年1月18日股价携量上涨，发出明确的入市信号，按规律第二个交易日买入多头头寸，但接下来的走势却没有朝预期的方向发展，按照定时止损离市的规则，入市后两天内，也就是入市后第三个交易日收盘价离市。我们可以计算一下亏损的幅度。

假设一：2010 年 1 月 19 日开盘价 24.81 元买入，到 1 月 21 日收盘价 24.46 元离市，亏损 0.35 元，不到 2% 的实际亏损。但如果不及时定时离市，到 1 月 26 日，收盘价为 22.05 元，差价为 2.76 元，亏损幅度超过 11%，也超过了起始止损 10%。定时离市避免了一次更大的止损。

2010 年 3 月 1 日，重庆啤酒的股价又出现一下携量上涨，而且日 K 线为光头大阳线，股价稳稳地站在所有均线系统之上，技术上理所当然是买入信号。以第二个交易日的开盘价 24.50 元买入，接下来的两个交易日，股价还是没有按预期的上涨方向发展。按照定时止损离市原则抛售，3 月 4 日的收盘价为 23.28 元，这次入市交易每股亏损 1.22 元。亏损幅度为 5%。但如果不及时定时止损离市，到 3 月 16 日，收盘价为 22.37 元，每段亏损就达 2.13 元，亏损幅度为 8.7%，接近起始止损 10% 的极限。

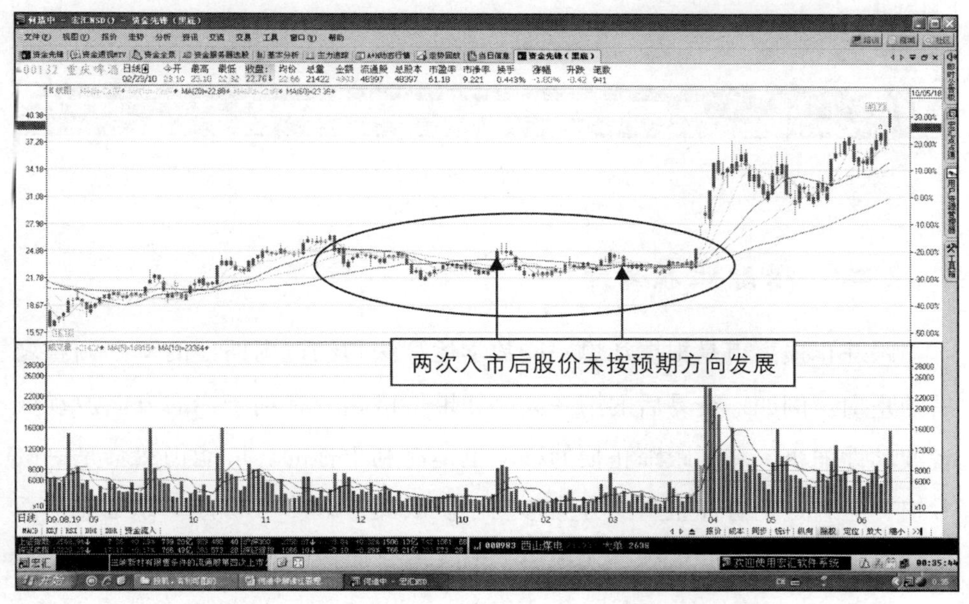

图 5－6

定时止损离市可以避免市场方向不明朗，操作犹豫不决时候的离市指令。我们这里选取的案例重庆啤酒还是在股价波动不大，后市终究还是按

预期上涨了的一只股票。假如遇到像图 5－7 安阳钢铁（600569）这样的股票，如果不及时止损离市，后果可想而知。所以定时止损离市能给我们一个很好的离市指导，避免优柔寡断后带来重大的失误，而把利润回吐，甚至是本金的重创。

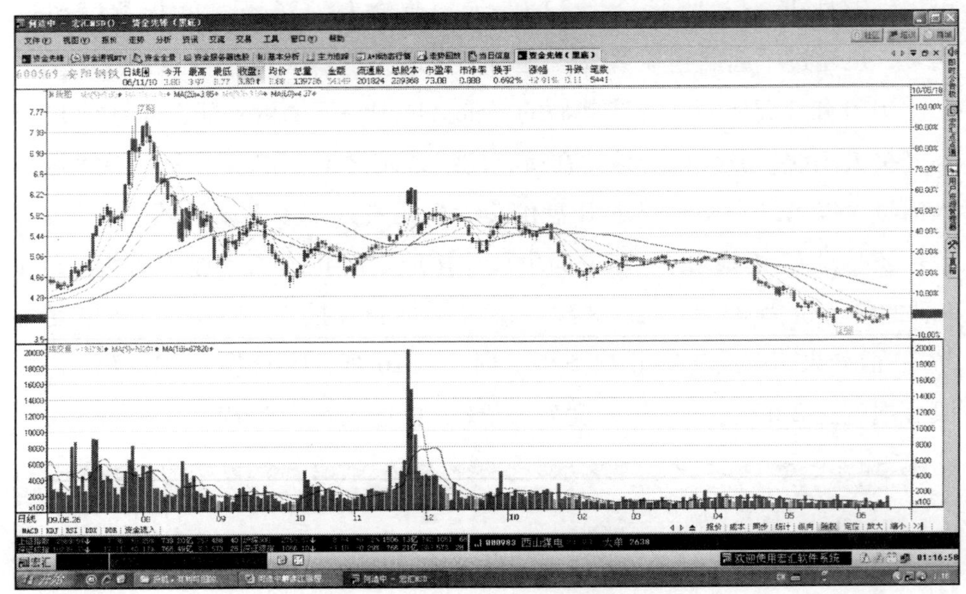

图 5－7

（二）跟踪止损离市

跟踪止损离市是根据江恩一些数学运算法则经过周期性的基础调整之后的止损。例如，交易后的第一天，如果价格朝着有利于你的方向波动或者波动性缩小，那么跟踪止损的移动也是有利于你的。可能仍然会是一次亏损，但它是朝着你希望的方向移动了。因此，即使市场背离你足够远而使你离市，你仍然会承受一次损失，但它不会使你的起始止损那么大。

图 5－8 显示的是一个波动性跟踪止损的例子。城投控股（600649）在 2010 年 3 月 31 日出现放量突破均线系统的走势，而且之前经历了较长时间的整固，技术上反应，底部应该比较夯实，理论上是一个买入信号。我们假设于当天收市价 12.20 元买入，第二天，股价也果然按照预期出现

良好的上涨，收出一根放巨量的大阳线。正常情况下，这种多头头寸是以跟踪后市发展的。

接下来的多个交易日，股价都在买入价之上波动，为了博取可能更大的收益，我们会继续持有观察。但市场的发展没有继续按照预期的方向上涨，而是逐步回落走低。到2010年4月19日，股价出现一次较大幅度的下跌，形势对多头十分不利。关键的地方是，这一天的收市价已经逼近前面连续整固的底部。如果这个底部被击穿，后市必然是一波更凌厉的杀跌。这个底部的支撑位大致在11.50元一带。

果然，在2010年4月20日，城投控股的股价击穿了11.50元的支撑位，跟踪到此时，必须采用止损的离市措施，确保亏损到此为止，不能再扩大。以12.20元买入，击穿11.50元止损离场，亏损0.70元，亏损幅度为5.7%，小于10%。但如果在击穿11.50元不及时止损的话，城投控股在不到一个月的时间，最低跌到了8.68元。

跟踪止损离市是一种进可攻，退可守的战略战术，其前提是这种跟踪止损要以市场的波动性、移动平均线系统、形态突破、各种价格振荡等因素为基础，并且每个都可以由任何数量的不同变量来控制。

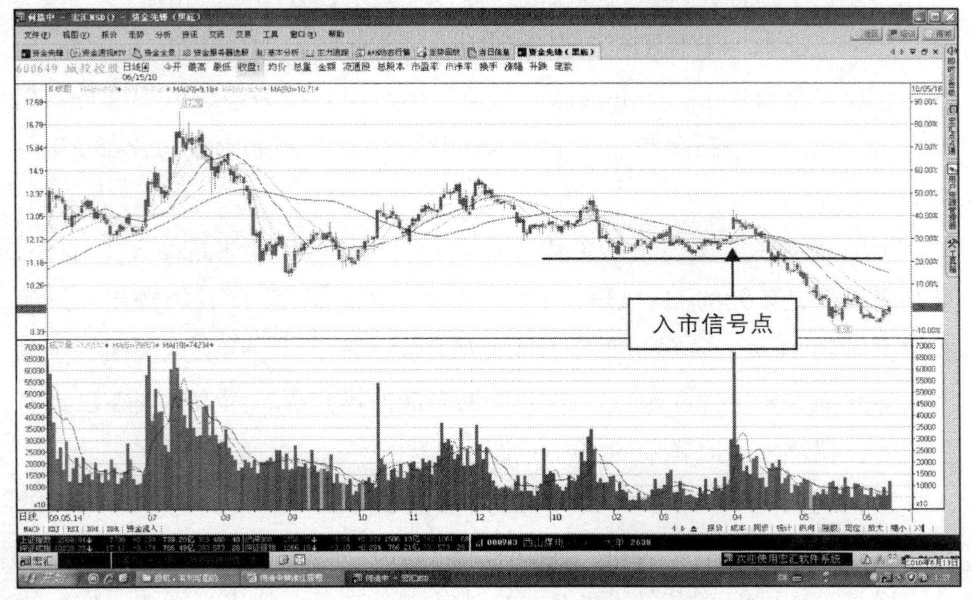

图5-8

跟踪止损离市的重要一点是你的离市运算法则需不断地做出调整，从而使离市对你有利。这种移动可能并不能获利，但它会减少你的潜在亏损。

你必须仔细地考虑一下，不管你是否愿意这么做都要测试和检查一下你的结果。例如，在你上移跟踪止损时经常会减小起始风险，这么做只是把你的获利机会给放走了，但是你却只有一次小亏损。但一旦市场的发展按照你的预期波动，那你可能获取一次较大的收益。也就是说，一次较大收益的机会成本是一次小亏损。

使利润最大化的离市

为了使你投机利润的最大化（让它们滚动起来），你必须愿意返回去一部分利润。事实上，股票市场中很具讽刺性的一面是，如果你想使利润最大化，必须愿意返回去已经积聚起来的大量利润。一位非常明智并且富有的股市投机者曾经说过："如果你不愿意亏损一点的话就不可能赚到钱，就像是吸进了空气后却不愿意呼出去一样。"有一种类型的离市策略可以帮你实现这个目标，就像充分呼吸一样，它就是百分比回撤止损。

这种止损有一个假定：为了使利润增长，必须返回去一部分利润。因此，它仅仅是指定了一个允许的回撤值。然后把它作为系统的一部分。但是，为了使用一个利润回撤止损，你必须达到某个利润水平，比如 2R 的利润。

下面介绍这类止损是如何工作的。假定你在 20 元买进了某只股票，最初采用的是 2 元的 1R 风险，因为你打算在股票降到 18 元时抛出。一旦股票上升到 24 元，你就可以得到 4 元的 2R 利润，于是你决定使用一个利润回撤止损。假定你决定设一个 30% 的利润回撤止损，因为你现在已经有了 4 元，就愿意返回其中的 30%，即 1.2 元。

当利润上升到 5 元时，30% 的回撤就变成了 1.5 元；6 元的时候，30% 的回撤就是 1.8 元。由于随着利润的增长，固定百分比的实际金额也连续增长，你可能就想在利润更大的时候改变这个百分比。例如，你可能是以30%的回撤开始的，但是在3R的利润下，你会把这个百分比下移到25%，在4R的利润下，则下移到20%。你可以继续下减这个百分比，直到7R利润时的5%回撤，或者你愿意在达到4R的利润后保持20%的回撤，这完全依赖于你购买股票的信心和预期。

防止返回太多利润的离市

中国股市经历了20年的发展，总市值已经超过日本仅小于美国，为全球第二大市场。近几年，私募基金和代客理财发展也很迅速。如果你就是一个私募基金经理，你可能会遇到这么一个实际的问题：下跌量最小化要比产生一个大的回报更重要，这是因为私募基金经理追求的是绝对化的收益。因此，你可能会考虑使用一个可以防止你返回去太多利润的离市策略。例如，如果你在3月初的交易过程中，这些交易的利润在你给客户的3月份的报表中上涨了15%，那么这些客户若听到你又返回去了很多利润时将会很不安。你的客户会把那些尚无定论的利润当作是他们的钱。因此，你需要一些在达到一定目的或者向你的客户汇报了业绩之后可以锁住大部分利润的离市方法。

正如前面提到过的，很多离市都存在着重叠的部分，例如，百分比回撤离市结合某个目标后就是一个很不错的离市策略，它能防止你返回去太多利润，但是也存在着一些其他的有效方法。

（一）利润目标

有些人喜欢使用那些可以预测利润目标的离市策略。如果你用的也是这种离市策略，那么你可以定一个特定的目标。

但是还存在着第二种方法可以锁定目标。根据历史性测试，你知道，如果在某个特定的起始风险乘数获取利润，自己的方法就可以产生想要的风险回报率。例如，你可能发现4倍的起始风险（4R）是一个不错的目标，如果你能够达到这个目标，就可能想获取该利润或者设立一个更紧密的止损。下面介绍的所有方法一旦在一个利润目标达成后，都可以在某种

程度上被紧缩。

（二）利润回撤离市

前面提到过的离市的一个很不错的想法就是要愿意返回去一定百分比的利润，并且在某些重要的时刻（比如向客户们汇报时或者一个利润目标达到时）来临时紧缩该百分比。例如，当你得到了一个 2R 的利润之后，为了使该利润增长，你可能愿意返回去其中的 30%。而当你有了一个更大的利润时，比如说 4R，你可能就只愿意在离市前返回去其中的 5% ~ 10% 了。

举个例子来说，假定你在 40 元买进了某只股票，同时设定的止损是 36 元，那么你的起始风险就是 10%，或者说 4 元。现在，这只股票的价格上涨到了 48 元，因此你有了 20% 的利润，就是 2R。这就可能触发只允许 30% 的利润回撤，即 2. 4 元的回撤的原因。如果股票下跌到 45. 6 元，你就会取走利润了。

若黄金继续上涨并且到了 56 元，你现在就有了 4R 的利润。直到到达 4R 的利润时，你才愿意放回去 30% 的利润，此时的每股的利润是 16 元。但是，现在这个 4R 水平是让你只拿利润的 10% 去冒风险的信号，那么你的止损就会移到 54. 4 元，如果股票下跌到 54. 4 元，你就会取走利润了。

我的意图并不是想介绍某些具体的水平，比如 4R 时的 10% 回撤等，只是想介绍一种可以用来达成你目标的方法，确定哪个水平能够最好地帮你实现目标就要看你自己的了。

心理离市

每个人都可以使用的最明智的离市方法就是心理离市。这些更依赖于你本身而不是市场行为，既然你是交易中最重要的因素，心理离市当然也是很重要的。

有些时候无论市场有什么行为，你在市场中的亏损概率都会大大增加。这包括你由于健康或精神方面的某些原因而感觉不舒服的时候、压力很大的时候、刚生了一个小孩或者搬家的时候等。这些时候你因做某些事情而导致的市场亏损就会大大增加。因此，我推荐你使用一个心理离市，把自己拉出市场。

另一个心理离市的好时机是由于一些生意方面的原因或要去度假而必须离市，这些时候不宜留在市场中。我再次建议你们在这些时候离开市场。

有些人会坚持说一次交易就可能赚到整年的利润，你不想错过那次交易。如果你很有纪律性并且在交易中是相当自动化的，那么我同意这个哲学。但是大多数人却并不是。在我提到的任何期间，一般的人都会亏损，即使是在一次很好的交易中也是如此。因此，了解自己是很重要的。如果即使是在一次好的交易中你也可能被摧垮的话，那你就必须采用心理离市了。

简单性和多重离市

在各种离市策略中，真正最起作用的是一些简单的理念，简单性之所以起作用是因为它一般都是建立在理解而不是优化的基础上。它之所以起作用还因为我们可以把这些简单的理念推广到大量的市场和交易工具中去。

然而，你仍然可以使用多重离市并使它们变得简单一些。不要把这两个理念搞混了，简单性是你的系统发挥作用所必需的，而多重离市经常是实现你的目标所必需的。当然，每个多重离市都可以是简单的。

让我们来看一个例子。假定你的目标只是要使用一个走势跟踪系统，并且愿意在市场中呆很长的时间，你相信自己的入市信号没有什么奇特的，因此想给你的头寸具有大量的空间。你认为一次背离你的大移动可能就是潜在的灾难的触发，因此在这种情形发生时，你希望能退出。最后，你决定既然起始风险非常大，那么一旦得到一次 4R 的利润时，就可以尽可能大范围地捕获。很好，就让我们根据这些信念来设计一些简单的离市方法。

首先，你想要一个非常大的起始止损，从而给头寸大量的空间，并且

不会造成在离市时受到双重损失，或者导致你必须再进去几次，从而又引起交易成本的增加。因此，你想使用早先学到过的三倍波动性止损。这是你最糟情形时的止损，也可以是你的跟踪止损，因为你会从每天的收盘跟踪，看它是否总是朝着有利于你的头寸的方向移动。

其次，你相信一次很强的不利于你的波动是一个好的预警信号，从而，你决定无论什么时候，若市场从昨天的收盘开始起一天之内就以两倍日常波动性的波动背离你而去，你就会退出。一般来说，这个止损方法优于其他的方法。

最后，一次 4R 的利润将会触发更紧密的止损，从而不会使你返回去很多利润，并且可以确信能够捕获已经得到的部分。

注意，所有这些止损都很简单，它们都是来自于我对什么样的止损能够达到那些目标的考虑。但是它们还未经任何测试，因此并不是最优的。也不存在什么股市分析高手，他们很普通。确实存在着三种不同的离市策略可以帮助你达到交易系统的目标，但一次只能有一个在市场中，那就是与当前价格最接近的那个。

投机者总是避开对好的离市策略的寻找，因为离市不能让他们得到对市场的控制感，然而，离市确实控制着某些东西。它们控制你能否保持既得利润或遭受亏损，并且还控制该利润或亏损的规模。既然它们有那么大的影响力，对大多数人来说研究一下还是很有价值的。

我们回顾了四种比较常见的离市类型，减小起始亏损的离市、使利润最大化的离市、使返回去的利润最小化的离市和心理离市。每种类型都介绍了一些不同的离市策略，它们之间有很大程度的重叠。

保护本金和已经获得的利润是每个已经或即将踏入股市，并希望把股市当成职业投机的投机者最关键的交易环节。在股市中赚钱不容易，亏钱却很快，股市是一个综合要求很高的投机游乐场。在这个游乐场，玩得好的人，可以当成一个终身的职业，如江恩、巴菲特，还有无数的成功人士。但在股市上破产的人，也大有人在。股市是一个负和游戏，亏钱的人比赚钱的人多，所以保护好你的本金和已经获得的利润，才能称得上是成功的职业投机者。

第六章 规则22

规则22：积累盈余。连续几次交易成功之后，就要把一部分钱放入一个盈余账户以备急需或者用作股灾时的应变。

——江恩

规则22告诉我们要学会累计盈余，只有在交易成功之后能够把资金慢慢累计起来，我们才能在投资中处于不败之地。

本章我们会跟大家谈谈累计盈余的理念以及重要性，同时笔者会根据自己对于股票市场的理解去跟大家分享一些累计盈余的思路。

投资者入市的唯一目的就是盈利，这是不需辩解的理由。不同的投资者的投资手法各有千秋，可谓八仙过海各显神通。

但无论哪一种投资方法，都逃不过逐步积累盈余这一规律。要逐步积累盈余，股市投机就需要做加法。

用江恩的话来讲，只有累积盈余，才能使资本增值，才能扩大自己的交易量，才能实现投机叠加效应。

所以江恩建议，当在股市投资中获得利润之后，不能闲置起来。他认为，只有外行才会把到手的利润闲置起来。

但股市中投机的资本大，风险也大，不把利润抽离股市，原有资本和积累的利润都在冒着市场风险。那么江恩对此有何良策呢？炒家江恩当然深知股市投机的风险，所以他总结说：“如果风险很大，就不要进行交易”。

他所谓的不进行交易，不是说逃离股市，置身事外，而是让我们耐心

等待可以买进或卖出的时机，并且在买进和卖出之后的某个价位，设置好止损指令，用于保护本金以及积累起来的利润免招重大亏损。

股市投机做加法，意思是指当投机产生了一定利润，而市场风险又显现出来之后，要及时把浮动利润转为实际利润，也就是要懂得套现离场。这一法则不管对中小投机者，还是机构投机者，或者长期金融资本投资者，都是放之四海而皆准的铁律。

华人首富李嘉诚，作为香港联交所18家上市公司的大股东，根据香港联交所的交易记录显示，2007年，李嘉诚曾对包括中国远洋（1919. HK）、南方航空（1055. HK）及中海集运（2866. HK）等8家企业进行了明显的减持。

早在2007年9月，李嘉诚就开始减持南方航空。11月8日，当李嘉诚第九度减持南方航空时，通过一次性减持580万股实现套现5559. 3万港元。而在此期间，南方航空的股价从每股13. 2港元滑至8. 67港元。

此外，李嘉诚还通过旗下的长江实业（0001. HK）4次减持中海集运，套现近9亿港元。同时，李嘉诚减持了中国远洋约1. 7亿股数，套现金额超过51. 7亿元。仅上述3只股票，李嘉诚就套利约合90亿港币。

接近李嘉诚的人评价说，他是一个很有危机感的人。上述资本市场的密集套现，便是最好的佐证。

2007年年末，李嘉诚公开表示，近期港股仍会波动，建议投资者谨慎小心。而在此之前，李嘉诚还大幅减持了永安旅游（1189. HK）、金匡企业（0286. HK）等几只香港本地股，仅金匡企业李嘉诚就套利约1. 1亿港币。

李嘉诚减持上述股票，并非偶然，他曾经说过："若一个人不知足，即使拥有很多财产也不会感到安心。我知足，但不表示没有上进心"。正如此言，对于笃定的投资收益，以谨慎著称的李嘉诚则表现出了十足的"豪放"。

华人首富李嘉诚尚且能在股价高企的时候，知足地减持套现利润，何况我们这些以股票投机为职业的投机者呢？

纵观沪深股市，由于年轻、由于股民还"严重非理性"、由于公私募基金经理们各自的需求、由于政策干扰市场、由于炒作蔚然成风，剧烈波动就成为沪深股市最大的特点。

请看图6－1上证指数的月K线图，从1990年12月19日有了指数以来，上证指数就在波浪曲折中前进。且不说远的，2005年6月到2007年10月这轮两年多的牛市，每股投机者都获得了超额的股市收益，但如果没能及时套现出来，2007年10月到2008年10月，一年的时间，很多股票不但把前面两年多的牛市绝大部分涨幅拉回原型，投机者的投机收益恐怕都是由正数变负数。同样，2008年10月至2009年7月的单边反弹行情，如果在2010年4月份，投机者不及时把利润锁定，随后两个多月的下跌，辛苦一年多的投机收益可能又变为乌有。

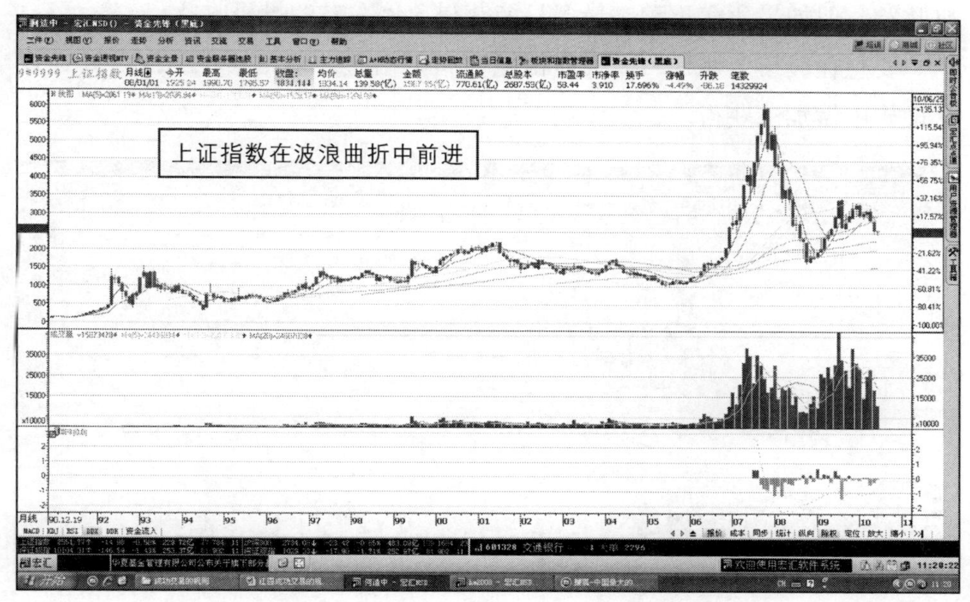

图6－1

再来看个股，图6－2所示的上海新梅（600732）这只股票，是一只波动性较大，暴涨暴跌型股票。

比如，2007年1月份，上海新梅的股价从4.43元的低位，4个多月的时间，就快速上涨到2007年5月底的13.55元，涨幅超过3倍。

但仅仅一个多月的时间，到2007年7月初，上海新梅的股价又从高位暴跌回6.54元，跌去50%还多一些。

但在短短的三个星期内，2007 年 7 月底，上海新梅股票又从低位戏剧性地上涨到 12. 78 元，涨幅近一倍。

出人意料的是，同样用三个星期的时间，2007 年 10 月底（期间 8 月 18 日到 10 月 21 停牌），上海新梅的股价又从高位打回原形。

从 2007 年 11 月 26 日，上海新梅又从 7. 62 元，上涨到 2008 年 1 月 14 日的 13. 35 元，上涨了 75%。

上海新梅在 2007 年 1 月到 2008 年 1 月一年的时间内，出现五次剧烈的波动，而且高点都在 13. 5 元附近。如果投机者能够把握到五次剧烈上下波动当中三次上涨的机会，在上海新梅这只股上，将获得近 10 倍的投机收益，但如果死守不动，最多只能获得 3 倍左右的投机收益。

要想在股市上赚钱，就要懂得把利润累积起来，而累积利润需要通过从操作中做加法获得。

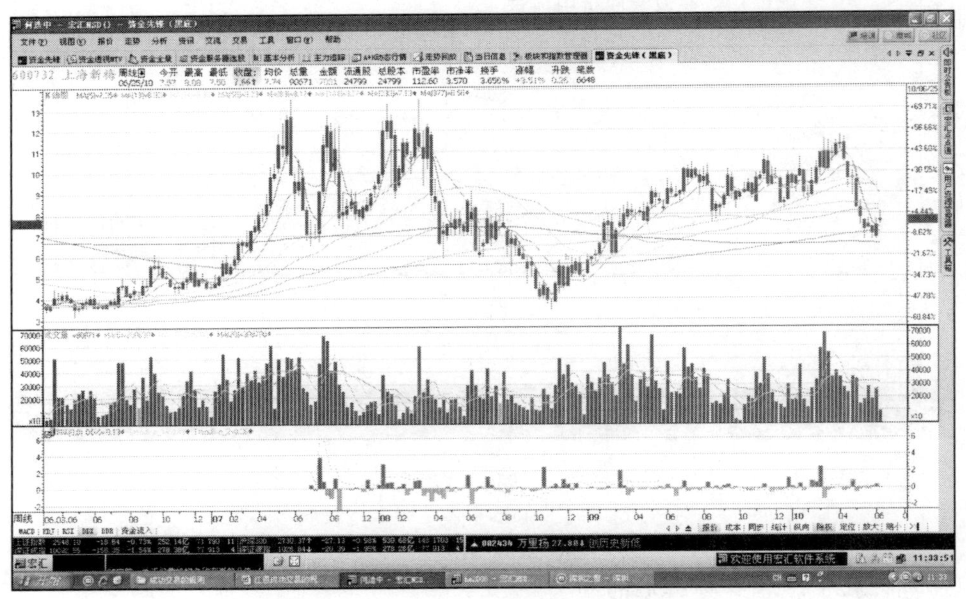

图 6－2

江恩曾经说过，在每一年当中，市场都会有两到三次的极端低位或高位的买卖机会。言外之意是，投机股票的上策是在市场波动过程中高抛低吸，其实这个道理简单得很，谁都明白，只是在实际的操作过程中，总是被这样那样的噪音所干扰，而错失在高位卖，在低位买的机会。投机股票，就必须清楚地知道，只有懂得高抛低吸，才有可能累积到投机利润，才可能完成加法的效益。

专业投机者的工作，就是尽可能多地避免灾难并挑选跑赢大盘的股票。我们不要期待我们能买到只涨不跌的股票，中国股市现在也已经是机构博弈的时代。能管理股票信托的私募公司，投机团队也已经粗具规模，领衔者或者来自公募的基金经理，或者来自证券公司的优秀投行人员和资产管理者，或者是民间获得了优秀投机收益的职业投机者，这些人都深谙市场的投机哲学和拥有良好的投机纪律。

市场在这些主流的投机者的博弈下，对上市公司的研究已经被挖掘到了“每个货柜箱的数量”（作者按：私募人士赵丹阳最经典的投机语录）。在这种背景下，股市完全博傻的可能性已经很小。理性，有策略，知足的投机风格可能生存空间还没有被挤压到没有机会的地步。相反，如果还是期待或者博傻的投机风格，可能会亏损到破产。

好像下面两个案例，百联股份和上海机场都是上海本地股，也是世博会受益的股票。从世博会这个投机主题来看，无疑很受机构投机者的青睐。截至 2010 年 3 月 31 日，百联股份基金合计持仓 111529996 股，上海机场基金合计持仓 124426381 股。证明这两只股票还是比较受基金追捧的。如果单一基金要大比例增持一只股票，必然会实地调研上市公司，也就是说投机的盲点基本不存在了。

那么，从这两只股票的走势图来看，百联股份（600631）从 2008 年 10 月的低点 5.97 元上涨，到 2010 年 1 月 19 日的 20.24 元，累计涨幅达 3.39 倍。在此值得一提的是，这两只股票涨势最好的阶段是 2009 年 10 月初到 2010 年 1 月中旬。在此期间，百联股份在 13 元附近上涨到 20.24 元，上海机场也是从 13 元附近，上涨到了 21.00 元。涨幅都在 60% 左右。同期，上证指数从 2700 点附近上涨到 3300 点左右，大盘上涨幅度只有 22% 左右。百联股份和上海机场的涨幅明显大于上证指数。

如果在百联股份和上海机场这两只股票涨势最好阶段的 2009 年 10 月初到 2010 年 1 月中旬参与进去了，那个期间的投机收益相当可观。作为职

业投机者，不可能不知道世博会这个投机主题，也不可能看不出股价走势的异动。也就是说，买到这两只的股票应该是大概率事件。

现在的问题是，假设某君已经买了这两只股票的某只，而且获得了近40%左右的投机收益，而2010年1月中旬，距离世博会开幕式2010年5月1日，还有三个多月的时间，在这三个多月期间，某君的持股心态如何，是继续持有等待世博会的开幕，还是根据股票的实际走势调整持股情况（继续持有或者开始减持）。

不同的态度，将决定接下来两种截然相反的结果。

从图6－3和图6－4来看，在2010年4月底，百联股份和上海机场同步大幅下跌，当然这有大盘环境下跌的因素，但不可否认的是，这两只股票的跌势明显比大盘快。截至2010年4月30日，百联股份的收盘价为15.13元，上海机场的收盘价为16.04元。距离2009年9月底的13元启动价，只有不到20%的浮动收益了。我们假设某君是在14元附近买入，那么某君的账户浮动收益只有10%左右的正收益了。

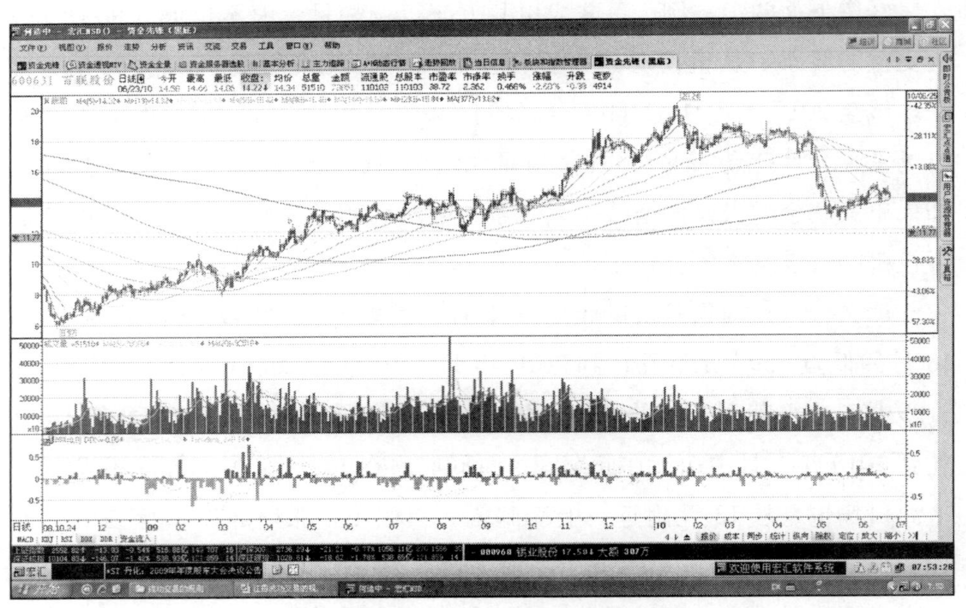

图6－3

如果此时还不及时了结，接下来的走势，将使某君在这两只股票上的投机由正收益的40%左右，变成负收益的10%左右。到2010年5月中旬，百联股份最低跌到12.55元，上海机场最低跌到11.80元。正负收益之差达50%。这在2009年下半年到2010年上半年，大盘环境较差的背景下，已经是超额收益了。

所以说，要积累投机盈余，就要懂得把已经产生的浮动盈利转换为实际的利润，股票投机需要做加法。用江恩的话来讲，只有累积盈余，才能使资本增值，才能扩大自己的交易量，才能实现投机叠加效应。

尽管江恩建议不要把在股市投机中获得的利润闲置起来。但江恩同时也警告我们，除非已得到了利润，否则一定不能急于扩大交易规模。原因是所有重要的商业机构都殚精竭虑地创造盈余，并且也乐于把盈余公之于众。所有企业在特定的时间内都曾经在亏损的情况下运营，投机者或投资者也一定要预料到这种亏损。所以，投机者或投资者必须创造能够弥补亏损的盈余，才能继续进行交易。

我曾经经历过这么两个投机案例。第一个是投机天茂集团（000627）的时候，当我们把底仓建好之后，股价在一定时期内，出现了较剧烈的反复，而且两度跌回我们建仓成本价之下。

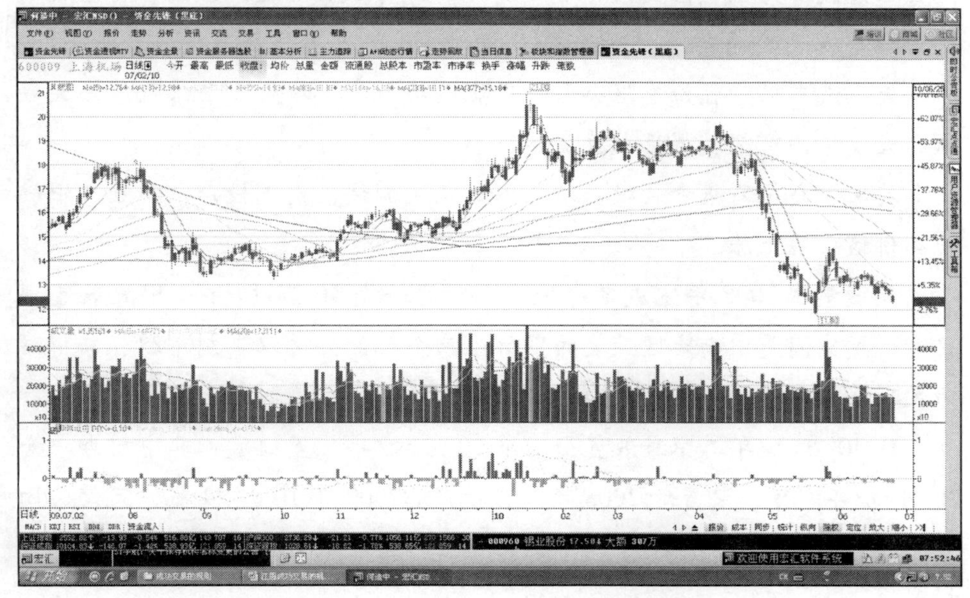

图6-4

在这种不利局面之下，我们投机团队内部尽管意见一致，而且意志坚定，但客户却出现了不同的声音，这无疑干扰了我们两度摊低成本的机会。但作为专业投机团队，纪律是第一位的。在股票的走势还摇摆不定的时候，我们没有急于扩大交易规模，因为我们还没有在天茂集团这只股票上获得利润。

具体的情况是这样的：按照我们的投机逻辑，基本面和技术面结合的双重标准。

通过研究员对天茂集团公司的实地调研，基本面支持我们买入的理由有：

首先，天茂集团参股的保险公司进入上升辅导期。

2009 年 9 月 14 日天茂集团披露，公司收到参股公司天平汽车保险股份有限公司通知，该公司与国泰君安于 2009 年 9 月 14 日签署了《股票发行上市辅导协议》，并已按要求向中国证监会上海监管局办理了辅导备案登记手续。天平保险正式进入上市辅导期。

资料显示，天平保险成立于 2004 年 12 月，其 2007 年、2008 年及 2009 年上半年均实现盈利，预计 2009 年全年亦将实现盈利。目前天平保险公司总股本为 5.5 亿股，其中天茂集团持有 1.1 亿股，占该公司总股本的 20%，系该公司第一大股东之一。

天平汽车保险股份有限公司一旦能成功上市，作为天平保险第一大股东的天茂集团有望获得巨大收益。

其次，公司募集资金投资的二甲醚完成调试，正式投产，而且二甲醚产品价格小幅上涨。

天茂集团 2008 年完成定向增发，投资一个 40 万吨/年二甲醚装置项目。天茂集团是中南地区最大的甲醇生产企业，公司以煤制甲醇、二甲醚为主，强力打造出一条新型能源产业链。

该 40 万吨/年二甲醚装置由两个 20 万吨/年装置组成，其中前期一套 20 万吨/年二甲醚装置于 2008 年 6 月投产。2009 年 10 月 24 日，天茂集团宣布公司第二套 20 万吨/年二甲醚装置顺利通过试运行并一切正常，正式投产。

至此，公司利用募集资金建设的40万吨/年二甲醚装置全部投产，公司拥有二甲醚生产能力达到50万吨/年。该项目全部建成达产后，可实现年新增销售收入14.15亿元，新增税后利润1.484亿元。

二甲醚作为新型能源替代品，发展前景得到市场的认可，目前国内上马二甲醚项目的上市公司众多，还包括潞安环能、中煤能源、远兴能源、兰花科创、泸天化、赤天化、威远生化等十多家公司。但是在已经正式投产的公司中，拥有50万吨产能的天茂集团是其中产能规模最大的一家公司。所以天茂集团的二甲醚业务具有规模优势，而且一直处于盈利状态。新增产能的投产将进一步扩大公司的规模优势，可以降低公司二甲醚的单位吨生产成本。同时拥有50万吨/年二甲醚生产能力，二甲醚产品的销售收入占到主营业务收入的六成左右。

2009年10月中旬，国际油价大幅上涨，纽约市场的主力原油期货价格一度突破81美元/桶，天茂集团第二套二甲醚装置的投产可谓正当其时。因为国际油价的上涨确实带动了二甲醚的价格上涨，一般当国际油价在每桶50～60美元的时候，二甲醚作为液化气替代品的成本优势就会显现。当前国际油价上涨到81美元/桶，确实带动了二甲醚价格的上涨。

国都证券的一份报告也显示，因国内液化气市场大涨，二甲醚与液化气套利空间巨大，下游采购氛围良好，带动了二甲醚价格上涨。而且“二甲醚替代柴油”的产业政策，国家早晚要放开。目前二甲醚主要用于添加液化气以及充当陶瓷和玻璃产业的工业燃料。

我们的研究员还跟踪研究到，随着国际原油价格的不断走高和上游原材料成本的上涨，二甲醚产品销售价格亦有小幅上升。其中2009年1～10月销售均价约为3000元/吨，11月到的销售均价约为3300元/吨，有些公司对外零星销售价格最高价曾达到4000元/吨。

最后，甲流暴发，甲流疫苗、感冒药、退热镇痛药热销。

天茂集团作为国内退热镇痛药生产基地，公司是原料药龙头，公司主导产品“布洛芬”产能达到3000吨/年，居全国第一，世界第三，也是国内唯一通过欧洲COS认证的布洛芬生产企业。布洛芬在临床上主要用于普通感冒或流行性感冒引起的高热，在治疗小儿发热方面更有满意疗效。公

司现有300吨/年的“皂素”生产装置，生产能力居全国第一，已经成为天津药业等国内皂素用量前5位的大型制药企业的供应商，公司与印度GRANULES公司成立合资公司，合作生产布洛芬。GRANULES公司是全球最大的压片级颗粒剂生产厂商，实力强劲。

2009年天茂集团完成了布洛芬的扩产和合资，完成了年产50吨的右旋布洛芬的扩改、年产60吨布洛芬赖氨酸盐扩产及多功能车间建设。目前已拥有布洛芬、右旋布洛芬、皂素、奥沙普秦、托拉塞米、格雷司琼、磷酸氟达拉滨、巴柳氮钠、加替沙星、托拉塞米等一线品种，成为有影响力的解热镇痛药的生产基地。

基于这三点基本面情况，投机天茂集团的理由较为充分。因此，2009年11月18日，我们开始买入天茂集团股票，底仓成本价为7.53元。如图6－5所示。

自我们买入之后，天茂集团的股价按照我们的预期往上涨到了2009年11月23日最高的8.06元。接着就是一次快速的回调走势，2009年11月27日，最低跌到6.80元，跌去0.73元，跌幅达9.70%。要知道，我们的止损幅度为10%，这次下跌让我们很头疼，大家当时的情绪都比较低落，深感控制建仓成本低的好处。而且这个时候客户的一个动摇电话，让我们无奈地把止损指令在2009年11月28日早早就挂了上去。也许是老天关照，11月28日天茂集团高开高走，收市价回到了7.22元。接下来的两个交易日继续回升，并且上涨到了底仓成本价7.53元之上。

但涨到2009年12月8日8.49元之后，天茂集团的股价又掉头下跌，12月22日，再次跌到7.01元的低价。由于买入一个多月之后，底仓一直没有产生浮动利润，所以在接下来的大半个月时间内，当股价一直徘徊在我们买入的成本价附近时，都没有考虑追加仓位。直到2010年1月12日和13日连续两个交易日的放量上涨，我们才把追加仓位的议题正式提了出来，并在接下来的几个交易日内把仓位追加到了我们预期的目标。

追加仓位的另外一个理由是：经过多次实地调研，知道公司2009年净利润同比会大幅增长，这在2010年2月1日公司披露的信息得知，2009年度，公司净利润预计增长500%～550%。而且2009年度可能有送配方案，因为自2002年度10股送0.5股转增1股再派0.125元红利之后，只在2008年9月18日10股派了0.30元。多年没有送配的前提下，2009年高送配的预期自然强烈。

当我们刚刚把目标仓位建好之后，天茂集团的股价再次出现回落，2010年1月27日跌到7.72元，这个价位已经跌到了我们平均成本价之下，我们在天茂集团上的仓位全面被套，形势对我们又开始不利。

由不利转为有利局面的催化剂是2010年2月1日公司披露的一则公告，2009年度，公司净利润预计增长500%～550%。这个公告出来的当天，天茂集团的股价低开高走，收出一个大阳线，2月3日，再次出现6.44%的大涨，把股价推高到了8.88元，远离我们建仓的成本区域。

在我的建议下，2010年2月8日回调的这一天，我们调高了天茂集团的仓位，而且达到了我们持有一只股票的最大限度。

接下来的走势也确实争气。整个2月份，天茂集团上涨了28.03%。

2010年3月3日，天茂集团突然临时紧急停牌，3月4日公司披露2009年业绩预告。公告显示，公司实现营业收入9.65亿元，同比增加6.08%，营业利润5320万元，同比大增2226.31%，净利润5027万元，同比增517.38%，基本每股收益0.074元，增加516.67%。

由于净利润大增，公司董事会决定，以公司2009年年末总股本6.778亿股为基数，向公司全体股东每10股送1.5股派发现金0.17元（含税），由资本公积金向股东每10股转增8.5股，其余未分配利润结转下年。

2010年3月4日复牌当天，天茂集团开市即封死涨停，而且交易量很大，由于股价低，送配方案诱人，很多投机者蜂拥买入。而这个时候，当股价第二次即将打开涨停的时候，我们全部抛售了天茂集团的股票，不到4个月累计获利超过50%。天茂集团成为2010年涨幅前10位的大牛股。

对于投机天茂集团，我们的投机心得是：

第一，在持有底仓阶段，由于股价反复，我们不敢轻易追加仓位。

第二，在走势按照我们预期的方向发展的时候，也就是江恩所说的有了利润之后，我们大胆地追加了仓位，大胆的理由是对公司基本面的深入调研之后做出的决策。

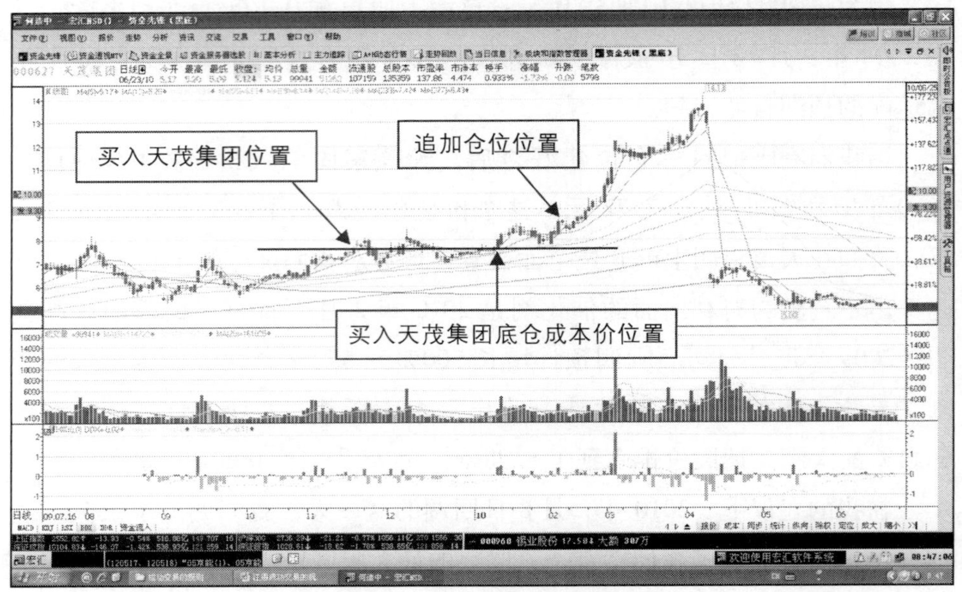

图 6-5

还有一个投机案例也值得一提，就是长园集团（600525）。

同样按照我们的投机逻辑，基本面和技术面结合的双重标准。

通过研究员对长园集团公司的实地调研，基本面支持我们买入的理由有：

第一，热缩材料、电网设备及电路保护元件三个领域的龙头企业。

长园集团为热缩材料，电网设备及电路保护元件三个领域的龙头企业，具有显著的品牌优势和较高市场占有率，也是同行业中唯一通过国家科技部和中国科学院认定的高新技术企业。随着国家对电网投资的力度将大幅增长，尤其是智能电网的大力投资计划更是给公司提供了快速发展的绝好机会。另外公司 PE 投资业务迎来收获季节，投资的光讯科技（002281）已成功上市，为公司带来巨额收益，另有多家公司即将登录中小板和创业板，将刺激股价上涨。

第二，三大主业全面反弹。

受金融危机影响，公司净利润从 2008 年四季度到 2009 年一季度经历了一轮下降周期。2009 年一季度公司净利润同比下降了 65.5%，而公司

2009年二季度已经比业绩下降前的2008年二季度同比增长了14.7%。随着热缩财料订单的恢复，以及电缆附件和环网柜产能的扩大，我们预计公司三季度业绩将基本与上年持平，全年有望实现30%以上的增长。

（1）热缩材料订单从二季度开始见底反弹。长园集团是我国最大的热缩材料生产企业，按销售收入排名居世界第二位，仅次于美国瑞侃公司，预计全年热缩材料收入增长在14%左右。高速铁路用热缩材料是新的业绩增长点，目前在手订单4000万元，全年计划实现销售收入6000万元。公司热缩材料博士后工作站正在积极研制核岛用热缩料。一套核电站的热缩材料采购金额在8000万元左右，目前主要由国外厂商提供，毛利率可达90%左右。长园集团在突破这一产品的生产技术后，将形成在核电领域的进口替代。

（2）电网设备毛利率有较大增长。除去出售广东长园的影响，公司的电网设备业务是稳定增长的。公司的电缆附件产品上半年已经生产了1000多套，超过上年同期水平，环网柜产品出现供不应求的局面。预计全年电网设备销售收入将实现30%的快速增长。

（3）电路保护元件6月份市场需求开始井喷，7月单月净利润创新高长。长园集团是国内最大的PTC电路保护元件生产企业，公司生产的聚合物基自复保险丝（PPTC）、陶瓷基热敏电阻（CPTC）主要应用于2G、3G手机的电路保护。公司控股子公司上海维安主要向三星和LG等手机生产厂商提供PTC电路保护元件，目前已经远远超过主要竞争对手美国瑞侃公司，占到了手机厂商采购金额的70%。7月份上海维安的单月净利润已经达到550万元。预计未来的订单数量将稳步提升，全年净利润将实现翻倍增长。

第三，加快进入高速铁路和轨道交通设备市场。

2009年7月公司通过议案以人民币3500万元的价格增资北京中昊创业工程材料有限公司（以下简称“中昊创业”），增资完成后，公司持有中昊创业30%的股权。中昊创业生产的中空锚杆、接地端子、绝缘卡、起吊套筒已通过铁道部产品质量监督检验中心检验，其中中空锚杆是目前全国规模最大、质量最好的铁路隧道用锚杆产品。中昊创业2008年度总资

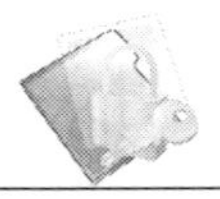

产5343.22万元，净资产1090.83万元，主营业务收入5469.16万元。近年来，中昊创业先后参加了高速铁路（武广客运专线、京津城际客运专线、京沪客运专线、京武客运专线），地铁（广州地铁九号线、深圳地铁三号线、北京地铁六号线）等工程建设。

参股中昊创业之后，长园集团将借助中昊创业铁路销售网络，带动长园集团热缩材料、电缆附件、环网柜、继电保护、微机五防、合成绝缘子等电网设备相关产品进入铁路市场，拓宽公司的市场空间，谋求经营的协同效应，分享中国未来十年高速成长的高速铁路、公路、桥梁建设市场。

第四，PE投资业务迎来收获季节。

长园集团的全资子公司长园盈佳先后参股武汉光讯科技、东莞高能、和而泰、长盈精密、联创健和、珠海奈电等公司。武汉光讯科技于2009年8月21日成功登录中小板。长园盈佳持有光讯科技5.5%的股权，共660万股，初始投资金额1210万元，2009年10月20日收市价30.72元，按这个收市价计算，660万股的市值超过2亿元，投资收益率近17倍。光迅科技是长园集团开展PE投资业务以来，第一个成功上市的参股企业。目前和而泰与东莞高能正申报在中小板上市，联创健和、长盈精密和珠海奈电积极准备申报创业板。

第五，配股项目提高公司盈利能力。

长园集团配股方案已于8月7日获得证监会批文。本次配股方案为：以公司截至2007年9月30日，总股本128，143，400股为基数，按每10股配3股的比例向全体股东配售，可配售股份总计为38，443，020股。配股价格预计在8.5元左右。本次配股所募集资金计划用于以下项目：

（1）环保型汽车用、电子用无卤阻燃热缩套管及特种氟塑料套管产业化项目。该项目投资总额为1.63亿元。目前该项目涉及的上海电子生产基地已经建成，正在进行搬迁工作。预计2009年10月投产，达产后可实现年销售收入2亿元，年利润总额3100万元。

（2）110kV以上电缆附件及智能化紧凑型SF6全绝缘环网成套开关设备研发生产基地建设项目。该项目由长园集团全资子公司长园电力负责实施，投资总额为1.65亿元。本项目建设内容包括110kV高压电缆附件和智能化紧凑型SF6全绝缘环网成套开关设备生产线，以及500kV超高压实验大厅。目前该项目涉及的珠海生产基地已经建成，正在进行搬迁工作，预计2009年10月份可全面投产，达产后年产5000套110kV以上高压电缆附件和1万套智能化紧凑型SF6全绝缘环网成套开关设备，预计年销售收入可达3亿元，年利润总额为4600万元左右。

基于上述五点投机理由，结合长园集团（600525）2009年2月中旬以来长期箱体走势的特征，如图6－6所示。2009年10月20日放量上涨之后，我们决定对其投机。并于2009年10月21日到23日建好底仓（一个星期内），平均成本在20元左右。

自从我们买入长园集团之后，其股价走势就基本按照我们的预期发展。在账户上产生了浮动利润之后，如果按照江恩的投机逻辑，在股票投机业已得到了利润之后，可以扩大交易规模。于是我们分别在2009年12月25日和2010年3月18日分别追加了仓位，平均成本价也上升到了24元附近。

2010年3月23日，长园集团公布2009年度财务报表，年报显示，2009年，面对国际金融危机的严重冲击，在国家扩内需、保增长、调结构的宏观环境下，公司积极利用自身优势，抓住了国家对电网、高铁、3G行业高投入的重大契机，向投资者交出了一份优异的年报：2009年度，公司实现主营业收入9.69亿元，同比增长13.16%；实现净利润1.41亿元，同比增长42.16%。2009年度公司还计划10转10派1（含税）的分配方案。

在良好年报的催化下，2010年3月24日，长园集团的股价大幅上涨7.13%，收市价为33.21元。随后，股价继续爬高，2010年4月13日最高涨到39.66元之后，出现获利回吐的调整走势，而且收出一个长阴线，技术上有短期见顶之嫌。于是我们在随后的几个交易日，以平均35元的价格全部抛售了长园集团。这只股票我们实际获利超过45%。

客观来讲，长园集团这类股票，一年当中也很少遇到，公司基本面优良，股价长期没有得到市场炒作，还出人意料地推出高送配方案。用业内行话来讲，这是典型的价值投资型股票，但我们只做了一次价值投机，这

才是我们的投资理念。

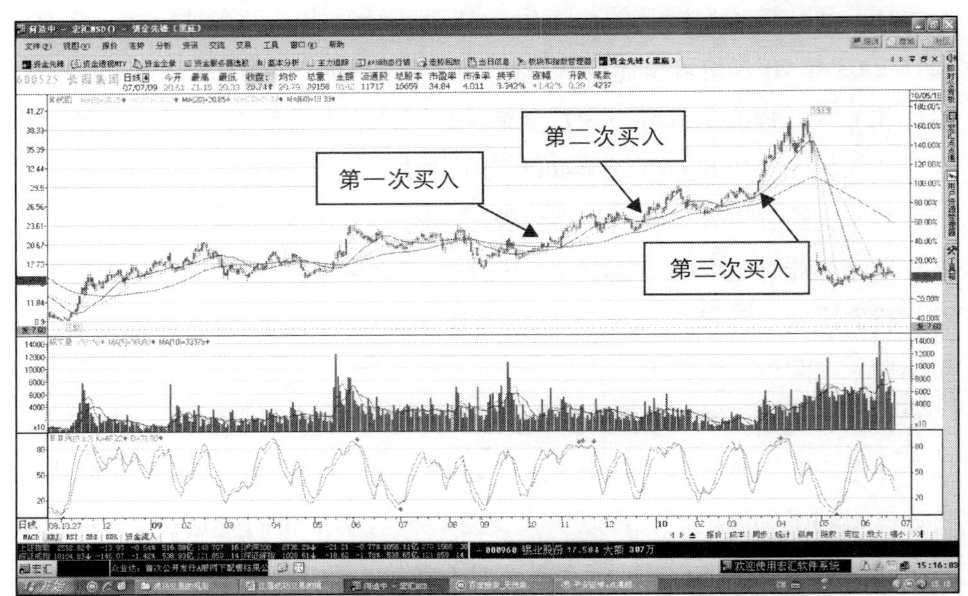

图 6 -6

上文我们谈到我们在股票市场需要不断累积盈余，通过复利滚雪球的方法不断地扩张自己的资产。

有一个古老的故事，一个爱下象棋的国王棋艺高超，在他的国度从未有过敌手。为了找到对手，他下了一道诏书，诏书中说无论是谁，只要打败他，国王就会答应他任何一个要求。一天，一个年轻人来到了皇宫，要求与国王下棋。经过紧张激战，年轻人终于赢了国王，国王问这个年轻人要什么样的奖赏，年轻人说他只要一点小小的奖赏，就是在他们下的棋盘上，在棋盘的第一个格子中放上一颗麦子，在第二个格子中放进前一个格子的一倍，每一个格子中都是前一个格子中麦子数量的一倍，一直将棋盘每一个格子摆满。（即：1、2、4、8、16、32、64、128、256、512、1024、2048、4096、8192、16384、32768、65536、131072、262144、524288、1048576…）国王觉得很容易就可以满足他的要求，于是就同意了。但很快国王就发现，即使将国库所有的粮食都给他，也不够1%。因为即使一粒麦子只有一克重，也需要数十万亿吨的麦子才够。尽管从表面上看，他的起点十分低，从一粒麦子开始，但是经过很多次的乘方，就迅速变成庞大的数字。

这个故事很生动地揭示了复利效果。

所谓的复利，就是俗话说的“利滚利”。

同理，如果您的年收益率为20%，那么三年半后，您的钱就翻了番，一万元变成两万元。如果是20万元，三年半后就是40万元。听上去多么动人，多么神奇！真是这样吗？

谁都知道，货币是有时间价值的，而它的表现就是利息。人们通常从利率的高低去关心利息的大小，却往往忽略了计利方式的重要性。譬如，同样一笔投资，在同样年限和利率的情况下，用复利和单利这两种不同的计利方式，获得的结果大相径庭。

快速致富是每个投资者强烈的愿望，许多初入市的投资者都希望快速致富，这种浮躁的心态往往欲速则不达。很多人以为致富的先决条件是巨大的资金与庞大的信息网，和超出常人数倍的能力，其实并非如此，只要您有足够的耐心与长远的投资计划，复利会使您走向真正的成功。真正的成功都是复利所致，如果一个人在20岁开始以一万美元开始投资，如果可以保证每一年的复合增长率是35%，等到他70岁时，就可以拥有328亿美元的资产，这就是复利的效果。

李嘉诚先生从16岁开始创业一直到73岁时，白手起家57年，家产就已达126亿美元，这是一个天文数字，对于普通人是不可想象的，李嘉诚也因此成为世界华人的首富。但是我们仔细来算，如果我们有一万美元，每一年复利可以达到28%，用同样的时间，就可以做得同李嘉诚一样出色。猛然看，一年28%的利润并不高，我们也许会在一两个星期的时间里获得比这高得多的收益，但事实上，成功的艰难不是在于一两次的暴利，而是持续的保持。

说到这里，读者朋友们肯定已经动心了吧，接下来，我就为大家介绍，在股市中，如何在不同的市场环境下根据行业轮动去进行投资，从而实现不断的盈余累计。

根据我的经验和统计结果，我给大家如下建议：

在大盘处于牛市阶段，牛市初中期多配置周期性的品种，例如有色金属、机械行业等，因为在牛市初中期，随着经济的恢复发展，那些周期性很强的行业的业绩会快速回升，由于业绩弹性大于非周期性行业，使得这些企业在牛市初期的股价表现也是蒸蒸日上。

下面我们来看几个案例。

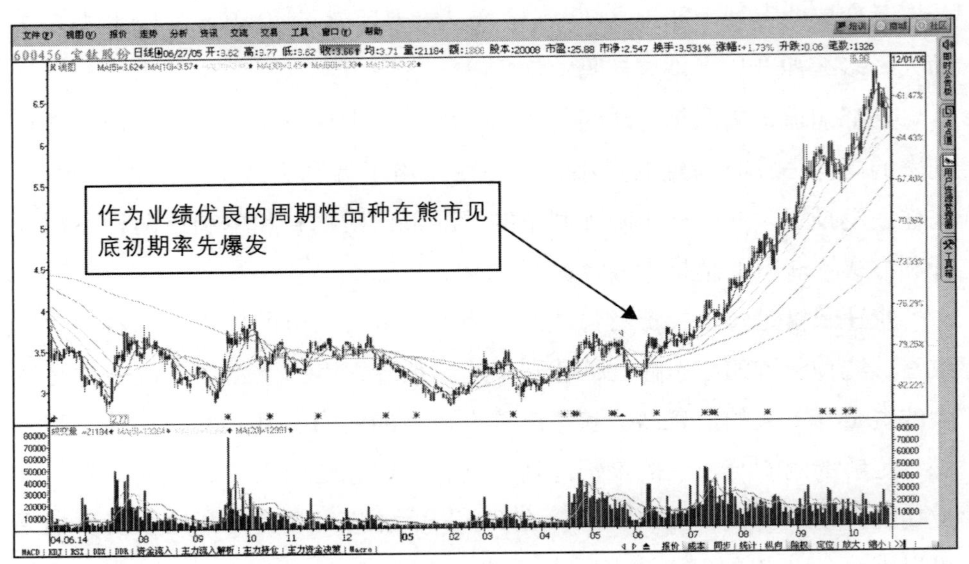

图 6－7

图 6－7 所示是宝钛股份（600456）自 2004 年 6 月至 2005 年 10 月底的日 K 线图。该公司是一家主营钛及钛合金的生产、加工和销售的上市公司。该公司于 2002 年 4 月登录上海证券交易所，此时，正直股市处于 2001 年 6 月至 2005 年 6 月 4 日的大熊市期间，宝钛股份跟随大盘逐步走低，至 2005 年 6 月大盘见底，宝钛股份总跌幅为 51%。由于上市以来就遭遇熊市下跌，宝钛股份在 2005 年 6 月大盘见顶前期，已经表现出蠢蠢欲动的走势，公司股票已经于 2004 年 7 月开始进入横盘震荡整理走势，股价先于大盘企稳，说明已经有资金在早期就开始布局这只股票了。

2005 年 6 月后，大盘刚刚见底反弹，宝钛股份就已经走入上升通道中了，在接下来的 4 个多月上涨了 111%，快速完成翻倍行情，也是 2005 年牛市见底初期的领涨龙头股之一。

宝钛股份在大盘见底初期就能有如此靓丽的表现，不仅归功于其属于有色金属这个周期性行业，同时期优异的基本面也是支撑股价快速反弹的支柱，下面我们来看宝钛股份的基本面亮点：

第一，持续增长的业绩。

2004 年度公司获得每股收益 0.34 元，这在当时的熊市情况中实属不易。

2005 年 4 月 22 日，公司公告称 2005 年 1 ～ 3 月每股收益 0.15 元，净利润同比增长 29.10%。

2005 年 7 月 19 日，公司公告显示 2005 年 1 ～ 6 月每股收益 0.281 元，净利润同比增长 47.52%。

虽然熊市才刚刚见底，但是宝钛股份的业绩已经数次预增，这也说明公司的运营状况正在逐渐转好，在牛市初期，由于周期性行业业绩反弹快，增长明显，这也是周期性行业在大盘牛市见底初期股价能够迅速上涨的根本原因。

持续的预增，点燃了宝钛股份股价的上涨热情。

第二，主营业务不断拓宽。

据公告显示，宝钛股份公司于 2005 年 9 月 15 日，召开三届一次董、监事会，审议通过公司关于合资建设焊管有限责任公司（下称：焊管有限公司）的议案：公司决定与常州法力诺长城焊管有限公司、法国 Valtimet 公司及美国 Timet Asia 公司共同出资约 1500 万美元，建立年产 600 吨钛焊管有限公司，其中公司以现金认购并出缴相当于 240 万美元的人民币金额，占新公司注册资本的 40%；常州法力诺长城焊管有限公司出资 174 万美元，占注册资本的 29%；法国 Valtimet 公司出资 120 万美元，占注册资本的 20%；美国 Timet Asia 公司出资 66 万美元，占注册资本的 11%。

公司在加强国际合作，扩大产能之后，业绩会再上新台阶。

稳定的业绩增长和稳健的经营扩张方式，使得宝钛股份在牛市初期得到主力资金的认可，成为一时间的龙头股。不仅仅是宝钛股份，据笔者统计，在 2005 年牛市初期，领涨股的百强中行业占比最大的就是有色金属行业，尤其是那些业绩不错的有色金属行业得到了市场的认可，快速上涨。

如果我们在牛市初期，多加强这类股票的投资，我们就能在这一时机累计更多的财富。

接下来我们再来看另外一个案例。

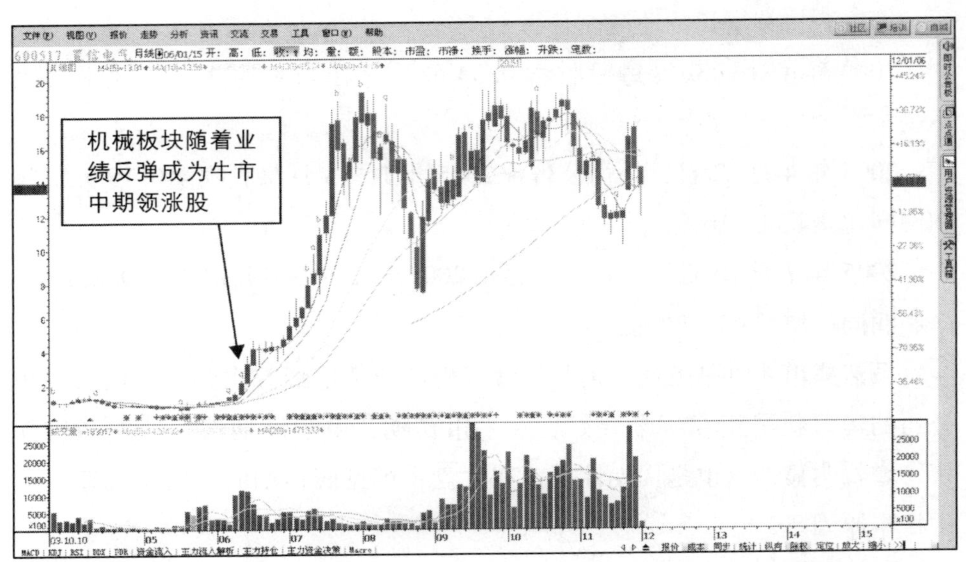

图 6－8

图 6－8 所示是置信电气（600517）上市以来的月线全景图。该股是一家从事非晶合金变压器及部件的研发、生产、（外发）加工和销售的公司，于 2003 年 10 月登录上海交易所，自置信电气上市以来至 2005 年 6 月跟随大盘下跌了 46%。

2005 年 6 月后，上证指数见底企稳，置信电气也开始缓慢上涨，2006 年 3 月后，作为机械股的置信电气股价快速反弹，短期内连续暴涨，3 个多月上涨了 300%。

下面我们就来看看置信电气股价暴涨的基本面因素：

第一，行业龙头股，技术先进。

公司是一家民营控股、国有大型企业参股的上市公司。1998 年，公司根据原国家三委两部（国家计委、国家经委、国家科委、电力部、机械部）要求“积极研究和推广非晶合金变压器”的指示精神，引进美国通用电气公司（GE）的设计原理，自主开发生产具有国际先进水平的非晶合金配电变压器和非晶合金组合式变压器，成为中国唯一获得美国 GE 公司非晶合金变压器技术许可，生产、销售该类产品的公司。目前公司基本垄断国内非晶合金变压器市场，2005 年市场占有率为 80% 左右，是当之无愧的非晶合金变压器行业龙头。目前虽然也有不少企业看到了非晶合金变压器巨大的市场蛋糕，纷纷准备上马，但由于技术积累和市场拓展的多重原因，加上置信电气巨大的先发优势构成的进入壁垒，预期 2 ～ 3 年内，设想竞争者对公司构成实质性威胁的可能不大，期间公司的市场份额至少将保持在 60% ～ 70%，甚至可能形成“赢者通吃”的局面，并率先享受到行业爆发式增长的收益。

第二，业绩快速稳定增长。

2005 年年末市场启动已现端倪，2006 年大规模生产迎合市场成定局其实从 2005 年第四季度开始，公司的销售就出现了明显的增长。当季实现销售收入达 13455 万元，同比增长 160%，环比增长 81%。2006 年一季公司销售收入 8886 万元，同比猛增 83%，随后 4 月份发布了上半年业绩将同比大幅度增长 100% 以上的预增公告。据我们了解，公司目前销售一改以往的艰难局面，客户纷纷加大了对产品的购买，也就是说 2006 年市场启动已成定局。最近一则有效的信息是，公司销售的主市场江苏省从 2006 年开始配电变压器全面采用非晶合金变压器，预计全省年需求量在 2 万台以上，而这一大额订单最终很可能全部落在置信与江苏电网公司成立的合资公司“帕威尔置信”（公司控股）头上。

第三，市场的不断拓展和产能的不断扩大。

携手电网公司拓展市场，公司原先立足“苏浙沪”的策略已开始向辐射全国转变。

上市之前，公司非晶合金变压器产量仅有 1000 台左右，2003 年 10 月上市之后，通过募集资金项目，成功地将非晶合金变压器产能扩大到了 4000 台以上。2005 年，公司实际销售非晶合金变压器近 3800 台。公司下一步的扩张规划是，结合我国变压器市场的区域性壁垒特点，采取与地方电力部门合资成立变压器生产企业，用技术和管理来换取产能和市场，区域性壁垒预计将一一被打破。目前江苏电网公司已和公司成立合资公司

帕威尔置信（公司占51%的股权），而浙江、山东、国家电网公司等也正在洽谈，公司拓展市场的总体方针已由立足苏浙沪的策略开始向辐射全国转变。

在经济开始复苏，机械行业需求增加的基础之上，不仅仅是置信电气，很多机械行业的业绩实现了快速增长，在牛市中段这段时间，机械行业板块也成为市场耀眼的明星，成为所有板块中领涨股最多的板块。

可见，在牛市的中段，如果我们超配业绩增长较快的机械行业的股票，想必我们的收益会跑赢大盘，获得更多的超额收益，为我们累计更多的财富。

在牛市的末期和大盘上涨中的震荡行情里中，我们可以配置一些诸如商业连锁以及医药等行业，由于这些行业在之前牛市初期和中期基本处于被冷落的状态，但是在牛市末期和上涨中震荡市场，其他周期性类型股票基本已经大幅上涨，难以继续带来持续的上涨力量，这时这些之前涨幅较小的品种往往具有一定的机会。

下面我们继续来看一个案例。

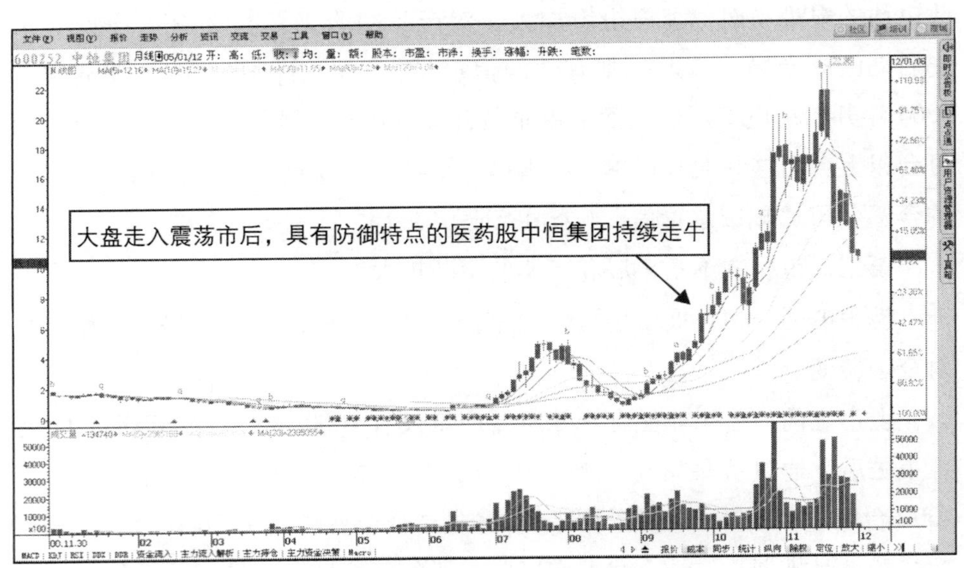

图6－9

图6-9是中恒集团（600252）上市以来的月线全景图。该公司是一家主营制药、房地产开发与经营电力、建筑施工、酒店旅游服务等，其中制药占到公司主营收入的80%以上。

自2000年11月登录上海交易所之后，公司股价表现一直不甚理想，在上市后至上证指数在2001年6月见顶以来，这段时间中恒集团不但没有上涨，反而股价下跌了3%，令人沮丧。2005年大盘见底企稳，走入了大牛市，中恒集团在股价在2006年年底前都一直表现糟糕，直到2007年开始，中恒集团才迎来迅速上涨行情，受2008年金融危机的拖累，中恒集团又跌回了2005—2007年牛市起涨点附近，2009年，中恒集团再次跟随大盘反弹。

2009年8月后，上证指数进入上升市场中的震荡走势，停滞不前，与之前不同的是，这次中恒集团没有跟随大盘走入震荡行情，而是走出了自己的独立走势，在震荡市中逐步上涨，至2011年7月，中恒集团在两年左右时间里上涨了481%，成为大盘在震荡市场中的耀眼明星。

下面我们就来看看支撑中恒集团上涨的基本面亮点。

第一，国企向民企转变，改变公司利益驱动方式。

公司是老牌中药企业，2006年年底股权变更，从地方国企转变为民营企业后，组建新的职业经理人管理团队，全面推行营销创新，短短几年给公司带来翻天覆地的变化。公司医药产品采用代理制，新的管理层对经销商不断优化，加强与有实力的经销商合作，产品市场份额逐年提升。公司医药业务2007—2009年贡献净利润约为公司全部利润的90%，公司还有部分房地产业务，并通过收购介入龟苓膏业务。房地产业务2007—2009年均处于盈亏边缘；饮料食品2010年开始贡献收入，民企入主，为老牌中药企业迎来新的春天。

第二，丰富的产品线和行业具有领导地位的龙头产品。

公司具有研发中药217个品种，其中列入国家基本医药目录的药品有30个，国家独家生产品种21个。血栓通粉针是公司的主打产品，占公司医药的收入和净利润比例超过70%。

其他医药产品主要是中华跌打丸和妇炎净（OTC）等。

主打产品血栓通粉针竞争优势明显。血栓通粉针为独家生产品种，获得国家发改委的单独定价权，2009 年 1 月获得发明专利授权，专利保护期至 2026 年，同时进入国家基本药物目录，为医保甲类品种。

血栓通为单方提取三七，纯度高于“血塞通”等同类产品，具有良好的水溶解性，不需要借助任何有机溶剂，安全性好，目前主要用于治疗缺血性脑血管疾病，未来还可以延伸至冠心病、糖尿病等，在视网膜中央静脉阻塞症及内眼病，眼前房出血等疾病上也显著疗效，公司正在申请拓展应用领域，并在基层社区医院积极推广其保健功能。公司产品定价高于同类产品，相对竞争对手优势明显。

血栓通从 2007 年开始供不应求，近几年销售收入增速在 70% 以上。

第三，主打产品进入高增长期。

公司血栓通（粉针）在“三轮驱动”下保持确定性的高增长。

血栓通“量增、价涨、成本降低”三轮驱动：

血栓通（粉针）入选国家基本药物目录（独家），从而让我们对于血栓通销售增长得到确认。在国家强制配置和使用制度下，血栓通在低端医院和基层医疗机构覆盖率将大幅提高。品种优势提升和经销商层级压缩，血栓通出厂价格提高可期，利润向企业倾斜。同时 2010 年血栓通二期产能达产，生产成本下降。

根据预测梧州制药 2009—2011 年血栓通销量分别为 6400 万支、9100 万支、1.16 亿支。

（1）2009 年，销量增长 + 出厂价格提高：销售拉动（存量医院和新增医院覆盖）和提价因素，预计公司 2009 年全年销售 6400 万支，实现收入 4.1 亿元，同比增长 105%。

（2）2010 年，销量增长 + 成本降低：预计公司低端医院和基层医疗机构需求大幅增长，以及公司 2010 年血栓通二期达产，生产成本降低。预计公司血栓通粉针销售量为 9100 万支，销售收入 5.49 亿元，同比增长 34%。

（3）2011 年，销量增长 + 出厂价格提高：终端需求继续释放，公司血栓通出厂价格提高 10%。我们预计血栓通销售 1.16 亿支，销售收入 7.38 亿元，同比增长 34%。

第四，联手销售巨头，优势互补增强公司竞争力。

公司2011年11月6日公告，与步长签订产品总经销协议，时间自2010年12月1日起至2015年11月30日止。协议生效后，公司制药板块2011年将实现含税销售收入约23亿元，2012年实现含税销售收入约30亿元，以后三年每年均有递增。步长为国内医药销售的龙头企业之一，合同条款中关于付款、保证金等对于步长较为苛刻，显示了中恒强大的议价能力和产品竞争力。销售外包后，管理层将有更多精力从事药品研发、生产和龟苓膏业务，从而推动公司进入新的成长轨道。

第五，持续增长的业绩。

公司自2008年之后，业绩已经进入稳定增长阶段，持续增长的业绩为其股价的上涨提供了源源不断的动力。

在如上的基本面利好之下，中恒集团给震荡市场的医药股树立了榜样，大批医药股纷纷上涨，医药板块也成为这两年震荡市场上最靓丽的一朵奇葩。

如果在震荡市场或者牛市后期配置了这样的防御性品种，我们会让我们的财富累加效应更加明显。

在大盘处于下跌浪的震荡市场中和下跌段时，我们可以投资那些更具防御性的品种，因为此时大环境是熊市环境，市场人气极其低落，只有那些诸如交通服务类的港口、高速公路、机场以及公共设施类型的电力等行业，由于业绩非常稳定，受经济波动影响非常小，成为此时最好的避风港，甚至为我们带来利润。

这里要说明的是，在最弱势的下跌浪中，我本人并不赞成投资股票，像2008年这样的快速下跌浪的中后段，市场已经几乎没有表现好的板块了，而2004年后期至2005年6月这段时间，由于大盘下跌比较缓慢，所以尚能找到例如高速公路，港口等防御性的品种。记住一点，当大盘处于快速下跌浪的中后期，市场几乎没有什么品种可以抗跌，这时候千万不要贸然去购买股票，此时，最好的策略就是持币观望。所以下面我就主要给大家介绍下跌中震荡市场中具有防御能力的股票吧。

下面我们来看一个案例。

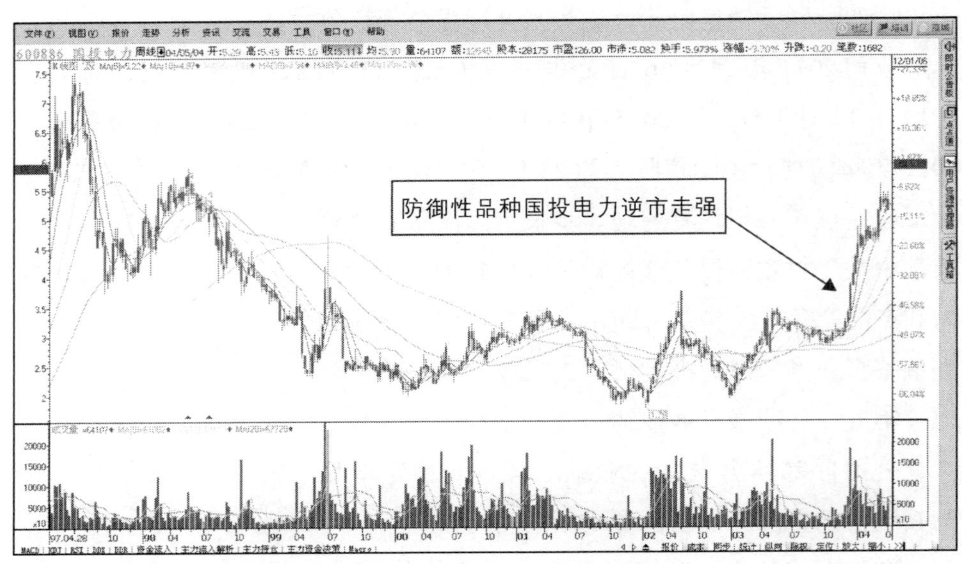

图 6－10

图 6－10 所示是国投电力（600886）自 1997 年 4 月至 2004 年 4 月的周 K 线图。国投电力是一家主营电力、热力生产和销售，电网经营；新能源项目、高新技术、环保产业的开发及应用；信息咨询的上市公司，其中电力行业占到其主营收入的 87%，属于公司事业性的防御企业。

2001 年 6 月至 2002 年 1 月，上证指数下跌了 38%，此时市场也是处于一片恐慌中。随后，上证指数就进入了为期两年的下降通道中的震荡行情中，起初国投电力也是跟随大盘走入震荡行情，但在 2001 年 11 月之后，国投电力放量上涨，随后大盘做震荡盘整，他却震荡上升，底部不断抬高，终于在 2003 年 10 月之后，伴随着大盘的震荡反弹，国投电力迅速上涨，从底部累计涨幅已达 180%，大幅领先于上证指数。

与国投电力类似的，华能国际等一大批电力行业股票都在这样的行情下爆发，涨幅大幅领先大盘。在大盘弱势购买防御性强的股票，我们可以再次取得正收益，累计我们的资产盈余。

与之前的国投电力类似，图 6－11 所示的赣粤高速（600269）由于其业绩优异，在 2004 年 9 月至 2005 年 6 月这段大盘下跌段中，逆市爆发，上涨了 27%，而同期大盘却大幅下跌了 31%。

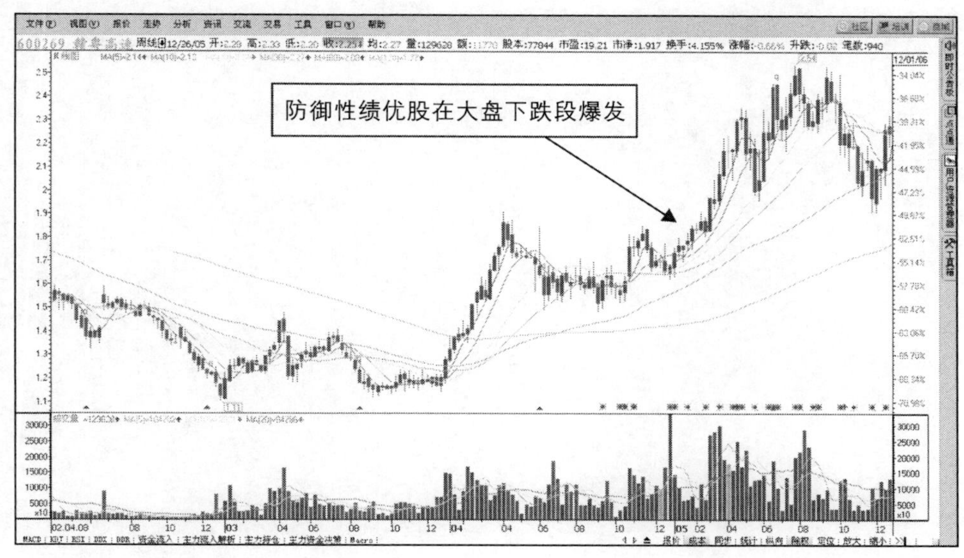

图 6－11

通过以上案例，我们可以看出，只要我们能够做到根据不同的大盘环境和行业特点去投资，我们就能够不断累积盈余，做到资金的复利增长。

第三部分

心态篇

第七章　规则23

规则23：不要因为失去耐心而退出股市，也不要因为等得不耐烦就入市交易。

——江恩

第一节　耐心的重要性

在本章的第一节，我们就来和大家探讨一下耐心的重要性，我们先来看一个故事。

获得财富需要耐心

一位立志在40岁非成为亿万富翁不可的先生，在35岁的时候，发现这样的愿望靠目前的薪水根本达不到，于是放弃工作开始创业，希望能一夜致富。过了五年，其间开过旅行社、咖啡店，还有花店，可惜每次创业都失败，他的家也陷于绝境。到40岁时，他心力交瘁的太太无力说服他重回职场，在无计可施的绝望下，跑去寻求智者的协助。智者了解状况后对太太说："如果你先生愿意，就请他来一趟吧！"

欲望无止境秋风落叶扫不尽

这位先生虽然来了，但从眼神看得出来，这一趟只是为了敷衍他太太而来。智者不发一语，带他到庭院中。庭院约有一个篮球场大，庭中尽是茂密的百年老树，智者从屋檐下拿起一支扫把，对这位先生说："如果你能把庭院的落叶扫干净，我会把如何赚到亿万财富的方法告诉你。"

虽然不信，但看到智者如此严肃，加上亿万财富的诱惑，这位先生心想扫完这庭院有什么难，就接过扫把开始扫地。过了一个钟头，好不容易从庭院一端扫到另一端，眼见总算扫完了，拿起簸箕，转身回头准备收起刚刚扫成一堆堆的落叶时，他却看到刚扫过的地上又掉了满地的树叶。懊恼的他只好加快扫地的速度，希望能赶上树叶掉落的速度。但经过一天的尝试，地上的落叶跟刚来的时候一样多。这位先生怒气冲冲地扔掉扫把，跑去找智者，质问智者为何这样开他的玩笑。

智者指着地上的树叶说："欲望像地上扫不尽的落叶，层层消磨你的耐心，耐心才能听到财富的声音。你心上有一亿个欲望，身上却只有一天的耐心，就像这秋天的落叶，一定要等到冬天叶子全部掉光后才扫得干净，可是你却希望在一天就扫完。"说完，就请夫妻俩回去。

百袋稻米缘起一把黑色种子

临走时，智者对这位先生说，为了回报他今天扫地的辛苦，在他们回家的路上会经过一个粮仓，里面会有100包用麻布袋装的稻米，每包稻米都有100斤重，如果先生愿意把这些稻米帮他搬到家里，在稻米堆后面会有一扇门，里头有一个宝物箱，里面是一些金子，数量不是很多，就当作是今天扫地与搬稻米的酬劳。

这对夫妻走了一段路后，看到了一间粮仓，里面整整齐齐地堆了约二层楼高的稻米，完全如同智者的描述。看在金子的份上，这位先生开始一包包地把这些稻米搬到仓外。数小时后，当快搬完时，他看到后面有一扇门，兴奋地推开门，里面确实有一个藏宝箱，箱上无锁，他轻易地打开宝物箱。

他眼睛一亮，宝箱内有一个小麻布袋，拿起麻布袋并解开绳子，伸进手去抓出一把东西，可是抓在手上的不是黄金，而是一把黑色小种子，他

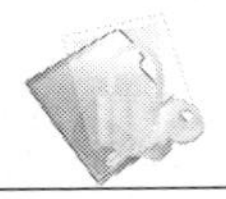

想也许这是用来保护黄金的东西，所以将袋子内的东西全倒在地上。但令他失望的是，地上没有金块，只有一堆黑色种子及一张纸条。他捡起纸条，上面写着："这里没有黄金。"

这位先生失望地把手中的麻布袋重重摔在墙上，愤怒地转身打开那扇门准备离开，却见智者站在门外双手握着一把种子，轻声说："你刚才所搬的百袋稻米，都是由这一小袋的种子历时四个月长出来的。你的耐心还不如一粒稻米的种子，怎么听得到财富的声音！"

通过上面的案例，我们是不是要重新思考耐心对我们积累财富的重要性，抱着一颗一夜暴富之心，不能用耐心来对待我们的财富积累，最终往往会使我们误入歧途，反而离财富越来越远。

证券市场是一个高效率的市场，每天的价格波动十分频繁，这给一些投资人造成一种幻觉，似乎只要迅速投入市场就可以让人获利，这正是在投资人中普遍存在的快速致富的心理陷阱。在这些投资人的眼中，证券市场好像是一个钞票满天飞的地方，他们只要伸手就可以大捞一把。由于这种快速致富的心态，投资人很难静下心来，仔细地考虑和计划被搁置一旁，而代之以没有耐心和冲动。这种诱惑不可避免地导致这样的情形：使市场参与者还不会走就想飞。而且，在这种心态左右之下做出的投资决定，往往会与投资人原先的想法相反。

没有其他的商业冒险会像证券市场那样使大多数的参与者变得如此没有耐心，这或许是快速致富的思想成了许多投资人的推动力，对他们来说不断地重复这个过程同样是非常容易的。时间将会冲淡一切，日复一日的失败也很难改变投资人中的这种幻觉，甚至会更加激起投资人一种急于求成的心理。华尔街著名的投机客在其谈到这种现象时说："时间因素对成功的投机而言比起其他任何商业交易更不能被忽视。"

与上面的案例类似，很多人在投资中所犯的一个主要错误就是：他们试图抓住每一次市场机会，这种策略很少能获得成功。因为这样做不仅使我们失去敏锐的洞察力，而且会使许多人陷入一种输赢交替的循环运作之中。想抓住每一次趋势变化的企图，也会使我们失去客观性、失去对市场的触觉，很容易导致心理不平衡。同时，这也使我们更倾向于根据冲动而不是事实采取行动。做出投资决定更多的是依赖一时的可能性而不是经过冷静的思考和反省。

因此，在市场中，谨慎远比试图抓住每次市场机会的想法给我们带来更多成功的可能。彼得·林奇在《战胜华尔街》一书中把任何因为股价的升降而买卖股票的人都称为市场的投机者。他说："市场的投机者试图对股价的短期波动进行预测，希望获取快速的利润。但极少有人能以这种方式赚钱。"他还指出："试图跟随市场节奏你会发现自己总是在市场底部即将反转时退出市场，而在市场升到顶部即将反转时进入市场。人们会认为碰到这样的事是因为自己不走运，实际上，这只是因为他们想入非非。"

值得永远记住的一点是：即使现在失掉一次机会，永远还有另外一次。这就像在城市里打的，错过一辆，很快就会来下一辆。只有在成功的可能性很大的情况下做出的决定才是最好的投资决定。也只有当一个人用冷静的、不同的眼光（这常常需要避免天天泡在市场中）来评估投资可能性时，他成功的可能性才会大大增加。

杰西·利物莫有句经典名言："我赚到大钱的诀窍不在于我怎么思考，而在于我能安坐不动，坐着不动，明白吗？在股票投资中，能够买对了且能安坐不动的人少之又少，这也是投资者最难做到的。忽略大势，执着于股票的小波动是致命的，没有人能够抓到所有的波动。"

接下来我们再来看另外一个有关耐心的故事。

耐心并重复着

一位世界著名的推销大师，在结束推销生涯前的演讲吸引了五千多位精英参加。当许多人急切地向他询问推销的诀窍时，他微笑着表示不必多说。

这时，全场灯光暗了下来，会场一边出现了四名彪形大汉，他们合力抬着一个铁架走上台来，铁架下还垂着一个大铁球。现场的人都"丈二和尚摸不着头脑"。

推销大师走上台，用一根棍子朝铁球敲了一下，铁球没有动。隔了五秒，他又敲了一下，铁球还是没有动。于是他每隔 5 秒就敲一下。如此持续不断，铁球还是一动不动。台下的人开始骚动了，有人陆续离去，但推销大师还是静静地敲着铁球。人越走越多，所剩无几。

终于，大铁球开始慢慢地晃动了。经过 40 分钟后，铁球大力摇晃，任何人也不能使它停下来。最后，这位大师面对留下来的人，介绍了他一生的成功经验：重复并耐心地做那些看起来很简单的事情。以这种持续的毅力每天进步一点点，当成功来临的时候，你挡也挡不住。

从上面的例子中，我们可以领悟到，做任何事情要想获得成功，最重要的是要对“你的目标”抱有一个必胜的决心。这种决心，足以让我们在面临各种困难的时候不会犹豫不决。

另外，要有一种足够坚韧，或者义无反顾的顽强毅力。这种不懈的毅力会对“你的目标”是否成功起到非常重要的作用。必须坚持到底，绝不能放弃。因为放弃的这一刻距离成功可能仅仅是几步之遥。

股神巴菲特曾说，你要没有把一只股票拿 10 年的信心，那你就连 10 分钟也不要拿它。坚持的过程，其实也是一种从量变到质变的孵化过程，这个过程可能是漫长的。因为，在多数情况下，你不知道这样的孕育还要多久。你所面临的就是，昨天、今天以至明天都是一样的。所以，坚持的过程，是极其枯燥乏味的。可当“质变”来临的那一时刻，也就会如同火山爆发一样，势不可挡。

我们经常听到身边的朋友说，这只股票我拿了好长时间它就不涨，我怎么刚刚卖了，它就涨呢？如果我们换个思路，其实也就好理解了。当我们拿不住的时候，坚持不了的时候，恰恰也是其他投资者们持股心理承受的临界点，你卖，他卖，大家都卖，这也正是主力机构的筹码吸纳集中的时候。现在，筹码都在主力手上了，他不拉升，还等什么呢？

可能对于耐心的简单回答，是一件非常轻松的事情，但对于耐心的坚持，就是一件异常艰难的事情了。特别是在证券市场，当那红绿交错的数字一刻不停地变换，我们的耐心会出现波动，甚至开始动摇。特别是当看到有的股票开盘就封住了涨停，那百分之十的利润瞬间进账，我们的耐心还能固若金汤般的牢固吗？要是该股第二天、第三天还是疯狂上涨，可能许多投资者已经经不住诱惑，满仓杀进了。

要想真正做好股票投资，就要切实做到无论是在狂热还是恐慌的市场氛围中，我们都要沉寂下自己躁动的内心，过滤笼罩在市场上的层层迷雾，拨开覆盖在市场中的种种表象，辨析嘈杂市场里的细微裂变。只有将影响自己判断力的种种不利因素真正剔除，才可以异常灵敏地捕捉到正在发生或是将要发生的质变。

市场上最后的胜利者，是属于那些具有洞察秋毫能力和自信顽强的人，属于可以控制住自己浮躁行为的人。他们会关注一只在底部长时间默默横盘的股票择机潜入，并与机构一起耐心地收集众人在各种利空传闻中恐慌抛弃，或不屑一顾的廉价筹码。或许在条件允许的情况下，适当做些有较大把握的差价，而不是一天不操作就抓耳挠腮般的难受，总是喜欢抢一些刀口舔血般危险的反弹。做股票成功的前提——看你能不能真的克制住自己不切实际的急迫欲望。

因此，做股票投资者，拥有耐心是我们做好投资的重要素质，只有有了耐心，我们才能够更好地抓住股票市场中的投资机会，同时能够让自己买入的股票卖出个好价钱。

第二节　耐心做好股票投资

第一节中，我们通过几个案例，讲述了我们在股票投资中需要有耐心。在本节中，我们主要和大家探讨一下如何才能在股票投资中保持耐心，做好投资。

要做好耐心投资，我们需要做好以下两个方面。

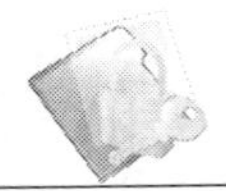

树立正确的投资观念，不要以一夜暴富的心态投资股票

对于我们广大的投资者来说，必须要树立正确的投资观念，股票市场并不是我们可以迅速敛财的地方，股票市场只是我们理财的工具之一，对于这样的理财工具，我们需要抱着长远的思路去进行投资，而不是老想着快速的牟取暴利。

分清自己的需要是保持投资人耐心的一个条件。大多数人来到证券市场的主要目标就是获利，但纯粹以获利为目标的投资人却很难在市场立足。原因很简单，这样的目标极易使投资人失掉理性。金钱是这么奇怪的一种东西，人一旦为其所困，就会变得十分感性。

在投资界，追逐利润是人们的首要目标，但见利就追的急躁冒进者，往往会劳神费力，一无所获，或者投入市场的陷阱之中而不能自拔。而另有一些投资人看似轻轻松松，并不以一时的得失为动摇，却往往能在股市中盈利。所以，我们说进入证券市场的人们，追求的是同一个目标——利润，得到的却是两种结果——输或赢。

因此，我们要做股票市场上的理性投资者，用理性的眼光来看待投资，只有在充满心态平和的环境下，我们的投资之路才会越来越顺畅。

要有自己的投资逻辑，买卖股票要符合自己的买卖理由

这一点也是我们一直强调的，我们买卖股票，一定要遵循自己既定的投资逻辑，而不是盲目地跟风投资。我们要先弄清楚目前的大环境是否适合投资，同时我们还要通过基本面和技术面等投资思路的精心筛选后，才能确定我们投资的股票是否是符合我们投资逻辑的，只有对我们的投资有着十分重要的把握，我们才会更加容易地做到耐心投资。

下面我们就通过几个实际案例来进行分析，让大家充分了解如何做到耐心投资。

我们来看案例一。

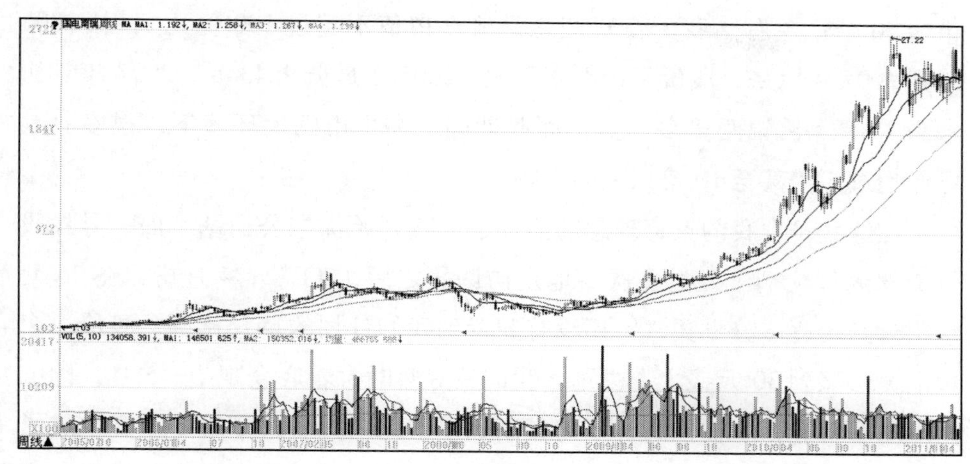

图 7 – 1

国电南瑞（600406）是一家从事电网调度自动化、变电站自动化、火电厂及工业控制自动化产品的研究开发、生产、销售、服务以及与之相关的系统集成的公司。公司是经国家经贸委批准，由主发起人南京南瑞集团公司以其下属的电网控制分公司和系统控制分公司的生产经营性净资产及位于南京市浦口区沿江镇高新技术产业开发区的 1848.8 平方米的土地使用权和 4586.9 平方米房产作为出资，国电电力发展股份有限公司以现金收购南京南瑞集团公司工业控制分公司的经营性净资产作为出资，联合南京京瑞科电力设备有限公司、江苏省电力公司、云南电力集团有限公司、黑龙江省电力有限公司、广东华电实业有限公司、济南英大国际信托投资有限责任公司等 6 家法人单位以现金出资，共同发起设立的股份有限公司。公司注册资本 6900 万元。2003 年 10 月，公司股票登录上海交易所，发行 4000 万股，募集资金 3.9639 亿元。

图 7 – 1 所示的是国电南瑞自 2005 年 7 月至 2011 年 5 月的周 K 线图。

国电南瑞是我们耐心投资的一个经典案例。在我们公司的股票池当中，2007 年的时候，国电南瑞这只股票我们曾经赋予过较高收益预期，并多次赴江苏公司总部所在地实地调研。每次调研回来的结论都是两个字：心动。当时这只股票尤其符合我的投资理念：股本不大：总股本 25506 万股，流通股本 17492 万；2007 年年初的股价徘徊在 25 ～ 30 元之间，流通

市值50个亿左右（我的投资理念是流动市值不超过100亿元）；从2005年到2007年以来，股价累计涨幅不大，2005年最低9.43元，2007年年初最高32元，涨幅两倍多一点，而此期间，在牛市的大环境下，很多股票已经超过5倍甚至10倍以上的涨幅。

在这些符合我的投资理念的前提下，我开始深挖公司基本面，寻找股价上涨的催化剂。经过多次实地走访调研之后，2007年4月份，在26元钱附近开始逐步分批买入，还没有配置到我们计划的持仓比例，股价一个星期突然涨到30元钱之上去了，我们只好暂时拿着底仓观望。5月，国电南瑞的股价进一步被推高，下旬最高到了38.50元。这个历史新高也成了五年多的历史顶峰。市场经历2007年6月份的调整，从7月开始，牛市步伐继续拾级而上，但此时此刻，国电南瑞的股价却背驰而行，2007年我们投资国电南瑞无疑是失败的。

分析基本面原因有二：

（1）公司业绩释放不出来，2006年度公司每股收益有0.542元，2007年之释放出0.558元，基本持平；2008年只有0.491元，每股收益都低于投行和我们的预期。

（2）电网投资低于预期，尤其是2008年的全国电网投资都不足国家计划的50%。

2007年10月份开始到2008年10月的熊市，国电南瑞自然随波逐流下跌。2008年4月份股价最低为15.18元，这个时候，大熊市才走到半山腰，上证指数从2008年4月份的一个反弹高点3700点一线继续下跌到2008年10月1664点的时候，国电南瑞却没有再创新低，这在当时的市场环境下是凤毛麟角的股票了。

虽然我们2007年在国电南瑞上有过失败的投资经历，但我们并没有放弃它，因为这只股票太符合我个人的投资理念，所以我们的底仓也就一直没有出来，相反，2009年开始我们继续开始实地的调研。这个时候，国电南瑞的转机来了，我们预计股价会得到市场的认可和机构的深度挖掘，原因有三：

（1）行业龙头：公司是国内电力自动化领域的技术领先企业和市场龙

头企业，在高端电力二次设备市场占有率高达50%以上，大股东南瑞集团注入农电自动化业务资产，完善公司高低端电力自动化业务。公司电网相关产品销售于国家电网，有一定程度的垄断性。

（2）轨道交通：我国规划至2015年建成2400公里轨道交通，是世界最大城市轨道交通市场。公司全资子公司国电南瑞（北京）控制系统有限公司是专门从事轨道交通电气化项目的产业化和市场化工作，全资子公司中德保护控制系统有限公司是西门子最大代理商。公司曾成功参与运作德黑兰地铁、广州二号等项目，目前正在参与北京轨道项目、广州三号、南京一号线、重庆轻轨、武汉轻轨等项目。2008年度显示，公司轨道交通电气及保护业务同比增长17.42%，占总收入的21.6%，成为公司重要的利润来源。

（3）数字化变电站：2008年度公司在广东电网变电站技改批量项目招标中中标15座变电站的数字化改造工程，随着未来数字化变电站在全国推广，将成为公司新的盈利点。

同时，控股股东有增持公司股份的强烈愿望。

很快，国电南瑞（600406）2009年5月14日公告称，公司控股股东南京南瑞集团公司5月13日以29元/股的价格增持公司股份2892240股，占公司总股本的1.134%。增持后，南瑞集团持有公司股份92551680股，占公司总股本的36.286%。

南瑞集团为此出资83874960元。公告显示，南瑞集团拟自2009年5月13日起的未来12个月内，继续增持公司股份，增持比例合计不超过公司总股本的2%。受此消息影响，2009年5月14日早盘，国电南瑞在大幅高开后被资金快速拉高，盘中成交量出现快速放大，截至早盘9点35分，国电南瑞报30.80元，上涨8.37%。

同时，2008年电网投资明显低于预期的局面，受到中央高层的重视。因此，2009年为落实国家“十一五”规划、扩大内需保增长的关键之年，电力行业和城市轨道交通行业作为国民经济可持续发展的重要物质基础，有望迎来行业的景气高峰。国电南瑞（600406）作为国内电力自动化领域的技术领先企业和市场龙头企业，背靠实力雄厚，拥有强大的行业背景资

源和具有大量优质资产的控股股东，同时享受电网建设和轨道交通建设双高峰的空前机遇，未来业绩将有比较明显的释放。

针对国家“4 万亿刺激经济计划”，国网公司和南网公司于 2008 年 11 月宣布了最新投资计划。与原有规划相比，国家电网公司计划未来 2 ～ 3 年内电网投资规模达到 1.16 万亿元，新增投资 6100 亿元。南网公司在原规划 1100 亿元基础上每年增加 300 亿投资。当时，我们预计，未来两三年，我国电网投资将迎来爆发式增长期。

在电网投资加大的情况下，公司作为国内三大高端开关研发和制造基地之一，产品受益最大，同时，公司产能释放正逢其时，未来几年业绩增长有充分保障。

公司基本面的改善和行业机会的转机，催化了国电南瑞股价的上涨，2009 年 5 月份，也就是在控股股东增持公司股份当月，股价就创出历史性新高。随后几个月，股价出现小幅波动。

2009 年 7 月 16 日，国电南瑞（600406）发布公告，公司拟收购南瑞集团城乡电网自动化、电气控制及成套设备加工业务相关资产（含债务）。交易标的账面净值为 23965.38 万元，评估值为 40260 万元，购买价格为 40261 万元。再一次兑现股改承诺。

城乡电网自动化业务相关资产：即城乡电网分公司，主要业务集中在中低压继电保护领域，包括为电力系统的 110KV 以下电压等级变电站、各种容量发电厂和电力系统外石油石化、钢铁等市场的客户提供保护、保护监控一体化产品和系统集成、技术咨询、工程调试等服务。

电气控制业务资产：即电气控制分公司，主要应用于电力系统中发电设备运行与控制自动化、电力系统电力电子技术应用领域。主要产品为发电机励磁系统系列产品。南瑞集团的发电机励磁专业长期保持国内的龙头地位。

成套设备加工业务相关资产：即成套设备厂/分公司，主要应用于电子产品生产工艺研究及加工制造；电气设备各种类型机械载体的工艺研究、产品开发与生产制造；电网自动化、电厂自动化、工业自动化电气设备、电气控制设备的成套生产、系统调试和服务支持等。它是国内业界最大的电力系统自动化设备生产制造基地之一，拥有国际先进的以表面贴装（SMT）设备为主的电子工艺及生产加工系统；以自动和半自动调试环境为主的产品电性能测试及生产调试系统。

购买了这三块资产对公司有何影响呢？拟购买的三块资产除将增厚公司业绩外，对公司的影响还包括减少同业竞争、增强整体竞争力；有利于加快风电控制系统研发和产业化进程；有利于完善公司上下游产业链，减少关联交易等。

同时，我们对公司做出的盈利预测是：不考虑本次收购资产及电网公司加快智能电网建设的影响，我们之前预测公司2009—2011年EPS分别为0.65元、0.77元、0.84元；我们预测拟收购资产2009—2011年EPS分别为0.222元、0.277元、0.302元；收购资产后2009—2011年EPS分别为0.872元、1.044元、1.143元。

我们的投资评级是：本次完成收购后，南瑞集团尚有稳定技术分公司、水情水调环境监测分公司、大坝工程监测分公司、信息系统分公司、通信系统分公司及对南瑞继保、深圳南瑞、南瑞自控的股权没有进入国电南瑞，未来还有资产注入的空间。智能电网建设公司亦将会大大受益。我们维持“买入-B”投资评级，目标价位50元。

2009年7月22日，国电南瑞晚间发布2009年半年报，由于新签合同同比大幅增加，公司上半年净利润增长四成。

期间公司实现销售收入6.04亿元，同比增长31.65%；净利润0.76亿元，同比增长42.24%。实现每股收益0.2996元，同比增长42.26%。

公司表示，净利润增长主要是由于新签合同较上年同期大幅增长使得营业收入增加，同时加大费用控制力度所致。

国电南瑞的内外兼修，使之前我们一直担忧的公司业绩方面也得不到很好的释放。

2009年10月16日，公司公布三季报，实现每股收益达0.67元。公司亮丽的三季报主要源于稳定内生增长以及外延资产注入带来的业绩增厚，同时公司成本费用控制能力有所提高。

作为国内电力二次设备龙头，公司具有较强的技术优势和市场优势，

不断资产注入的预期更使得公司作为未来智能电网领导者的行业地位凸显。原有业务盈利增速明显，体现公司稳定的内生性增长。2009 年前三季度，公司原有业务实现净利润 1.27 亿元，对应每股收益为 0.50 元，同比增长 57%，其中第三季度实现净利润 5090 万元，同比增长 85.93%，继续延续二季度良好的增长势头。

外延资产注入增厚公司业绩，持续注入仍旧值得期待。报告期内，公司基本完成对控股股东南京南瑞集团公司城乡电网自动化、电气控制和成套加工业务相关资产的收购。从业绩披露看，前三季度收购资产实现归属母公司净利润 4321.49 万元，贡献 EPS 0.17 元，同比增长 20%。前两季度分别实现净利润 1370 万元和 2468 万元，三季度净利润下滑明显，为 484 万元，预计全年可以实现 7500 万左右的净利润。

公司费用控制能力有所提高。前三季度，公司费用得到有效控制，对盈利增长起到积极作用，期间费用率仅为 19.13%，较去年同期下滑 3.5 个百分点，其中管理费用下滑将近两个百分点。

综合这些基本面因素，国电南瑞 2009 年下半年到 2010 年年报公告期间，股价不断得到市场的推高，我们在 30 元钱之下增加的仓位也获得了较大的投资收益。

2010 年 1 月 28 日，国电南瑞率先公布年报，业绩符合预期，并有十送十的分配方案。

国电南瑞发布 2009 年年报显示，实现销售收入 17.78 亿元，同比增长 29.2%，实现归属于母公司净利润 2.5 亿元，同比增长 44.5%，每股收益 0.98 元。符合之前我们的预期。拟每 10 股送红股 10 股并派发现金红利 1.5 元（含税）。

各项业务情况：电网调度自动化收入增长 21.9%，毛利率下降 5.2 个百分点；变电站自动化收入增长 26.7%，毛利率上升 0.5 个百分点；轨道交通自动化收入增长 53.6%，毛利率下降 2.4 个百分点；火电及工业自动化收入下降 39.2%，毛利率上升 28.8 个百分点；城农网自动化收入增长 62%，毛利率持平；电气控制自动化收入下降 2.1%，毛利率增长 4.7 个百分点；用电自动化收入 5.9 万元，但毛利率高达 83.2%。我们预计 2010

年轨道交通、城农网仍会高增长、新增加的用电自动化业务收入规模将迅速扩大。

2010年经营计划比较保守：2009年度公司新签合同26.5亿元，同比增长39.47%；2010年，公司计划新签合同33亿元，计划实现销售收入22.3亿元、归属于上市公司普通股东的净利润3.24亿元。不考虑新业务的增长，公司计划和我们之前预期非常吻合，考虑新业务智能用电的收入和利润规模迅速扩大，我们预计公司2010年属于母公司净利润将增长50%。

资产并购预期明确：在年报中，公司明确2010年要内涵式发展与外延式扩张并重，完成非公开增发股票，募集发展资金，加速实现公司在智能电网、轨道交通自动化产业扩张。

巩固传统产业优势，培育新增长点，通过并购、合作新建等资本运作方式，扩大经济规模。

针对2010年的公司情况，我们暂时不调整公司盈利预测，不考虑增发摊薄，2010/2011年EPS分别为1.30元、1.71元。之前公司采用现金收购方式从国网电科院进行了多次资产收购，国网电科院还有许多资产没有进入国电南瑞，未来还有资产注入的空间。维持“买入－A”投资评级。

通过对自己心仪的股票进行了为期4年的长期跟踪，长期耐心的等待目标股票基本面逐步改善，最终，国电南瑞迎来了业绩快速增长期，也为我们的耐心投资迎来了最好的回报。

对于那些符合我们投资逻辑的股票，虽然当前的业绩可能并不出彩，但是我们也要耐心跟踪分析，一旦其基本面向好的方向转变，我们便迎来购买该股票的良机。

我们继续来看案例二。

德赛电池（000049）是一家从事无汞碱锰电池、一次锂电池、锌空气电池、镍氢电池、锂聚合物电池、燃料电池及其他种类电池、电池材料、配件和设备的研究、开发和销售的公司。公司前身深圳市城建材料设备股份有限公司。1988年5月，首次发行面值10元的内部股票30万股，经数次分区及股本调整，至1994年年末，总股份达到4035.6万股。1995年1

图 7－2

月 10 日至 1995 年 1 月 25 日，发行社会公众股 1400 万股。同年 3 月 15 日，“深万山 A” 在深圳证券交易所上市交易。

德赛电池是我们近几年来耐心投资的另一个典型案例。

图 7－2 所示的是德赛电池自 2008 年 9 月至 2012 年 5 月的周 K 线图。

2008 年 10 月底，上证指数下探 1664 点后逐步见底企稳，2008 年年底至 2009 年 8 月，上证指数迎来了一波小牛市的上涨行情。与此同时德赛电池也随大盘上涨，与其他小盘股大幅上涨不同，德赛电池的上涨不温不火，2008 年年底以来上涨幅度仅仅只有一倍左右，与大盘持平。正是由于德赛电池这样不温不火的涨幅，吸引了我的注意，于是德赛电池进入了我的视野。

当时经过研究，发现德赛电池的基本面并不理想，达不到我们对基本面的筛选要求，当时情况如下：

2009 年 10 月 28 日，德赛电池发布全年业绩预告，内容如下：

德赛电池预计 2009 年净利润亏损 3420 万～4789 万元。

业绩变动原因说明：

（1）公司根据聚焦战略要求，拟变革或退出部分持续亏损、发展前景有限的业务，决定下半年加快镍氢电池、碱性电池生产基地以及蓝牙项目的转让或关闭，同时争取年内对国内德赛电池品牌业务实施相对可控的全

属企业。公司是经海南省人民政府批准，由原公司海南黄金海岸发展有限公司变更并申请向社会公开募集股份而拟成立的股份有限公司。经海南省人民政府于1998年6月11日以琼府函〔1998〕36号文批准，并经海南省工商行政管理局核准，本公司整体改组为股份有限公司，更名为“海南罗顿旅业股份有限公司”。1999年3月，公司股票登录上海交易所，发行5000股，募集资金3.085亿元。

图7-3所示的是ST罗顿自2009年8月至2010年3月这段时间的日K线图。当时其名称为罗顿发展。罗顿发展是当时受事件刺激而上涨的典型案例，海南国际旅游岛的概念早在2009年10月便已传播开来，作为唯一一个在海南拥有五星级酒店的上市公司，罗顿发展当之无愧地成为海南板块的龙头股，然而，龙头股罗顿发展在海南旅游岛的概念传播后虽然经历了一波上涨，但是涨幅不大，很快在2009年年底，罗顿发展的股价又跌至2009年10月的起涨位附近。

试想，如果我们在2009年10月因为海南旅游岛概念而买入罗顿发展，看到其股价在2009年年底下跌就改变初衷，卖出罗顿发展的话，我们之后就不可能享受到罗顿发展那疯狂上涨而带来的巨大利润。

如果我们对某个概念非常看好，但是股价并没有表现出来，我们应该做的是多一点耐心，更加耐心地等待，等待股票的最终爆发，而不是在股票小幅回调中就因为害怕而卖出股票。

接着看案例四。

酒鬼酒（000799）是一家从事生产、销售曲酒系列产品、陶瓷包装物、纸箱的公司。公司发起人前身自治州吉首酒厂，成立于1956年。1991年12月更名为“湖南省湘西湘泉酒总厂”；1995年3月，被列为全省建立现代企业制度试点单位，1996年2月7日，改组为国有独资企业，同时更名为湖南湘泉集团有限公司。1997年4月28日独家发起设立湖南酒鬼酒股份有限公司。1997年7月，公司股票登录深圳交易所，发行5500万股，募集资金4.2405亿元。

图7-4所示的是酒鬼酒自2011年3与至2012年5月的日K线图。

酒鬼酒也是我们耐心投资的一个代表案例。

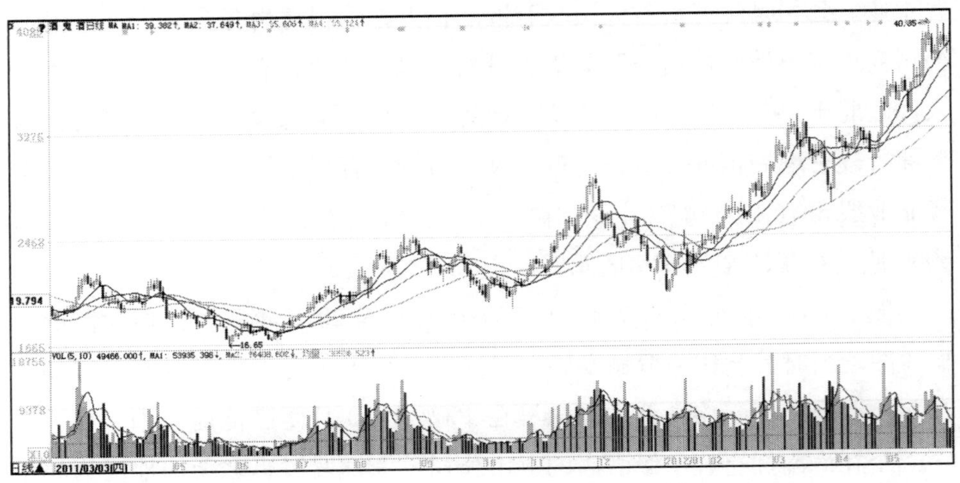

图 7－4

尽管在大盘2009 年 8 月进入震荡行情以来，贵州茅台和洋河股份这样的酿酒板块股票，表现出强力的上涨态势，但是酒鬼酒似乎并没有它们表现得那么抢眼。

当然这也与酒鬼酒的基本面有关，2010 年 1 ～ 12 月，酒鬼酒每股收益仅为 0. 2621 元，相比贵州茅台和洋河股份相去甚远。但是，这并未打消我们关注酒鬼酒的念头。

2011 年 4 月，上证指数进入了漫长的下跌通道，此时，根据我们以往的投资经验，我们应该买入一些类似医药和酿酒等业绩优异的且具有防御性板块的股票。

于是，我们开始了对酒鬼酒的研究。

我们来看看 2011 年 8 月中信证券对于酒鬼酒的调研简报，内容如下：

投资要点：

定增方案获批，预计募集资金 4. 43 亿元，仍需通过询价确定增发价格，预计完成定增仍需半个月左右的时间。去年 11 月 27 日公司股东大会决议通过了定向增发不超过 3838 万股（现总股本 30305 万股，增发接近 13%，即摊薄 EPS 约 12%），发行价不低于 11. 55 元/股（即发行底价是 11. 55 元）。增发项目为公司拟分 5 年，投资 3. 1 亿元（包括增发募集的 1. 2 亿）在央视及各大媒体打广告重塑品牌；拟投 5054 万元，以湖南为中心，在全国建100个营销网点，省内网点布到县一级，且要建立计算机物流网络系统跟踪销售情况。

定增一旦完成，有望为公司加大营销投入提供资金，加快公司复兴步伐。公司货币资金为1.85亿元，资产负债率36%，资金偏紧。一旦定向增发获批，公司有望加大广告投入，重新唤醒消费者的记忆（酒鬼酒前身在1998年曾排名白酒行业利税第二），加速公司复兴。在渠道建设上，增发落实也有助于公司加快渠道下沉，通过计算机物流网络系统使产销存环节衔接更紧密，加强终端掌控力度。

定增一旦完成，公司业绩释放动力有望加强。由于大股东积极参与定向增发，承诺以现金认购576万股，但不参与发行定价的市场询价过程，承诺接受市场询价结果并与其他投资者以相同价格认购。一旦公司定增方案落实，则公司业绩释放动力将大大加强。

公司基本面向好，省内持续发力值得期待。上半年公司省外收入2.28亿元（+60%），实现了高增长，但持续开拓难度较大。而省内收入1.7亿元左右（+81.97%），但我们认为，湖南省内白酒市场容量至少在70亿+，巨大潜力有待公司集中精力充分挖掘。在品牌运作及产品组合上，上半年公司基本理顺内参（1000+，收入占比30%）、封坛、酒鬼酒（300+，合计占比约30%）、湘泉（200-，不含贴牌则约10%）三条产品线，封坛15年单品贡献收入已超过10%，有望成为主力产品。从公司上半年高档酒毛利率提高3.21%，达85.31%来看，预示着此前公司在省内较为混乱的价格体系得到了一定的整肃，为持续发力奠定了基础。

定增获批利好兑现，复兴进程有待跟踪。我们预测2011年、2012年、2013年收入分别为9亿元、12亿元、17亿元，增速58%、45%、38%；EPS为0.41元、0.72元、1.13元，增速58%、75%、57%。基于公司巨大的复兴潜力，我们维持“强烈推荐”评级，但利好兑现后，股价短期不确定性加大。

根据酒鬼酒在2011年7月底公布的半年度报告，酒鬼酒2011年1～6月每股收益0.2008元，净利润同比增长23.41%。

我们感觉到伴随着定向增发和业绩增长的预期，我们购买酒鬼酒的日

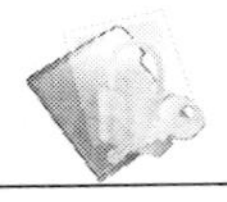

期越来越近了，鉴于当时大盘仍处于下跌趋势，我们并没有直接下单购买酒鬼酒，而是耐心地持续地关注它。

我们再看看2012年3月天相投资发布的对于酒鬼酒的调研简报：

2011年1～12月，公司实现营业收入9.62亿元，同比增长71.61%；实现营业利润1.88亿元，同比增长151.26%；实现归属母公司净利润1.92亿元，同比增长142.54%；实现基本每股收益0.628元。

品牌体系得以梳理，公司实现业绩高增长。公司拥有内参、酒鬼、湘泉以及经销商贴牌产品在内的100个左右的子品牌。

长期以来，品牌种类繁多、核心品牌不够突出是公司面临的主要问题。2011年，公司加大力度对旗下各个品牌进行了有效梳理，不断完善主导品牌梯次结构，确立了以洞藏系列为尖端产品、内参为超高端产品、酒鬼酒为高端产品、湘泉为中低端产品的“三高一低”的品牌架构。公司积极打造酒鬼品牌核心价值，明确了“馥郁”香型作为公司品牌核心资源的位置，并将其作为广告传播的核心价值诉求，确立了“品质（优秀卓越）、品类（馥郁香型）、品位（无上妙品）”三位一体的品牌建设战略。整体来看，2011年品牌战略成果显著，收入和净利润增速均超过市场预期。其中，酒鬼系列产品实现收入7.34亿元，同比增长69.78%；收入占比为76.51%；毛利率为85.29%，同比提升2.95个百分点。

全国多个片区业务均获得新的突破。公司坚持“精耕湖南、做透亮点，拓展全国、突出重点，加大促销、活跃终端，整合资源、抢占高端”的营销思路，稳步拓展营销市场，产品质量和产品风格日益完善。从公司所在地的湖南省来看，市场地位得以巩固，产品基本实现省内市场无缝覆盖，酒鬼酒品牌价值稳步回归，湘酒第一品牌地位得以逐步确立。从全国市场来看，全国重点市场布局基本完成：以长沙为基地的湖南营销中心、广州为基地的南方营销中心、石家庄为基地的北方营销中心三足鼎立之势已经形成。2011年，全国多个业务片区均获得了新的突破：以长沙为基地的华中地区实现收入4.42亿元，同比增长67.67%；以广州为基地的华南地区实现收入1.37亿元，同比增长75.16%；以石家庄为基地的华北地区实现收入2.0亿元，同比增长83.80%。

品牌的传播和推广力度逐步增加。公司以央视、湖南卫视主流媒体为重点，辅以户外广告、报纸杂志，精心运作全国糖酒会、全国经销商大会等大型活动，使得主导品牌影响力大幅提升，在“华尊杯”品牌价值评选中，“酒鬼”品牌价值较去年提升10亿元。

定向增发顺利完成，投建项目将有效提升公司的综合竞争力。2011年11月，公司完成定向增发，以20.1元的价格发行2187万股A股，募集资金4.23亿元。其中5483万元将投入到“馥郁香型”优质基酒酿造技改工程项目，1.99亿元将投入到基酒分级储存及包装中心技改工程项目。项目若能顺利实施，将进一步推动公司科技进步、促进“馥郁香型”酒鬼酒产业升级、改善公司的资产结构和财务结构、提升公司的规模效益和综合竞争力。

盈利预测与评级。我们认为，公司作为处于复兴过程中的老牌名酒，已经逐步进入业绩快速增长阶段。我们上调公司的盈利预测，预计公司2012—2014年的EPS分别是0.94元、1.44元、2.06元，以2012年2月29日收盘价28.56元计算，对应的动态PE分别为30X、20X和14X，维持公司“增持”的投资评级。

通过这份报告，我们得出如下结论：随着定向增发的完成和各个品牌推广逐渐成效，酒鬼酒的基本面转变已成定局，2011年每股0.628元的收益就是铁证，根据经验，我们判断酒鬼酒的高增长还将持续。

2012年4月初，随着大盘阶段回调过后，我们开始逐步买入酒鬼酒。

2012年4月20日，酒鬼酒发布一季度报告，报告称酒鬼酒2012年1～3月每股收益0.3664元，净利润同比增长466.93%。

在酒鬼酒业绩逐步进入高增长的基本面情况下，股价也节节攀升，自我们买入开始已收获近20%的收益。

可见，耐心对于投资的重要性，对于符合我们投资逻辑的品种，我们不仅要从基本面上耐心观察，同时也要耐心等待买入时机，千万不能因为一时冲动就做出错误的买入决策。

第八章　规则 24

规则 24：在很长一段时间交易十分顺利或是连连获利的情况下，不要扩大交易规模。

——江恩

规则 24 是 24 个规则里的最后一个规则，江恩对于该规则的描述可谓用心良苦，江恩在 20 世纪初期就提醒我们要避免犯下过度自信的错误，不能因为某一次或者几次的交易获利而就觉得自己无所不能，从而扩大交易金额和交易次数，导致我们酿成大错。

时至今日，人们对于行为金融学的研究越来越多，对于过度自信的研究也不在少数，本章，我们就结合行为金融学的角度来探讨过度自信的有关问题。

第一节　过度自信简述

过度自信理论

大量的认知心理学的文献认为，人是过度自信的，尤其对其自身知识的准确性过度自信。人们系统性地低估某类信息并高估其他信息。Gervaris、Heaton 和 Odean 在 2002 年将过度自信定义为，认为自己知识的准确性比事实中的程度更高的一种信念，即对自己的信息赋予的权重大于事实上的权重。关于主观概率测度的研究也发现确实存在过度估计自身知识准确性的情况。

心理学家们的研究还发现一些职业领域往往与过度自信相联系，如外科医生和护士、心理学家、投资银行家、工程师、律师、投资者和经理在判断和决策中会存在过度自信特征。Grifin 和 Amos Tversky 在 1992 年发现人们在回答中等到极度困难的问题时，倾向于过度自信；在回答容易的问题时，倾向于不自信；当从事的是可预测性较强，有快速、清晰反馈的重复性的任务时，倾向于仔细推算。如专业桥牌运动员、赌马者和气象学者在决策时都倾向于仔细推算。

Frank 于 1935 年发现人们过度估计了其完成任务的能力，并且这种过度估计随着个人在任务中的重要性而增强，人们对未来事件有不切实际的乐观主义。Kunda 于 1987 年发现人们期望好事情发生在自己身上的概率高于发生在别人身上的概率，甚至对于纯粹的随机事件有不切实际的乐观主义。人们会有不切实际的积极的自我评价，往往认为自己的能力、前途等会比其他人更好。过度自信的人往往有事后聪明的特点，夸大自己预测的准确性，尤其在他们期望一种结果，而这种结果确实发生时，往往会过度估计自己在产生这种合意结果中的作用。Daniel、Hirshleifer 和 Subrahmanyam 在 1998 年提出成功者会将自己的成功归因于自己知识的准确性和个人能力，这种自我归因偏差会使成功者过度自信。

过度自信的人在作决策时，会过度估计突出而能引人注意的信息，尤其会过度估计与其已经存在的信念一致的信息，并倾向于收集那些支持其信念的信息，而忽略那些不支持其信念的信息。当某些观点得到活灵活现的信息、重要的案例和明显的场景支持的时候，人们会更自信，并对这些信息反应过度。而当某些观点得不到相关性强的、简洁的、统计性的和基本概率信息支持的时候，人们通常会低估这些信息，并对这些信息反应不足。

过度自信理论的主要内容

人类倾向于从无序中看出规律，尤其是从一大堆随机的经济数据中，推出所谓的规律。Amos Tversky 提供了大量的统计数据，来说明许多事件的发生完全是由于运气和偶然因素的结果，而人类有一种表征直觉推理特点，即从一些数据的表面特征，直觉推断出其内在的规律性，从而产生认知和判断上的偏差。投资者的归因偏好也加重了这种认知偏差，即将偶然的成功归因于自己操作的技巧，将失败的投资操作归于外界无法控制因素，从而产生了所谓过度自信的心理现象。过度自信是指人们对自己的判断能力过于自信。投资者趋向于认为别人的投资决策都是非理性的，而自己的决定是理性的，是在根据优势的信息基础上进行操作的，但事实并非如此。Daniel Kadmeman 认为：过度自信来源于投资者对概率事件的错误估计，人们对于小概率事件发生的可能性产生过高的估计，认为其总是可能发生的，这也是各种博彩行为的心理依据。而对于中等偏高程度的概率性事件，易产生过低的估计。但对于 90% 以上的概率性事件，则认为肯定会发生。这是过度自信产生的一个主要原因。此外，参加投资活动会让投资者产生一种控制错觉，控制错觉也是产生过度自信的一个重要原因。

投资者和证券分析师们在他们有一定知识的领域中特别过于自信。然而，提高自信水平与成功投资并无相关。基金经理人、股评家以及投资者总认为自己有能力跑赢大盘，然而事实并非如此。Brad Barber 和 Terrance Odean 在此领域做了大量研究。男性在许多领域（体育技能、领导能力、与别人的相处能力）中总是过高估计自己。他们在 1991—1997 年中，研究了 38000 名投资者的投资行为，将年交易量作为过度自信的指标，发现男性投资者的年交易量比女性投资者的年交易量总体高出 20% 以上，而投资收益却略低于女性投资者。数据显示：过度自信的投资者在市场中会频繁交易，总体表现为年交易量的放大。但由于过度自信而频繁地进行交易并不能让投资者获得更高的收益。在另一个研究中，他们取样 1991—1996 年中的 78000 名投资者，发现年交易量越高的投资者的实际投资收益越低。在一系列的研究中，他们还发现过度自信的投资者更喜欢冒风险，同时也容易忽略交易成本。这也是其投资收益低于正常水平的两大原因。

以上是关于过度自信的行为金融学的一些研究结论，下面我们来通过一些案例看看什么是过度自信。

在美国买一台打印机，原价是 80 美元。商家给消费者两个选择，可以当场打折，折扣率是 5%，也就是说 80 美元的打印机可以用 76 美元购得；消费者也可以选择邮购返券的方式（mail-in-rebate），现在以 80 美元购买打印机，只要在购买后 3 个月内将相关凭证寄回给公司，就可以得到 25% 的折扣，也就是可以得到 20 美元的现金返还，这 20 美元会以支票的形式寄回给消费者，这样相当于花 60 美元买了这个打印机。想一想，如果你有这样两个选择，你会选哪种折扣方式呢？

大多数人都会选择第二种，这种方式可以得到更大的折扣，自然吸引力更大。但是，对于商家而言，哪种方式可以让他们赚更多的钱呢？其实也是第二种。

有数据显示，面对这类 20 元上下的优惠，真的会在购买以后把凭证寄回给商家的顾客大概只有 7% 左右。这里还有一个有趣的现象，如果给出的期限是 3 天而不是 3 个月，寄的人反而会更多。因为给出的期限短，大家都会一回去就把这件事情做好；给出的期限长，反而让人们觉得有的是时间做这事，不妨先放一下，然后就再也想不起来了。

过于自信。由于人们只看到了对自己有利的信息，他们就非常乐观地相信自己的判断，越来越觉得自己的判断是对的，而不知道真理到底是什么。

我们继续来看一个案例。

从统计数据看，平均来讲，创业失败的可能性有差不多 80%。邓恩，罗伯茨和萨缪尔森（Dunne，Roberts & Samuelson）对美国市场多年的数据进行研究后发现，大致有 61% 的企业在创立 5 年内退出市场；有 79% 的企业在创立 10 年后退出市场，以失败告终。

不同企业的失败原因各不相同，但是三位学者对如此之高的失败率给出了一个共同的深层次的解释：企业的管理层对自己的经营能力过于自信。三位学者认为，公司的管理者在作经营决策时可能会犯如下的错误：

他们能够相对准确地预见到竞争的程度，但是他们过于自信地认为尽管许多企业都会最终失败，但是他们的企业与别人的不同，是终将成功的。三位学者还发现，如果决策者的注意力集中在和技术能力有关的方面，他们更加相信自己的企业有更大的成功的可能性。而实际上，由于这种过于自信使得他们没有在经营管理和战略决策上做好应有的充分准备，从而导致较高的企业失败率。

另外，人们在进行评价的时候，常常忘记了他们的参照物。人们只记得自己的优势，却忘记了其实你的竞争对手也有自己的长处。

通过上面的案例可以看到，过度自信对我们生活的各个方面都有着重大的影响，创业者的过度自信可能会葬送掉他们多年来苦心经营的企业，而对于股票投资者来说，过度自信也会给他们带来很大的困扰。

第二节我们就谈谈过度自信对于投资的危害。

第二节　过度自信的危害

第一节我们介绍了过度自信的基本概念，接下来我们就来看看过度自信对于我们股票投资的危害。

过度自信对投资者在证券市场上的行为的影响主要表现在以下几方面：

第一，过度自信容易使投资者使用较高风险的投资组合。

1998 年 Odean 研究发现过度自信的投资者往往低估风险从而持有较高风险的投资组合。

当投资者过度自信时，其资产组合并没有完全分散化，集中的资产组合会降低其期望效用。如果信息是有成本的，过度自信的投资者会花费更大的成本去成为知情者，同时进行更频繁的交易，由于交易费用的原因，过多的交易会降低其净收益。Lakonishok 等（1992）发现在 1983—1989 年间，积极的基金经理的业绩差于标准普尔 500 指数的表现，扣除管理费，积极的管理减少了基金价值。这可能是由于过度自信使得基金经理在获取信息上花费太大，或者是对其选股能力过度自信所导致。

基于过度自信而在市场中将资产过于集中于某几只股票，一旦你所买入的那几只股票发生非系统性风险，很有可能导致我们的投资本金遭受重大的损失。这也是我们经常所说的孤注一掷，我们来看一个案例。

著名的巴林银行的倒闭就是很好的例子。尼克·里森是一个优秀的交易员，凭借着他的才智在很短的时间内为公司创造了丰厚的利润，从而得到公司主管人员的赏识，被派到巴林银行的分支机构——新加坡巴林期货公司负责交易。一开始他也取得了辉煌的战果，后来，到1995年1月，年仅28岁的尼克·里森在未经授权的情况下，大量购入日经股价指数期货合约，期待股价上升以获取暴利。然而事与愿违，东京股市持续低迷的情况并无改观，不久又因阪神大地震而出现大幅下挫。但里森继续认为日本政府将会不得不拨出巨额资金支持震后的经济复兴，从而有助于刺激需求。于是，他反而加码买入日经股价指数期货合约，大量沽出日本利率期权，即日本政府债券期权。在风险暴露时他不但没有意识到风险的存在，还孤注一掷超额动用资金，结果造成了巨大的亏损，一个著名的老牌银行就这样被毁于一旦。进行投资必须有面对事实的勇气，孤注一掷的后果是悲惨的。

从巴林银行倒闭的案例我们可以看到，过度自信往往会使我们高估自身的实力，非常容易犯下孤注一掷的错误，这样的错误一旦犯下，对我们的打击可能是毁灭性的。

第二，过度自信会使股价远离其基础价值。

1998年在Daniel等人的研究中，那些对私有信号过度自信的投资者对这些信号反应过度。当他们随时间更新他们的信心时，这种反应过度会在更正之前随时间变得更加严重。结果，就有长期的反应过度和股价纠正现象。

2001年Daniel，Hirshleifer和Subrahmanyam指出过度自信的投资者可能对基础信息做出错误定价，从而造成股票市价远离其基础价值。

2002年JoseSeheinkman和WeiXiong通过实证研究发现，市场上存在的

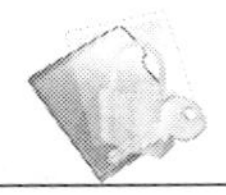

公开信息对泡沫的影响并不大。泡沫的大小关键取决于那些导致投资者产生信心差异的信息。这些信息的数量越多，市场上的泡沫也就越大。此外，如果假定那些非公开信息的白噪声与有关的基础变量具有同样的波动性，那么，由泡沫所导致的市场波动将是基本波动的8倍，而由泡沫所产生的市场价值也将远远大于资产的基本价值。这也是泡沫破灭会给市场带来灾难性后果的根源所在。

正是由于众多投资者对于自己所买的股票股价估计甚高，这样就导致有许多业绩一般的股票变成高价股，加剧了股市泡沫的形成与破灭，这一点在我国股票市场中非常普遍。

第三，过度自信往往会导致过度交易。

Odean提出了收入效应假设。认为股票市场的当前交易量和股票市场过去的收益可能是高度相关的，由于收入的出现或提高会使投资者进一步高估自己的知识能力、运气或所拥有的信息，促使投资者进行交易活动，从而影响到证券市场的交易量。

我们来看一个案例。

爱喝茶的人都知道，用开水泡茶之后，不能马上品出茶味，只有等待片刻之后方能闻到悠悠茶香。在金融市场进行投资和泡茶类似。研究发现，在美国股票市场上，交易越是频繁，损失就越大。投资者频繁地在金融市场上交易，甚至更多的时候他们交易的收益，或者他们预计中的交易收益都无法用以弥补他们的交易成本。美国的研究显示，1987年，投资者对标准普尔指数500家公司的年投资交易成本占到这些公司年收益的17.8%，同时，对金融市场的长期调查研究表明，只有少数投资经理人能够实现投资回报在标准普尔500指数之上。无论是机构投资者还是个人投资者之所以没有足够的耐心等待茶叶泡出的醇香，从而导致金融市场的过于频繁交易现象的原因之一，正是人们的过于自信。投资者过于相信自己的金融知识和判断，他们自信自己了解市场的走向；他们相信自己能够看准哪只股票会涨，哪只会跌。

因为过度自信而在市场上频繁交易，最终造成了亏损的苦果，上面的案例再一次为我们敲响警钟，我们不能因为过往的盈利而夸大自己的能力，从而频繁交易。

第四，过度自信往往会导致投资者买入（卖出）过去获得盈利（获得损失）的投资组合。

1998 年 Daniel，Hirshleifer 和 Subranhmanyam 指出过度自信的投资者对某些与股价变化更为相关的信息反应不足。因此，他们倾向于买入过去的赢者组合，卖出过去的输者组合。

市场是时刻变化的市场，没有任何一种行情是不会终结的，如果我们用牛市的思路在震荡市场和熊市中进行投资，我们会亏损巨大。所以，我们在投资股票时，一定要分清当前的形势，不能因为过度自信而犯下教条主义的错误。

第三节 股票投资中过度自信的规避

在本节，我们就来谈谈如何在股票投资中规避过度自信。

通过第一节和第二节的介绍，我们了解了过度自信的基本概念和过度自信可能会给我们投资带来巨大的损失。那么，据笔者总结，要想最大程度地规避过度自信，我们要从以下几个方面着手：

我们要对买入目标股票进行客观仔细的考察，看是否符合投资逻辑

我们来看案例一。

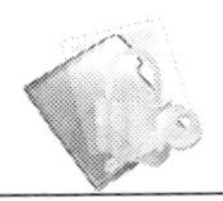

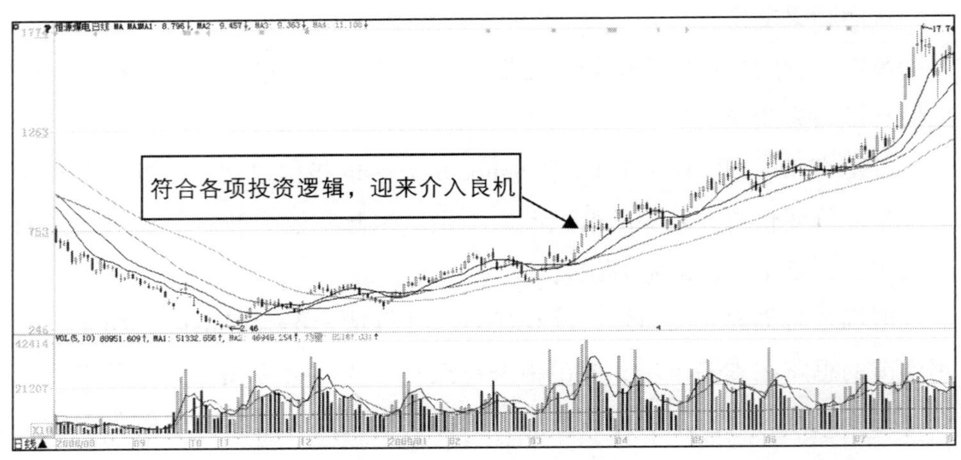

图 8－1

恒源煤电（600971）是一家从事煤炭开采、洗选加工、销售业务的公司。公司是2000年12月29日由安徽省皖北煤电集团有限责任公司作为主发起人，以其所属刘桥二矿经营性资产及相关负债作为出资，联合安徽省燃料总公司、合肥四方化工集团有限责任公司、合肥开元精密工程有限责任公司、深圳高斯达实业有限公司等四家企业，共同发起设立。2000年12月29日，公司在安徽省工商行政管理局登记注册，领取企业法人营业执照，注册资本为8160万元。2004年8月，公司股票登录上海交易所，发行4400万股，募集资金4.1493亿元。

图8－1所示的是恒源煤电自2008年8月至2009年8月这段时间的日K线图。下面我们就来从各个方面看看恒源煤电在当时是否符合我们的投资逻辑。

上证指数自2007年10月见顶以来，快速下跌，至2008年10月底，已经逐步见底企稳，自2008年10月底至2009年3月附近，上证指数缓慢上升，已经突破了上一轮熊市的下跌趋势，这样的大环境符合我们买入个股的前提。

接下来我们再来看恒源煤电当时的情况。恒源煤电自2008年11月初创下上一轮熊市最低点之后，股价开始逐步回升，至2009年3月，恒源煤电的股价不但突破了前期的下跌趋势，而且开始加速上涨，如果此时，恒源煤电的基本面具有十足的安全边际，那么此时就是我们买入恒源煤电的大好时机。

下面我们就看看恒源煤电当时的基本面情况。

我们先来看3月9日招商证券发布的对于恒源煤电的调研报告，简要内容如下：

2008年公司实现每股收益1.62元，同比增长20%：2008年度公司实现主营业务收入和利润20.5亿元和4.1亿元，同比增长57%和12%。实现归属于母公司所有者净利润3.1亿元，同比增长20%，合每股收益1.62元，基本符合预期。

2008年煤炭产销量稳定增长：可转债募集资金投资的90万吨卧龙湖矿和60万吨的五沟煤矿于2008年下半年投产，增加公司的煤炭产量大约70万吨，2008年公司煤炭产销量分别为416.11万吨和395.65万吨，同比增长22%和25%。

成本随价格上涨，煤炭毛利率和吨煤净利小幅下降：2008年公司煤炭售价为501元/吨，较2007年增加100元/吨（+25%）。煤炭成本为340元/吨，较2007年增加745元/吨（+28%），煤炭毛利率为32%，较2007年下降4个百分点。吨煤净利为77元，较2007年的80元小幅下降。

会计政策调整增厚业绩明显：维简费计提标准为11元/吨，安全费用计提标准为收入的4%，2007年两项合计为27元/吨。从2007年度调整的数据来看，煤炭成本减少17.8元，增厚2007年EPS0.28元，较2007年原EPS1.07元增厚26%。

2008年年未公布具体增厚数，如按2007年减少的吨煤成本计算则增厚2008年EPS为0.28元，增厚幅度为21%。

2009年，卧龙湖矿和五沟煤两个煤矿将达产至150万吨，此外整体上市后，2009年增加产量505万吨，2010年再增加产量180万吨。预计2009—2010年煤炭产量分别为995万吨和1175万吨，同比增长139%和18%（总体增加1.8倍，而考虑可转债转股后的股本仅增加1.4倍）。

盈利预测：预计2009—2010年每股收分别为1.44元和1.7元（考虑可转债全部转股和增发增加股本）。同比分别增长111%和18%。

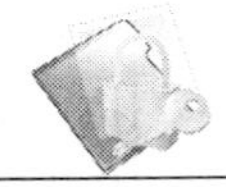

整体上市后2009年动态PB仅1.4倍，重置成本为20.3元/股。维持“审慎推荐”投资评级。

为了更加全面地了解恒源煤电当时的基本面状况，我们再看2009年3月10日长城证券发布的对恒源煤电的调研简报，简报内容如下：

恒源煤电2008年全年实现营业收入20.49亿元，同比增长57.14%，归属于母公司的净利润为3.06亿元，同比增幅为20.4%。基本每股收益1.62元，略高于前期预期。每股经营活动产生的现金流量净额为2.11元，净资产收益率为20.86%，比上年高出了1.2个百分点。2008年公司生产原煤416.1万吨，商品煤销量为395.6万吨，同比增长25%。增量部分主要来自于2008年下半年投产的卧龙湖矿和五沟矿，这两个煤矿为公司2007年发行可转债所募资金收购大股东的资产。由于刚投产，开办费用较高，卧龙湖矿本年度亏损4291万元，五沟矿盈利4843万元，两矿盈亏基本相抵。公司2008年商品煤综合售价500.7元/吨，较上年同期提高25%，或100元/吨，增长的原因一是上半年煤价增长较多，另外，四季度煤炭毛利率高于三季度，可能意味着新投产的两矿煤种因煤种更好，售价也比原有煤炭产品价格高些。全年煤炭单位销售成本增幅略高于价格提升，为27.6%，达到340元/吨，煤炭毛利率同比下降1.4个百分点至32.1%。电力业务方面，2007年四季度投产的2×15MW煤矸石发电机组，使得2008年发电量增加了58%，达到2.2亿度。煤矸石发电成本低，电力毛利率达到30%，远高于电力行业平均水平。但由于规模小，利润贡献仅1612万元。在不考虑整体上市的情况下，新收购的两矿有望使得2009年公司煤炭产量继续实现18%的增长，达到490万吨。对2009年煤价，预计公司原有两矿的动力煤税前均价与2008年均价持平或略为下降，而新购两矿由于煤种较好，售价更高些，谨慎估计2009年综合煤价应该基本保持在2008年水平，若下半年市场开始好转，则均价有望增长5%～8%。但由于增值税上调、可能征收的资源税等因素的影响，2009年现有矿的煤炭毛利率难有改善。2008年10月底公司董事会通过了整体上市的预案，拟第一步以13.71元/股的价格向大股东皖北煤电集团发行1.12亿股，以支付集团收购任楼煤矿、祁东煤矿、钱营孜煤矿及煤炭生产辅助单位的资产与负债所需资金的50%，另50%价款先形成上市公司对大股东的负债。

通过对两份研报的分析，我们可以得出如下信息，恒源煤电的业绩略超预期，2008 年公司实现每股收益 1.62 元，公司具有十足的安全边际，与此同时，公司的整体上市将刺激 2009 年恒源煤电业绩的爆发式增长。因此，我们可以看出，当时恒源煤电的基本面非常优异，符合我们的投资逻辑。

在大盘处于上涨趋势，个股也处于上涨趋势，同时个股的基本面具有十足的安全边际的前提下，我们在2009 年3 月对于恒源煤电的投资才能说是风险不大的。对于股票是否符合投资逻辑的判断，我们一定要经过全方位立体式的判断后，才能最终下结论，千万不要轻浮于事，否则极有可能犯下过度自信的错误。

我们接着来看案例二。

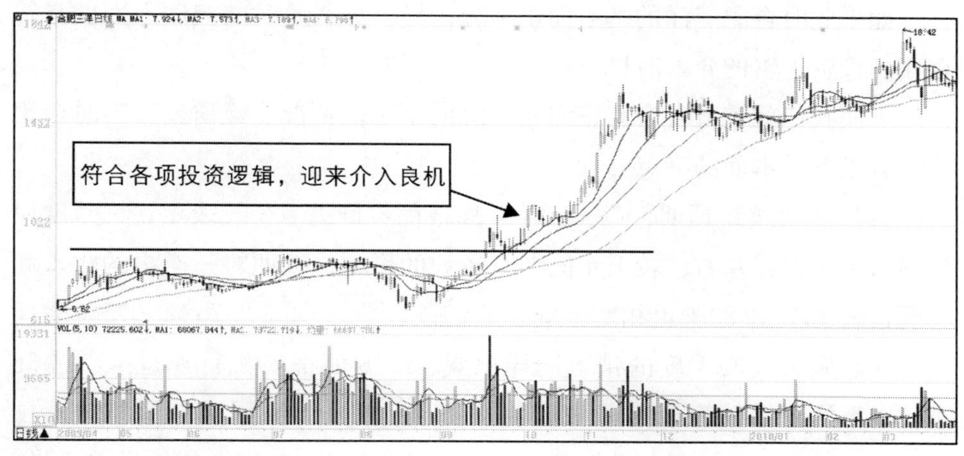

图 8－2

合肥三洋（600983）是一家主要从事全自动洗衣机、电子程控器、离合器、微波炉及其他相关产品的生产、销售和服务的公司。本公司是由有限责任公司依法变更设立的股份有限公司，前身为中外合资合肥三洋洗衣机有限公司，系 1994 年 3 月 16 日，经合肥市对外经济贸易委员会合外经字〔1994〕第 0059 号文批准成立的中日合资有限责任公司。1997 年 3 月，

更名为合肥三洋荣事达电器有限公司。2000 年 1 月，变更为外商投资股份有限公司，同时更名为合肥荣事达三洋电器股份有限公司，公司于 2000 年 3 月 30 日在合肥市工商行政管理局正式办理了变更登记，注册资本为 18000 万元。2001 年 6 月，公司进行注册资本调整，调整后的注册资本为 24800 万元。2004 年 7 月，公司股票登录上海交易所，发行 8500 万股，募集资金 2. 0091 亿元。

图 8－2 所示的是合肥三洋自 2009 年 4 月至 2010 年 3 月的日 K 线图。

下面我们就从各个方面来看看合肥三洋是否符合我们的投资逻辑。

进入 2009 年 8 月后，上证指数开始了阶段调整行情，至 2009 年 10 月，上证指数构筑了阶段 W 底之后，开始了继续上涨的行情。

合肥三洋自 2009 年 5 月开始，便提前于大盘进入调整行情，2009 年 9 月末 10 月初期，合肥三洋放量突破了前期盘整的高点，与大盘同步形成上涨趋势，且走势强于大盘。

如果此时合肥三洋的基本面也十分优异，那么此时的突破上涨就是符合我们投资逻辑的介入时机。

下面我们就来看看合肥三洋在当时的基本面情况。经研究，当时合肥三洋有以下基本面的亮点：

（1）销售屡超预期，“三三五”战略稳步推进。公司表示，三季度销售回款近 4 亿元左右，较上年同期有较大的增幅，近期对三季报的收入和利润预增 70% 和 80% 也相对保守，我们预计收入增幅在 70% ～ 75% 之间的可能性偏大。四季度的销售同样乐观，一方面洗衣机行业进入销售旺季，以旧换新等政策落实进一步刺激消费，另一方面国庆节销售超出预期，仅滚筒洗衣机销量就达两万台左右，相当于 2008 年全年销量的一半，也相当于一二级市场全年的水平。此外，公司预计 2010 年主营收入增长在 50% 左右，高增长速度将在销量达到 200 万～ 300 万台时有所放缓。

（2）返销日本的订单下月实施，出口业务顺利开展。目前公司出口业务主要由三部分组成：①来自日本三洋返销本土的订单，2009 年 3 月份签订的 5 万台订单将在 11 月份正式供货，但对全年的收入影响不大。②来自日本三洋销往其他地区的订单，数量约为 10 万～ 15 万台。③与伊莱克斯、惠尔浦签订的OEM订单，数量约为10万台左右。预计全年出口15万台，明年实现40万台，增长150%以上。

（3）引领变频化潮流，生产一体化降低成本。2009年以来，洗衣机变频化已成为行业发展的趋势之一，变频洗衣机可实现节能约40%，降噪30%～40%，因此各厂商纷纷加大了变频产品的研发和推广力度。目前变频产品占公司收入比重不高，主要集中在滚筒洗衣机上，明年将尽快完成波轮洗衣机的变频化改造。为了增强差异化和成本领先的竞争优势，公司在2009年也加大了变频电机的生产力度，目前产量为20万台（10万台波轮、10万台滚筒），2010年南岗工业园建成投产将增加电机产量100万台，在充分自供后计划2011年前后实现外销。此外，目前仅是公司和松下两家具有直流变频电机的技术，内资品牌基本缺失，电机自产可节约近1/3的成本。

（4）滚筒洗衣机比重上升，产品贴近市场需求。近几年洗衣机高端化趋势明显，滚筒洗衣机洗净度高、外观时尚，迎合了高端消费者的购买欲望，出现快速增长。公司2007年11月推出滚筒产品，2008年实现生产4.8万台，销售4万台，2009年计划销售10万台，从三季度的销售情况来看，目标实现已经确定。目前滚筒洗衣机销量占比为19%左右，预计年底将达到25%，对公司毛利率的提升效果显著。此外，公司刚刚推出的小容量滚筒洗衣机深受市场欢迎，而斜式滚筒由于技术程度高（仅公司和松下具备），设计人性化（便利填取衣物），节水省电效果好，市场前景广阔，公司预计未来将占国内市场40%～50%的份额。

（5）微波炉的发展前景广阔。短期内公司此项业务的市场竞争力偏弱、业绩贡献率低，原因一方面是当初对市场和营销体系的判断出现失误，另一方面是采用大家电组织架构和模式进行经营的效果不佳，但公司的无转盘微波炉在行业内具备技术领先水平，凭借较为高端的定位、较好的品质以及连锁卖场的支持，中长期具备较好的前景。公司已成立专门的事业部进行管理，预计2009年微波炉销量20万台，2010年将达到50万台。此外，小家电是公司未来发展的一个方向，在微波炉基础上品类及规模均存在拓展空间。

（6）存在整合预期，水处理业务介入仍待时机。公司目前也不了解松下收购日本三洋的进展情况，但公司与日本三洋在相关业务上仍存在整合的预期，如小家电、冰箱、电池等，水处理业务也在洽谈阶段，公司认为此类业务国内普及率低，正处于导入期，毛利率超过100%，但渠道和市场条件尚不成熟，国家的支持力度也不明朗，在相关政策出台后将会有较好的发展。

根据国都证券的预测，公司2009年、2010年EPS分别为0.65元和0.88元，以10月20日收盘价17.15元计算，对应PE值为26倍和19倍，估值仍处于偏低的水平。

合肥三洋不仅具有众多的基本面亮点，其公司的估值水平也非常低，具有十足的安全边际，符合我们基本面选股的条件。

至此，合肥三洋不仅符合大盘选股条件，个股自身趋势选股条件，同时也符合基本面选股条件，正是众多条件同时形成共振的前提之下，我们才最终做出了对合肥三洋的投资决策，我们对于合肥三洋的投资决策是符合客观情况，而不是过度自信而得出的分析结果。

我们接着来看案例三。

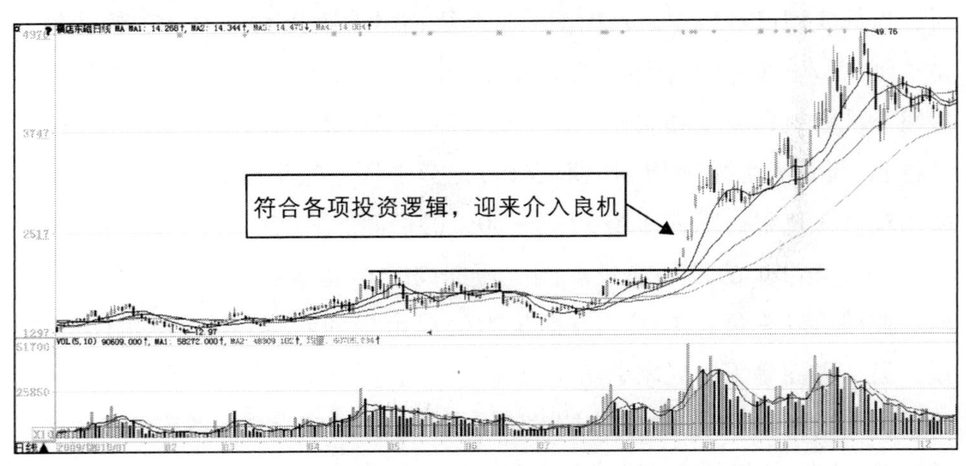

图8－3

横店东磁（002056）是一家从事永磁铁氧体、软磁铁氧体、其他磁性材料及电池的生产和销售的公司。公司原名“横店集团高科技产业股份有限公司”，是经浙江省人民政府浙政发〔1999〕38号文批准，由横店集团公司（现更名为“南华发展集团有限公司”）作为主发起人，联合浙江省东阳市化纤纺织厂、东阳市抗生素有限公司（现更名为“浙江康裕生物制药有限公司”）、东阳市有机合成化工九厂和东阳市荆江化工厂等四家法人单位，采用发起设立方式设立。于1999年3月30日在浙江省工商行政管理局登记注册，2002年3月公司变更为现名。2006年8月，公司股票登录深圳交易所，发行6000万股，募集资金6.104亿元。

图8-3所示的是横店东磁自2009年12月至2010年12月的日K线图。

2010年4月，上证指数开始逐步下跌，直到2010年7月底，上证指数才见了阶段底部，开始逐步走入震荡上涨行情。

与大盘类似，横店东磁也于2010年7月见底回升，2010年8月，横店东磁先于大盘放量突破了前期阶段高点，走势强势上涨行情中，与此同时，大盘虽然处于阶段震荡走势，但是大盘的上涨趋势依然完好无损，如果此时横店东磁的基本面也符合我们的投资逻辑，那么此时就是介入横店东磁的最佳时机。

我们来看看横店东磁在当时的基本面亮点。

第一，磁性材料下游需求旺盛。

公司主营业务为软磁铁氧体和永磁铁氧体，产能达到8.9万吨，是国内唯一一家两种磁体都超过万吨的行业龙头。软磁铁氧体包括镁锌铁氧体、锰锌铁氧体、镍锌铁氧体及铁粉芯，镁锌主要应用于CRT显示器；锰锌和镍锌材料主要应用于液晶显示器（LCD）；永磁铁氧体主要应用于音响、微波炉和电机。

磁性材料业务在浙江省节能减排力度加大下超出预期。浙江省未能完成中央政府的节能减排任务，对小火电加大关停力度，大量中小企业包括中小磁性材料企业无法获得足够的电力供应。横店东磁作为金华的重点企业，受冲击很小，反而订单更为饱满，售价更为坚挺。

受全球经济复苏，电子市场回暖等因素的影响，公司永磁铁氧体和软磁铁氧体系列产品的销售收入均比去年同期增长了50%以上。

公司研发力量雄厚，技术紧跟国际知名公司，在国内外同行中保持领

先地位。

公司近三年获授或申请的发明专利有 11 项，实用新型专利有硬质合金贴片成型模具等 112 项。永磁材料方面，公司积极开发节能电机市场和汽车电机市场。目前主要客户已涵盖博世、法雷奥、西门子等全球知名汽车电机大厂，未来供货还将持续增长。另外，公司极有可能拓展到钕铁硼磁性材料领域。

软磁材料方面，在产能不变的情况下，公司应用于 CRT 显示器的软磁材料占比逐步减少，而应用于 LCD 显示器的磁性材料占比逐步增加。

第二，太阳能电池片投产增厚业绩。

2010 年 7 月 26 日，公司公告投资 8. 7 亿元，年产 300MW 的晶体硅电池片和 50MW 组件项目。

此次太阳能电池片与组件项目总投资 8. 73 亿元，其中新增建设资产投资 7. 07 亿元，铺底流动资金 1. 66 亿元。项目自 6 月开始组织实施，于 2012 年 5 月建成。全部投产后将可达到年产 300MW 太阳能电池片（包括 200MW 多晶硅电池片和 100MW 单晶硅电池片）及 50MW 电池组件的生产能力，每年实现销售收入 31 亿元，利润总额 3. 04 亿元。

公司于 2009 年 10 月投资 2. 62 亿元建设 100MW 晶体硅太阳能电池片生产线，3 月投资 3. 16 亿元建设 100MW 太阳能单晶硅片项目。目前 100MW 电池片项目的前两条线已建成投产，并完成销售收入 8800 万元，利润总额超 1000 万元。此次大幅扩张产能，反映出公司太阳能业务拓展顺利。

公司目前已进入第 5 条太阳能电池晶片的建设阶段，对应总生产能力已达到 125MW。预计 2010 年年末，太阳能电池晶片产线可能达到 10 条。2011 年年末太阳能电池晶片产线可能达到 15 条。2010 年第二季度，公司太阳能业务营收预计为 8800 万元，对应利润总额为 1200 万元。我们初步预计，公司太阳能业务 2010 年营收将大幅超越预期。

2010 年以来全球光伏市场持续升温。iSuppli 预计 2010 年全球光伏新增装机容量达 13. 6GW，增长 89% 。目前全球已有部分地区光伏发电成本已接近常规发电成本，或者说在无政府补贴的情景下已具有竞争力。我们看好该产业未来的发展空间。

此次扩产将使公司进一步完善光伏产业链，提升规模效应，得以享受光伏产业光明的市场前景。EPIA 统计的 2009 年全球十大太阳能电池厂商产量，常州天合以 399MW 位居全球第 8，国内第 4。若不考虑其他厂商未来产量的增长，公司扩产至 400MW 后产量可跻身全球前列。

第三，领先同行的高端磁性材料投资项目。

2010 年 7 月 26 日，公司同时公告软磁铁氧体项目总投资 1. 38 亿元，其中固定资产投资 0. 93 亿元，流动资金 0. 45 亿元。项目计划自 7 月底启动，于 2011 年 12 月竣工投产。全部投产后实现年产 6000 吨锰锌软磁铁氧体和 8000 吨粉料的生产能力（一个锰锌工厂和两条湿法制粉线），其中 8000 吨粉料是为满足 6000 吨锰锌铁氧体生产的原材料所需，每年实现销售收入 1. 38 亿元，利润总额 0. 34 亿元。

中国目前大量产品性能在 PC40 左右，氮窑大批量生产合格的 PC44 材料还有困难。2009 年 40% 的工厂开始进行产品结构调整，高性能 PC44 以上性能的功率软磁铁氧体，2007 年在国内总产量中约占 10%，2009 年增至 25% 左右。

目前公司的氮窑已经具备大批量生产合格的 PC44 以上产品的能力，市场需求也是每年有 20% 以上的增速。自 2009 年 6 月以来，公司产品一直供不应求。该项目将使公司提高产品竞争力，进一步做大做强软磁铁氧体产业。

第四，磷酸铁锂正极材料有望成为新增长点。

公司磷酸铁锂正极材料已解决粉体结构一致性问题，相关技术指标稳定性也获得改善，公司目前已向国内外 20 多家锂电池厂商送样测试。2009 年公司“磷酸铁锂电池极片及其制作方法”到美国和欧洲各申请专利一项。公司在汽车行业已具有一定影响力，将有助于未来磷酸铁锂实现量产后的销售拓展。

伴随着主营业务磁性材料需求量的回升和产品价格的提高以及多个项目正逐步进入收获期，横店东磁的业绩表现也是逐步提升，2010 年上半年实现每股收益 0. 31 元，并且 1 ～ 9 月业绩也是大幅预增，伴随着稀土价格

的大幅飙升，横店东磁的业绩进入快速增长期。因此，横店东磁的基本面非常符合我们的基本面选股思路。

综上所述，横店东磁不仅符合大盘上涨趋势，个股上涨趋势选股思路，同时也符合我们的基本面筛选思路。因此，对于横店东磁的投资决策也是深思熟虑，并未因为过度自信而做出的决策。

我们来看案例四。

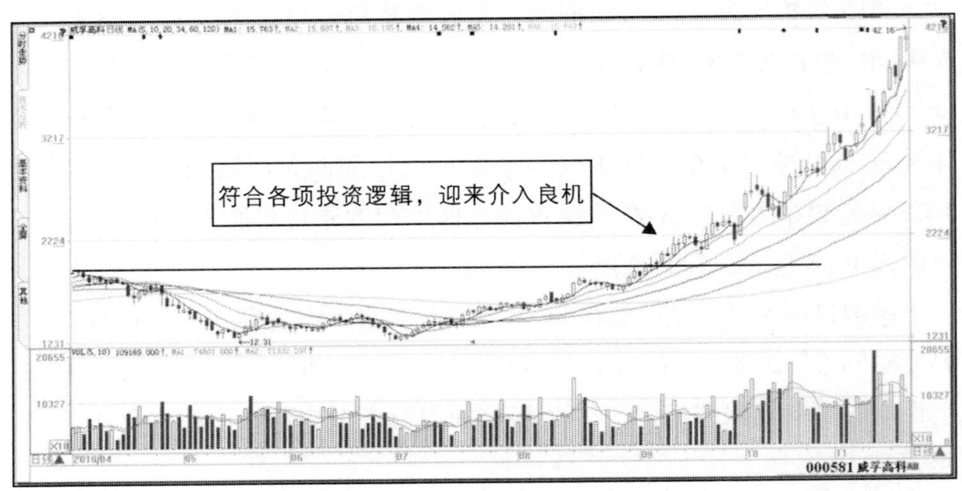

图 8－4

威孚高科（000581）是一家从事内燃机燃油系统产品、燃油系统测试仪器和设备的制造的公司。公司前身及发起人无锡油泵油嘴厂成立于 1958 年。1988 年 4 月，公司更名为无锡油泵油嘴集团公司。1992 年改组为股份有限公司，1994 年，无锡威孚集团有限公司成立。1998 年 9 月，威孚高科登录深圳交易所，发行 1.2 亿股，募集资金 5.856 亿元。

图 8－4 所示的是威孚高科自 2010 年 4 月至 2010 年 11 月的日 K 线图。

与之前的横店东磁类似，威孚高科面临与横店东磁之前一样的大盘环境，上证指数自 2010 年 4 月起开始下跌，至 2010 年 7 月才见底企稳，逐步回升。

威孚高科自 2010 年 5 月中旬便见底企稳，随后，跟随大盘逐步回升，至 2010 年 9 月初期，威孚高科一举突破前期的阶段高点，形成突破上涨走势，与此同时大盘仍处于震荡行情的阶段上涨段。此时如果威孚高科基本面同样具有亮点，那么在此区域介入威孚高科将是不错的选择。

下面我们来看看威孚高科当时的基本面情况，经研究，我们发现威孚高科具有以下基本面亮点：

第一，旗下控股子公司的重卡柴油机配套产品及电控 VE 泵等产品销量大幅增长。

2010 年 1 ～ 6 月我国重卡销售 58.4 万辆，同比增长 112.7%，其中半挂牵引车销量 20.2 万辆，同比增长 227.5%。公司 PW2000 主要为 EGR 国三标准重卡柴油发动机配套，上半年销量约为 14 万套，比去年同期翻了近 3 番。参股 31.5% 的 RBCD 主要为高压共轨国三标准柴油发动机配套，上半年实现投资收益 1.16 亿元（去年同期亏损）。

威孚高科生产为商用车配套的柴油燃油喷射系统产品及乘用车尾气催化净化器。利润主要来源于参股公司博世汽柴及中联电子贡献的投资收益，共占到净利润的 51%，其中博世汽柴占 36%。

博世汽柴受益于上半年重卡爆发性增长，销量翻番。博世汽柴生产高压共轨系统主要配套重卡，业绩随重卡行业变化。2010 年上半年我国共销售重卡 58.4 万辆，同比增长 113%。上半年博世汽柴净利润为 3.68 亿元（去年同期 -0.17 亿元），为公司贡献投资收益 1.16 亿元。预计 2010 年全年博世汽柴可贡献投资收益 3 亿元。博世汽柴在高压共轨领域技术领先，随着市场对高压共轨的认同不断提高，博世汽柴后期有望持续稳健增长。

中联电子贡献投资收益稳定，跟随乘用车市场增长。旗下合资公司联合电子占到国内电控市场 40% 的市场份额，优势难以改变，但进一步增加市场份额也显得更加困难，未来联合电子的增长主要依赖于整个乘用车市场的增长。上半年受益于乘用车高速增长及业绩高速增长，2010 年上半年净利润 2.4 亿元，贡献投资收益 0.48 亿元。未来增速将同步于乘用车行业增速。

威孚金宁为高端轻型车、皮卡、SUV、MPV 国三标准柴油发动机配套的电控 VE 泵上半年销量超过 8 万套，比去年同期翻了近两番，该产品在市场具有垄断地位，预计产品毛利率超过 30%。威孚金宁未来还将受益于

轻型商用车排放升级。VE 泵可以升级到国四标准，公司正在进行开发与试生产。

第二，收购宁波天力，增压器将成利润新增长点。

宁波天力目前主要产品为中小型柴油机增压器，汽油机增压器项目已有技术及产品的储备。汽油机涡轮增压器成本低，可以提高燃油经济性 5%～10%。目前国内市场装机率低，公司看好未来增压器行业的发展前景及宁波天力的技术研发能力，结合自身渠道的优势，有望开辟另一个赢利点。

第三，国Ⅳ排放法规实施时间表出台将进一步提升公司竞争力。

公司相关技术研发一直走在同行前列，2012 年国Ⅳ可能正式实施，公司有望在竞争中占得先机，成长空间值得期待。

根据国都证券的预测，公司 2010—2012 年每股收益为 1.23 元、1.55 元、1.78 元，对应 2010—2012 年动态市盈率分别为 14 倍、11 倍和 10 倍。

我们看到，威孚高科受益于子公司进入收获期，业绩率先爆发式增长，同时公司的技术同行业领先，核心竞争优势非常明显，同时公司的业绩非常优秀，市盈率低，具有十足的安全边际，如此优异的基本面状况，非常符合我们的基本面买入条件。

综上所述，威孚高科在符合大盘环境，个股上涨趋势以及基本面等条件之下，我们做出的对威孚高科的投资决策是经过客观分析的，并没有过度自信的嫌疑。

我们接着来看案例五。

三爱富（600636）是一家从事有机氟材料及其制品、化工产品所需的原辅材料及设备，在国内外开展技术咨询、转让、服务、培训、维修，有机氟材料分析测试，委托试制，储运，经营本企业自产产品的出口业务等业务的公司。公司由上海有机氟材料研究所发起，并以相关资产改制而成，1992 年（沪科〔1992〕第 125 号文）批准成立。公司主要从事含氟材料的科研、生产销售及其他化工产品、化工设备的制造与贸易。其科研水平、产品级在国内处于领先地位。1993 年 3 月，公司股票登录上海交易所。

图 8－5 所示的是 2010 年 11 月至 2011 年 8 月三爱富的日 K 线图。

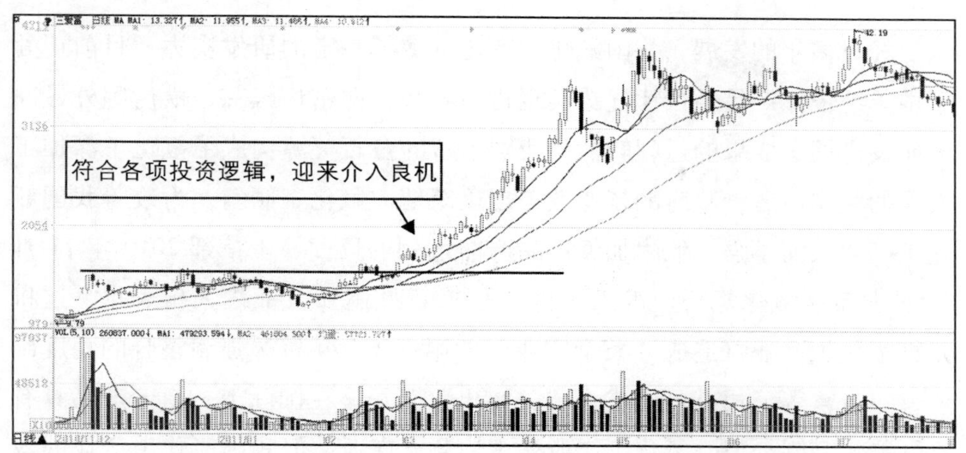

图 8－5

2010 年 11 月，上证指数达到震荡行情的阶段高点，开始调整，直至 2011 年 2 月初，上证指数才开始见底回升。

与大盘相似，2010 年 11 月，三爱富也达到了阶段的高点后，开始回调，2011 年 2 月初，三爱富股价逐步回升，2011 年 3 月初期，三爱富一举突破了前期的阶段高点，此时大盘仍处于阶段上涨行情中，并无见顶迹象，此时，如果三爱富的基本面也符合我们的选股要求，那么将是介入三爱富的大好时机。

我们来看看三爱富当时的基本面亮点。

第一，公司是国内技术领先的氟化工企业。

公司是我国氟工业领域的发源地，一直致力于有机氟化工技术研发，经过在氟工业领域几十年的技术积累，构筑了行业领先的研发实力，堪称我国氟化工领域的黄埔军校。公司产业链完整，主要产品包括 CFC、CFC 替代品、含氟聚合物以及含氟精细化学品等 80 多个产品。

第二，PVDF 是公司新增利润点。

随着制冷剂的更新换代进程加快，公司 CFC 替代品的技术和规模优势将逐渐显现。PTFE 方面，公司尚未有扩产计划，主要是加大对高性能 PTFE 树脂的研发，以缩小同杜邦等跨国企业产品质量上的差距。PVDF 盈利较好，随着新增产能的投产，将是公司一个重要的新增利润点。

第三，2011 年是氟化工迈向“黄金产业”的元年。

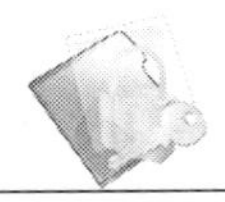

经过多年的发展，我国氟化工产业沉淀了一定的研发实力，目前正处于由单纯依靠产品性价比优势实现进口替代，向密切跟踪、模仿国外最新的研发进展、成果的过程转换。我国丰富的萤石资源构成了氟化工深加工发展的坚实后盾，政府的产业政策也逐渐地向氟化工倾斜，为改善我国氟化工产业大而不强，低附加值产品产能过剩的局面，工信部2010年11月24日发布《氟化氢行业准入条件（征求意见稿）》。业内人士表示，这将是把氟化工产业打造成“黄金产业”的第一步，从资源强制整合的角度出发，三爱富等公司有可能成为“类稀土”公司。在国际上，由于产品具有高性能、高附加值，氟化工产业被称为黄金产业，但我国氟化工产业的盈利状况却一直比较惨淡，对此征求意见稿明确，新建生产企业的氟化氢总规模不得低于5万吨/年，新建氟化氢生产装置单套生产能力不得低于2万吨/年（资源综合利用方式生产氟化氢的除外）。此外，工信部还在节能、环保等方面做出诸多要求。在“十二五”规划中，氟化工将单列一个专项规划，拟进行强制性资源整合，使相关企业重点发展为锂离子电池配套的电解质六氟磷酸锂、为医药农药新品种配套的新型含氟中间体等产品，实现产业转型升级。

国家发文明确支持氟化工产业的发展，这样的细分行业利好消息并不多见。

一旦某项政策针对的企业家数非常少，对于投资者来说，就越有可能形成人气，从而成为政策支持的大牛股，相反，如果某政策针对的公司数目众多，那些公司的股票就越难有上好的表现。

第四，进入2011年一季度，公司产品供不应求，价格水涨船高，一季度业绩可能将大幅增长。

公司PVDF、R125等产能的扩张，加上内蒙古万豪并表、CDM项目收入的确认以及氟化工的景气行情，2011年业绩将出现爆发式增长。

根据2011年3月下旬东海证券的预测，公司2011年、2012年、2013年EPS分别为1.09元、1.37元、1.69元；考虑到国家政策逐渐向氟化工产业倾斜，公司也有望参与到萤石资源整合的进程中，在制冷剂更新换代、杜邦R410A专利到期的情形下，公司新型制冷剂产品将受益颇大。

根据上面的分析，三爱富的基本面相当优异，具有十足的安全边际。

综上所述，三爱富不仅符合我们选股的大盘环境，个股自身的趋势，同时基本面也符合我们的投资逻辑，对于这样的股票做出投资决策是通过深度分析的，并没有过度自信。

我们再来看案例六。

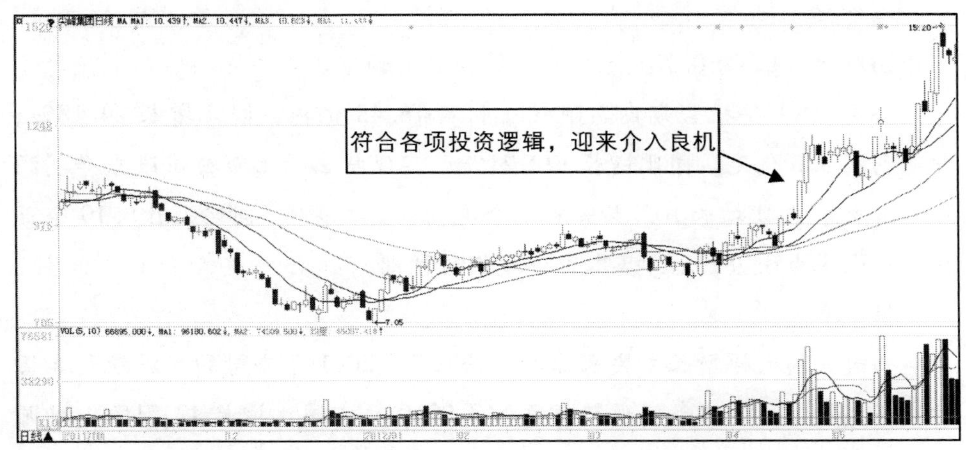

图 8－6

尖峰集团（600668）是一家从事药品、水泥及其制品的制造与销售的公司。公司是浙江尖峰集团的核心层，原名浙江尖峰建材集团股份有限公司，系由尖峰水泥集团股份有限公司（1988 年 11 月组建）与浙江省水泥制品厂实行紧密联合后组建。1993 年 3 月 8 日向社会募集法人股 151161 万股。1993 年年底公司总股本金为 856609 万股。1993 年 7 月，公司股票登录上海交易所，发行 1150 万股。

图 8－6 所示的是尖峰集团自 2011 年 11 月至 2012 年 5 月的日 K 线图。

自 2011 年 4 月开始，上证指数进入了漫长的调整行情，虽然上证指数在下跌中偶尔有几次反弹，但是反弹力度都非常小，反弹周期也相当短，进入了 2012 年 1 月，上证指数逐步见底企稳，反弹周期超过之前下跌趋势中的任意一波反弹时间。

尖峰集团的走势也是追随上证指数于 2012 年 1 月初见底回升，2012 年 4 月初，大盘经历了短暂调整之后再次回升，此时的尖峰集团跟随大盘

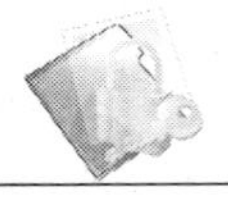

走出放量上涨行情，如果尖峰集团的基本面也十分优异，那么尖峰集团将迎来不错的买入良机。

下面我们来研究一下尖峰集团的基本面情况。

我们来看看2012年4月10日湘财证券发布的对于尖峰集团的调研简报，内容如下：

事件描述：

2011年EPS为0.781元，基本符合我们预期。

公司2011年报告期内实现营业收入16.45亿元，同比增长24.18%；营业利润3.6亿元，同比增长122.21%；实现归属于上市公司股东净利润2.69亿元，同比增长102.42%；综合毛利率24.79%，同比上升5.19个百分点；EPS为0.781元，基本符合我们的预期。

投资要点：

公司业绩大幅增长主要来源于水泥业务。2011年公司的水泥销量和售价齐齐上涨，水泥业务实现销售收入7.27亿元，同比增长42.51%，水泥业务毛利率32.69%，同比上升12.83个百分点，为公司整体业绩的大幅增长做出了较大贡献。此外，公司参股的浙江金华南方尖峰水泥和南方水泥在2011年的业绩表现也较好，对公司的投资收益贡献达1.16亿元。水泥+医药两项业务互补是公司的主要亮点。

公司经过近几年的资产剥离和整合，突出了水泥和医药业务。目前水泥和医药业务构成了公司最主要的收入和利润来源，两者形成了非常明显的互补，相互支撑，促使公司综合毛利率得到逐年提升。

未来公司水泥业务以平稳发展为主。水泥业务上，公司目前并表的生产线有两条，合计水泥产能约320万吨，其中已投产的湖北大冶生产线，产能200万吨；在建的云南普洱生产线一条，产能120万吨，目前该线主机设备已经基本安装到位，2012年上半年能够按时投产并贡献利润。此外，公司还通过参股浙江南方尖峰、广西虎鹰和南方水泥等水泥企业，依靠权益投资实现间接式的产能扩张。未来在水泥业务发展上，公司将继续坚持平稳发展的基调，短期之内将集中力量做好云南普洱市场。医药业务将向新领域拓展。

2011 年公司医药业务收入 7.65 亿元，同比增长 17.29%，毛利率 19.5%，同比下滑 1.17 个百分点。工业医药上，公司 2011 年对盐酸头孢甲肟、门冬氨酸氨氯地平片、帕罗西汀等六种主要创利产品加强了销售考核，确保了重点创利品种上量，使得医药业务收入还是保持了同比较快的增长。公司的金西基地前期工作进展顺利，预计 2013 年年底可建成，建成后公司在化学药方面的规模优势将明显增加。未来公司除了继续加大创利产品的市场开拓之外，还将开发新化学药，并且向保健品市场拓展。

估值和投资建议：

我们预计公司 2012—2014 年 EPS 分别为 0.95 元、1.17 元和 1.34 元，维持"买入"评级，目标价 11 元。重点关注事项。

股价催化剂：固定资产投资加速，公司成功进入医疗保健领域。风险提示：固定资产投资大幅回落；抗生素管理对公司销量产生较大影响；药品价格下调。

通过上面的研究报告，我们发现尖峰集团主营业务稳步发展，在同行业中估值优势明显，具有十足的安全边际。

综上分析，我们确定尖峰集团不仅符合我们大盘上涨趋势选股前提，同时也符合个股技术面和基本面的选股条件，是不可多得的投资品种。对于以上的分析，都是根据客观事实做出的判断，并没有过度自信的嫌疑。

我们要充分了解目标股的潜在风险，并做好止损规划，留好后路

我们来看案例一。

科士达（002518）是一家从事 UPS 以及配套的阀控式密封铅酸蓄电池的研发、生产、销售和配套服务的公司。2010 年 12 月，公司股票登陆深圳交易所，发行 2900 万股，募集资金 8.8362 亿元。

图 8－7 所示的是科士达自 2010 年 12 月至 2011 年 8 月的日 K 线图。通过上图我们看到，上市后的科士达并没有走出强势行情，相反，股价随

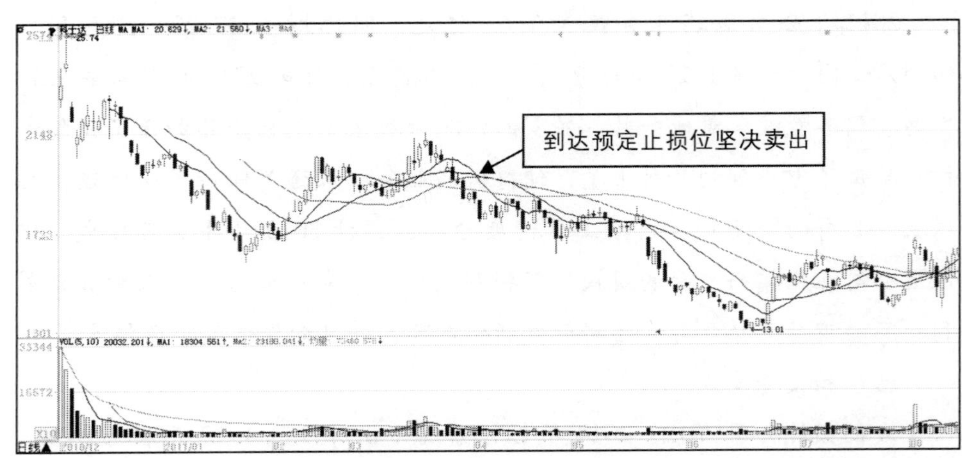

图 8 -7

大盘快速下跌，2011 年 2 月，科士达跟随大盘逐步回升。2011 年 3 月，我们对科士达进行了实地调研，发现公司基本面不错，并在 2011 年 3 月中旬介入该股，但是我们知道大盘随时有阶段见顶的可能。随后，我们制定了科士达止损方案，我们以其 60 日均线为最后止损线，2011 年 3 月 30 日，科士达跌破 60 日均线，此时虽然大盘仍没有走入下降通道，但是我们持有的股票已经走向弱势，当天，我们清仓了半仓的科士达，2011 年 3 月 31 日，科士达仍然没有站上 60 日均线，在当天接近收盘附近，我们清仓了所有的科士达。

虽然我们进行了基本面调研，虽然当时大盘处于上涨趋势，但是我们手中的持股达到了止损线，我们就要坚决知道风险的存在，要敢于承认自己的错误，千万不要犯下过度自信的错误。

试想，如果我们当时不清仓科士达，那么带给我们的损失将是巨大的，自 2011 年 3 月 31 至 2012 年 5 月，科士达累计下跌近 40%。

我们再来看一个案例。

华升股份（600156）是一家从事苎麻纺织品、服装及维尼纶系列产品的生产、销售与进出口业务的公司。公司经湖南省人民政府批准，由湖南华升工贸进出口（集团）公司作为主要发起人，联合中国服装集团公司和湖南省益阳市财源建设投资有限公司共同发起，采用募集方式拟设立的股

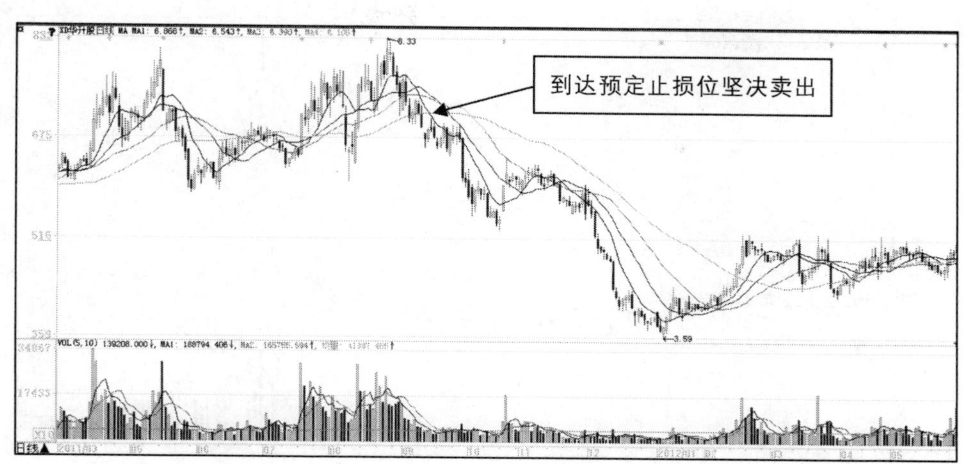

图 8-8

份有限公司。1998 年 5 月，公司股票登录上海交易所，发行 8500 万股，募集资金 4.335 亿元。

图 8-8 所示的是华升股份自 2011 年 3 月至 2012 年 5 月的日 K 线图。2011 年 8 月，经过我们的调研分析，我们认为华升股份具有资产注入的预期。因此，在大盘环境虽然不佳的情况下，我们仍然买入了一些华升股份，因为我们知道大盘的下跌风险。所以，买入初期，我们就定下了华升股份有效跌破 60 日均线为止损位置。

2011 年 9 月 15 日，华升股份已连续 4 日跌破 60 日均线，形成有效跌破走势，此时我们迅速清仓了手中持有的华升股份的筹码。随后，华升股份最大下跌了近 50%，如果我们保持过度自信的心态，不能及时认错止损，那么华升股份带给我们的损失将是巨大的。

我们要对买入后的股票进行跟踪分析，一旦其达到卖出要求，要果断卖出

我们来看一个案例。

图 8-9 所示的是川润股份（002272）自 2011 年 9 月至 2012 年 5 月的日 K 线图。2012 年 1 月，随着大盘逐步见底企稳，川润股份也快速上涨，

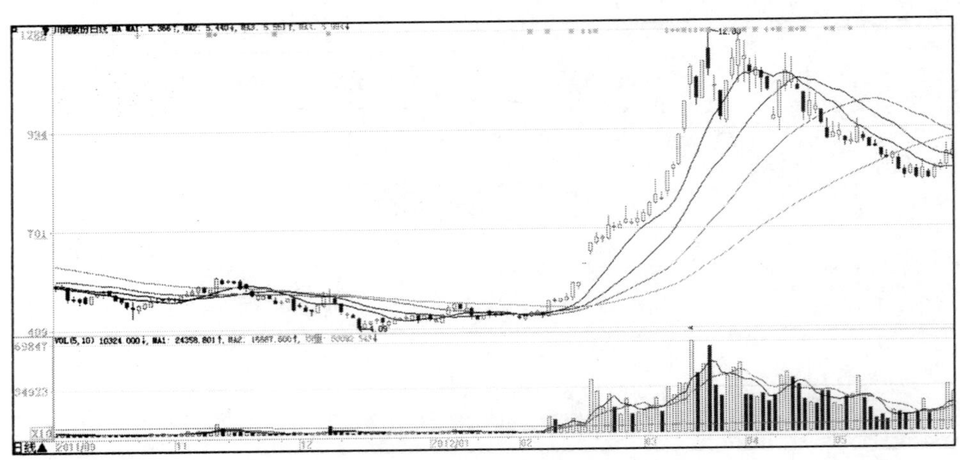

图 8－9

对于那些在低位或者中位买入川润股份的投资者来说，对于这样快速上涨的股票，我们一定要对其进行跟踪，发现其上涨趋势一旦转弱，我们就要坚决卖出。对于川润股份，我们便可以设置一旦其 10 日均线下穿 20 日均线，则坚决清仓，锁定既定收益。千万不要犯下过度自信的错误，觉得股票会无限上涨下去，对于不同的大盘环境，我们对于卖出点位的选择也会有不同的细微差别。我们要根据现实情况做出分析，从而作出最符合当时情况的决策。

总之，对于我们之前买入的股票，我们不但要设置止损位置，获利后还要根据现实情况设置合理的卖出位置，止损位置或者卖出位置的触发点一旦达到，我们就要坚决地执行，千万不能因为过度自信而以主观意志去行事，而要根据大盘股票的具体走势去决定是否对买入的股票进行止损或者卖出。

参考文献

1. 奚华著. 反败为胜——解套获利的战略技术. 北京：中国商业出版社，2001

2. 托马斯·K·卡尔博士. 以趋势交易为生. 万卷出版公司，2009

3. 徐晓鹰. 证券投资者心理和行为分析. 北京：中国物资出版社，2004

4. 翁学东. 证券投资心理学. 北京：经济科学出版社，2005

5. 鲍迪克. 炒股就是炒心态. 北京：中国经济出版社，2007